AF508209

Ce Roman est traduit ou plûtôt imité de l'Italien et par
M. de Fontanieu conseiller d'État ordinaire
qui a été intendant de Dauphiné il convient dans sa
préface qu'il ne s'est point été tout astreint à suivre son
original il le critique même en la plûpart de ses
notes et explique les raisons pourquoi il s'en est
écarté, il y a eu peu d'exemplaires de vendus de cette
édition in 4º mais M. de Fontanieu en a donné a ses amis
mais il ne s'en a été une réimpression en 1732 in 12
qui a été vendue.

L'auteur de l'original Italien s'appelloit Bernard
Morando. son roman a été imprimé a Venise en
1655 in 12 je l'ay.

M. de Fontanieu est mort en 1767 agé de 74 ans.

Comme cette édition n'a pas été vendue, elle fut faite en
particulier, aux frais de l'auteur, et elle ne subit point de censure
mais en 1732 lorsqu'il fut question de l'imprimer in 12
et de la vendre, on lui nomma un censeur qui fut l'abbé
Souchay il retrancha quelques traits de la préface et des
notes contre les moines &c. ainsi ces notes ne se trouvent
point dans l'édition in 12. ce qui ajoûte encor au mérite
de celle cy. independament de la belle impression.

Ce roman est intéressant par lui même; quoiqu'on y trouve nombre d'événements
peu vraisemblables, il entraisne presque toujours une sorte d'intérêt.
L'original italien est chargé de digressions, de pseaumes, de
paraphrases de pseaumes de vers &c que l'imitateur françois
a retranché, comme il le dit avec affectation a chaque page,
au reste il a très bien fait, mais on pourroit encor faire mieux
en élaguant tout plein de l'ouvrage, en raprochant les
événements et en ne s'apuyant que sur ceux qui sont les
plus touchants —

LA ROSALINDE

IMITÉE

DE L'ITALIEN.

PREMIERE PARTIE.

M. DCC. XXX.

AVERTISSEMENT.

IL ne m'est pas aisé de définir cet Ouvrage; ce n'est pas assûrément une traduction fidéle, puisque dans aucun endroit je ne me suis attaché à la lettre, &
que sans exagerer je peux dire que j'ay
retranché un tiers au moins de mon Original : Ce n'est pas aussi une imitation,
puisque je me suis donné la liberté de changer considerablement dans les faits, sur-
tout dans la conclusion, & que je dispose
du sort de mes principaux Héros tout di-
feremment de l'Auteur que j'ay entrepris
de suivre. Qu'ay-je donc fait? J'ay fait
un Roman François d'un Roman Italien;
je l'ay accommodé au goût de nôtre Nation, ou plûtôt à ma fantaisie, & je l'ay
remis tel que je crois qu'il auroit dû être,
si le Chevalier Bernard Morando m'a-

voit fait l'honneur de prendre mes avis sur son projet.

La réputation de la Rosalinde Ita-lienne m'a engagé à la lire, j'ay crû qu'au fonds elle la meritoit ; mais j'y ay apper-çû en même tems des défauts qui n'en sont peut-être point en Italie, & qui en Fran-ce rendroient cet Ouvrage monstrueux. Tels sont une foule de descriptions entas-sées les unes sur les autres, & sur tout de Rome & de Gennes, que tout le monde sçait par cœur. Une infinité de chansons, ou plûtôt de Poëmes & Parodies des Pseaumes enchassés dans le corps du Ro-man, sans choix & sans égard même à la situation actuelle de ceux qui les recitent ou qui les chantent. On est étonné de voir Rosalinde prendre un luth & divertir la compagnie, dans le tems que livrée au plus affreux desespoir, elle ne devroit songer qu'à verſer des larmes. Des diſſertations énormes, & d'une mauvaiſe phyſique, qui ſans neceſſité interrompent le fil de l'hiſtoire, & dépitent avec raiſon le Lecteur intereſſé ; des ſermons multipliez ſur les erreurs de Luther & de Calvin, & ſur le fanatiſme de Mahomet ; la Réligion mêlée indécemment par tout avec l'amour ; des citations & des comparaiſons fauſſes & mal apliquées ; enfin une infinité de Concetti que nous traittons parmi nous d'extravagances. Mais ce qui ſurprend le plus à mon gré, eſt de trouver des Moines par tout, & que la concluſion de tout ſoit que les trois perſonnages principaux ſe faſſent Moines eux mêmes ; Mêtier que je conviens être moins honorable en France qu'en Italie, mais qui nulle part aſſurément ne merite d'être achetté par tant de traverſes. J'ay bien envie de croire que le Chevalier Bernard Morando mon Original n'est autre chose qu'un Moine masqué, qui avec de l'esprit n'a pû s'empêcher de s'abandonner au plaisir de son imagination, & qui a trouvé peut-être nouveau & édifiant de faire de l'Amour un Maître de Novices.

J'entens la critique s'élever contre moy aprés ce que je viens d'exposer. Eh! de grace, Monsieur, me dit-on, qui vous engageoit à perdre vôtre tems aprés tant de sottises? Les Traducteurs loüent ordinairement leur Original pour justifier leur choix, vous blâmez le vôtre, quel fruit esperez-vous de ce début?

Le prejugé est contre moy, j'en conviens; mais je demande grace jusques aprés la lecture, & alors je consens d'être jugé avec une sevérité que je n'auray peut-être que trop méritée. *Veut-on que j'avoüe mon amour propre? Aussi bien un Avertissement doit-il être une espéce de confession générale. Je diray que je me suis piqué de voir le beau défiguré par le mélange du ridicule; que j'ay crû qu'en retranchant, en corrigeant, ou supléant, je lui rendrois tout l'éclat qu'il merite; en un mot que j'ay eu la vanité de croire que je ferois une Copie meilleure que l'Original. Il est au moins assuré que je n'ay rien suprimé qui pût plaire. J'ay même porté la discretion à cet égard jusques à laisser subsister des défauts qui amenoient des beautés. On en trouvera un exemple bien sensible dans l'Histoire d'Alerame Duc de Saxe & d'Adelaïs fille de l'Empereur Otthon II. J'ay conservé cette Histoire dans le VII. Livre, par la seule raison qu'elle m'a paru agréable, quoique d'ailleurs elle ſoit abſolument hors de place, & qu'elle n'entre dans le ſujet que pour inſtruire un mourant de la Généalogie de ſon Confeſſeur. On ne pourra au moins ſi je n'ay pas été aſſez heureux pour réüſſir, me refuſer le mérite d'être plus court que mon Original, & par conſéquent d'être moins ennuyeux pour ceux qui pouſſeront la patience juſques à achever de me lire. De dix livres Italiens je n'en ay fait que huit François, & il n'a pas tenu à moy de devoir cette briéveté autant à la préciſion du ſtile qu'aux ſupreſſions que j'ay faites. La concision m'a été facile, parce que je ne me ſuis point aſſervi à traduire, & par conſéquent j'en ſuis plus reſponſable; mais quelque liberté que je me ſois donné, j'ay encore été gêné, & on en verra peut-être la preuve dans ce que j'ay ſupléé,*

& qui est uniquement de moy. J'ay fait tout ce qui m'a été possible pour accorder mon stile avec celui du reste du Roman, & cependant il me paroît infiniment plus serré dans ces endroits. J'ay jetté du sentiment par tout où j'ay crû pouvoir en mettre raisonnablement ; & en cela ma Copie differe prodigieusement de mon Original, qui n'est qu'un livre de faits. L'Auteur s'en déclare lui même dans sa Préface Italienne dont je ne donne point la traduction, parce qu'elle passeroit avec raison pour un Chef-d'œuvre d'Antitheses impertinentes. Il dit qu'il ne connoît point l'Amour, & que par conséquent il n'a pû peindre les finesses de ce sentiment. Ceux qui me connoissent trouveront peut-être assez singulier que j'entreprenne de corriger en ce point ; mais au moins en sçay-je un peu plus sur cet article qu'un *Moine* n'en doit *sçavoir*.

En voilà je crois assez pour prévenir ceux qui daigneront jetter les yeux sur cet Ouvrage enfant de quelques momens vuides que j'ay voulu remplir. Après avoir expliqué mes raisons je ne le défends plus, & pour mettre mon Lecteur à portée de ne me point épargner, je n'ay fait aucun changement essentiel dont je n'aye averti par une Notte. Il ne me reste qu'à demander quelque indulgence pour un Auteur qui se livre de si bonne grace.

LA ROSALINDE

IMITÉE

DE L'ITALIEN,

LIVRE PREMIER.

LA Grande Bretagne autrefois le Théatre brillant de la Religion Catholique, & prefentement celui de la plus monftrueufe Héreſie, étoit déchirée par les cruautez d'une Guerre civile, allumée entre le Parlement & ſon Roy Charles I. De legers ſoupçons que ce Roy n'eût quelque difpoſition à revenir dans le ſein de la Verité, avoient été fomentez & avoient pris racine dans l'efprit des Peuples par la perſuaſion des Héretiques obftinés, & à force de faux prétextes ils étoient parvenus à ſoulever tous les Membres de ce grand Corps contre leur Chef. Ce fut ainſi que l'efprit de difcorde ayant été ſoufflé dans les trois Royaumes d'Angleterre, d'Ecoſſe & d'Irlande, ouvrit la barriere à cette Guerre fatale à tant de Grands Perſonnages, à tant de Peuples, à tant de Païs & de Citez, Guerre horrible qui ne finit que par la plus exécrable cataſtrophe qui fut jamais, puiſqu'il fallut le ſang d'un Roy répandu ſur l'échafaut pour l'éteindre.

Ainſi par la plus petite étincelle commença l'embrasement général : Ainsi la source la moins abondante tombe du Rocher & ne forme d'abord dans les campagnes qu'un simple ruisseau méprisable ; mais ce Ruisseau recevant dans sa course le tribut des eaux d'une infinité d'autres, s'énorgueïllit bientôt de ses forces, & grossi par les orages, devient la terreur des Païs qu'il traverse, emporte les esperances du Laboureur, engloutit les Troupeaux, détruit les Villages, renverse les plus superbes monumens, & ne trouve aucune digue qui puisse arrêter sa fureur.

Le Démon de la revolte gouvernoit le Parlement, & pour donner le premier coup à l'autorité Royale, cette Cour commença par faire arrêter le Comte de Strafort Vice-Roy d'Irlande, le plus fidéle serviteur de son Maître, son plus cher Ministre, en un mot son unique amy. La Sentence mortelle fut la suite d'une procedure inique & précipitée, & l'exécution suivit la Sentence aux yeux même du Monarque insulté. Les Catholiques furent desarmés ; le Confesseur de la Reine fut mis dans les fers ; on chassa les Capucins du Royaume ; l'Archevêque de Cantorbery fut renfermé dans une étroite prison, & un nombre infini de Magistrats estimables, aussi attachez aux devoirs de la Justice qu'à la Personne de leur Roy, perdirent la vie sur l'échafaut, poursuivis par une infame inquisition pour laquelle le soupçon le moins fondé de favoriser les Catholiques étoit un crime capital. Cette afreuse proscription se couvroit d'abord du pretexte des Loix de l'Etat ; mais enfin on ne garda plus de mefures, lorſqu'on vit que par tant de ſang répandu l'autorité du Roy n'étoit plus qu'une ombre vaine. Les diſcours des Factieux devinrent inſolens, & Charles épouvanté ne crut plus ſon Trône un azile, il fuit; des Serviteurs les plus fidéles qui luy reſtent une partie ſuit ſon Roy & prend les armes pour ſa défenſe, une autre demeure pour obſerver les évenemens ; Mais le plus grand nombre le quitte avec la fortune & ſe jette dans le parti de ſes ennemis.

Les ſuccès de la Guerre furent divers; mais cependant ils furent en général moins avantageux aux Royaliſtes : la fortune ne favoriſe pas ſouvent la juſtice, elle préparoit à l'Univers un ſpectacle horrible dont le paſſé n'a point d'exemple, & que l'avenir ne renouvellera jamais. *

Mais les circonſtances d'une Tragedie ſi exécrable à la poſtérité, ſont une trop noble matiére pour ma plume. Il ſuffit à l'Hiſtoire amoureuſe que j'entreprens de mettre au jour, du recit des évenemens de quelques années qui ont précédé la mort funeſte du malheureux Roy Charles I.

La Reyne Henriette-Marie voyant le Trône chancelant, le Roy fugitif, & elle-même dans le plus grand peril prit le parti au mois d'Avril 1642. de ſe retirer en Zelande. Elle y fut conduite par le Chevalier Penighthon Amiral, & de Zelande elle paſſa à la Haye où le Prince d'Orange luy offrit une retraite. Le Roy de ſon côté chercha un azile à Grenezay, enſuite à

---

* *J'ay retranché beaucoup de cet endroit.*

Tibols, à Neumarket, & enfin à York à 200. Milles de Londres, où il fixa sa residence pendant quelque tems. Il y forma une Garde pour sa Personne de 500. Gentils-hommes sous les ordres du Comte de Comberland, il y rassembla un petit Corps de 4000. hommes, & avec ce peu de forces il vint mettre le Siége devant Huls dont le Chevalier Hotan Gouverneur avoit levé depuis peu l'étendard de la revolte. Il esperoit par la prise de cette Place moins importante par elle-même, que parce qu'elle étoit le Magazin des Armes & de l'Artillerie de tout l'Etat, de relever son Parti & finir incessamment la Guerre ; mais la fortune qui avoit entrepris sa perte, vouloit l'y préparer cruellement par tous les dégrez du malheur. La Place fut vigoureusement défenduë, ensuite secouruë, & le Roy obligé de lever honteusement le Siége.

Le Parlement de son côté donna le commandement de ses Armées au Comte d'Essex Grand Chambellan & l'un des amis de Charles qui l'avoient le plus indignement abandonné. Les ordres furent donnez pour lui lever jusques à 30000. hommes, & rassembler, s'il étoit nécessaire, toutes les forces du Royaume contre le Roy même dont les Troupes s'étoient considerablement accruës.

Les deux Armées se rencontrerent prez de Woster la premiere fois, l'evenement y fut favorable aux Royalistes, & la fortune sembloit leur soûrire ; mais la rigueur de l'hyver arrêta par une Trêve forcée la fureur des Guerriers.

A peine le retour du Soleil annonça-t'il le Printems par des Rayons plus lumineux, que les Champs de toute l'Angleterre recommencerent à briller de l'acier homicide. A peine la Terre se dépoüilloit des tristes vestiges de l'Hiver & ouvroit son sein aux Gazons & aux fleurs, que les Anglois reprenoient la Cuirasse pour ouvrir une Campagne plus affreuse que la précedente.

Le Comte d'Essex pressé par le Parlement, sortit au commencement d'Avril de Windsor où étoit son Quartier d'Hyver pour renouveller la Guerre ; son Armée étoit florissante, il la conduisit avec impatience à la vûë de Reding Place importante située sur la Tamise & nouvellement fortifiée par le Chevalier Haston qui y commandoit pour le Roy.

La Place fût aussi-tôt assiégée; mais le Comte d'Essex étant bien informé qu'elle manquoit de Vivres, quoique bien pourvûë de Munitions de Guerre, & que le Roy ne pourroit la secourir assez-tôt, se détermina à attendre de la famine ce qu'il étoit venu pour conquerir par les Armes : la circonvallation fut faite avec exactitude, les Postes furent occupez & garnis contre les Sorties; aprés ces précautions il demeura oisif dans son Camp, mais le tems ne l'étoit pas & la faim combattoit pour luy dans la Ville.

Quelques jeunes Officiers s'entretenant ensemble pendant cette apparente oisiveté dans la Tente de leur Général, aprés avoir parlé de Guerre & d'amour comme il convenoit à leur âge, la conversation tomba sur cette question, s'il convenoit à un Guerrier de se lier des nœuds du Mariage. Les raiſons pour & contre furent extrêmement débatuës , & de cette premiere queſtion ils paſſerent à un autre problême, de ſçavoir ce qu'il falloit préferer dans le choix d'une Femme, l'eſprit, la beauté ou la richeſſe , convenans tous que ces trois qualitez ne pouvoient ſe trouver dans un égal dégré dans le même ſujet.

Ermoſinde jeune homme d'un eſprit bizarre prit le parti de la beauté , Senuce un des plus conſiderables défendit celuy de l'eſprit , & Chriſaure avare de profeſſion ſe déclara pour les richeſſes ; ce dernier quoiqu'il eût ſoûtenu avec fineſſe une cauſe odieuſe , n'obtint cependant que le mépris qu'il méritoit, & la concluſion unanime fut de donner la préference à l'eſprit ſur la beauté , & à la beauté ſur les richeſſes.*

Il y en eut enſuite qui revenans à la théſe générale, prétendirent qu'un homme de Guerre ne pouvoit rendre ſon mariage excuſable, qu'autant qu'il trouveroit dans une même femme toutes les trois qualitez raſſemblées : on leur répondoit qu'il étoit poſſible de les trouver dans le dégré de la mediocrité , mais non pas dans celui de la perfection.

Le Comte Edmond jeune Seigneur de beaucoup d'eſprit & Neveu du Comte d'Eſſex , fut offenſé de cette réponſe , & ſoûtint fermement que cette perfection n'étoit pas une idée chimerique. La contradiction qu'il

*****
** J'ay rétranché 13. pages de cet endroit : mon Original y met tout au long le Plaidoyer de chaque Officier , & chaque Plaidoyer finit par une chanſon. On ne peut imaginer rien de plus ennuyeux & de moins neceſſaire au Sujet.*

éprouva de toutes parts, porta sa vivacité au point d'avancer qu'il étoit actuellement amoureux d'une Dame dans laquelle il n'y avoit rien à désirer. Toutes les vertus & tous les talens formoient son caractere : * sa beauté étoit en comparaison des autres ce qu'est la rose entre les fleurs, le diamant entre les perles & le Soleil entre les Astres ; qu'enfin ce qu'il voïoit de moins admirable en elle, étoit d'être fille & unique héritiére d'un Homme de condition avancé en âge qui n'avoit des yeux que pour elle. Edmond ajoûta qu'avec tant de perfections cette beauté étoit l'objet de tous ses désirs, qu'il avoit fait serment de ne s'unir jamais à une autre, qu'aprés qu'il auroit perdu toute esperance de la posseder, & qu'il se flattoit que la consideration de son rang & les sollicitations de son Oncle lui procureroient incessamment un si grand bonheur.

Ce discours du Comte ne souffrit plus de contradiction, tout le monde fut de son parti en suposant sa Maîtresse telle qu'il venoit de la peindre. Mais on soûtenoit qu'on ne trouveroit pas dans toute l'Angleterre un second prodige de cette espece, & il n'y eut personne qui ne marquât un grand désir de sçavoir son nom, & de voir un chef-d'œuvre si rare & si digne d'être admiré. Edmond s'en défendit, mais pour soutenir au moins par quelque idée ce qu'il avoit avancé de la beauté de ce qu'il aimoit, il en fit voir un petit portrait qu'il portoit toûjours avec lui ; il crut qu'il étoit im-

---

* *L'Original entre en cet endroit dans une grande énumeration de talens que j'ay rétranchée.*

poſſible qu'une perſonne occupée uniquement de ſes devoirs domeſtiques, & qui peu touchée de voir & d'être vûë, ne ſortoit que rarement de chez elle, fût reconnuë ; & en effet ſi le portrait excita l'admiration de tous ceux qui le regarderent, il n'y eut que le ſeul Chriſaure qui fût au fait, quoiqu'il feignît de n'y pas être. La converſation finit, & tous ſe ſéparérent.

Ce portrait étoit celui de la jeune Roſalinde, plus parfaite encore que le Comte ne l'avoit pû dire. Elle étoit fille de Sinibalde gros Négociant de Gennes qui s'étoit établi à Londres, & qui outre les richeſſes immenſes qu'il avoit acquiſes par le Commerce, poſſedoit par la vertu la plus pure un threſor infiniment plus précieux. Chriſaure plus amoureux de ſes biens que de la beauté & du merite de ſa fille, la lui avoit demandée plus d'une fois ; Mais quoique Chriſaure fût un Baron du premier ordre par ſa naiſſance, qu'il eût de grandes alliances & une grande fortune ; qu'en un mot ce fût un homme conſiderable dans l'Etat, il n'avoit jamais obtenu d'autre réponſe qu'un refus peu ménagé. Un pareil mépris avoit porté la fureur dans ſon ame, & ne pouvant plus eſperer que Roſalinde fût à lui, il ne s'étoit conſolé que par le ſerment qu'il avoit fait d'empêcher qu'elle fût jamais à un autre. Edmond avec la faveur du Comte d'Eſſex lui parut avec raiſon le plus dangereux de ſes Concurrens ; Mais cette idée ne fit que redoubler ſa haine, & la trahiſon la plus noire n'eut rien d'affreux pour lui, pour parvenir à dépoüiller le pere de ſes richeſſes, enlever ſa Maîtreſſe à ſon Rival,

&

& se vanger luy-même de l'injure qu'il avoit reçûë.

Il n'ignoroit pas que Sinibalde étoit Roïaliste dans le cœur, & que souvent dans les besoins pressans du Roy, il l'avoit aidé de ses biens & tenté à force d'argent de rétablir les affaires de ce Prince. Le Roy lui-même avoit été proscrit par le Parlement immediatement après son départ, & Chrisaure ayant eu quelques affaires avec Sinibalde connoissoit assez son écriture pour la contrefaire aisément. Ce perfide demanda au Comte d'Essex un moment d'entretien en secret, & couvrant sa noirceur sous le voile de l'interêt d'Etat, il accuse le Pere de sa Maîtresse d'avoir secouru le Roy de sommes considerables, même depuis que ce Monarque avoit été déclaré ennemi de la Nation, & de lui servir d'espion au milieu de Londres. Il avance que Sinibalde est Papiste, & pour autoriser sa calomnie, il en produit une fausse lettre à l'adresse du Comte de Torquer Grand Tresorier du Roy, qui par un hazard suposé, mais vray-semblable, lui est, dit il, tombée entre les mains.

Le Comte après quelques questions ausquelles Chrisaure sçut répondre artificieusement, ne fut pas difficile à persuader. Les apparences étoient contre Sinibalde; on le soupçonnoit dépuis long-tems d'être Catholique; on étoit informé des secours d'argent qu'il avoit fournis au Roy, & il n'étoit pas possible de se défier d'une calomnie si atroce de la part d'un Homme du rang de Chrisaure. Enfin la maxime du Comte d'Essex étoit qu'en matiére d'affaires d'Etat le plus leger indice devoit être regardé comme une preuve complette.

Il garda la lettre & recommanda à Chrisaure le plus profond secret, dans le dessein d'en instruire le Parlement lui-même aprés la prise de la Place qui ne pouvoit durer un mois, & ensuite de laquelle d'autres affaires concernant la Guerre l'apelloient à la Cour.

Mais une des raisons qui l'engagea davantage à différer de rendre publique la dénonciation qu'il venoit de recevoir, fut de prendre quelque tems pour calmer, s'il étoit possible, le Comte Edmond son Neveu auquel il avoit promis d'emploïer tout son credit pour lui procurer la possession de Rosalinde. Il le fit apeller, & sous la précaution d'un secret inviolable, il eut assez de confiance en lui, tout Amant qu'il étoit, pour l'instruire de ce qu'il venoit d'aprendre ; il ne lui cacha que le nom du Délateur ; il éxagera la perfidie de Sinibalde & son obstination dans le Papisme ; il luy fit voir la nécessité dans laquelle il se trouvoit de faire part de tout au Parlement, puisqu'il ne pouvoit garder le silence sans se commettre & risquer d'être accusé comme complice de la trahison par le même Délateur; il ne lui cacha pas qu'à peine auroit-il parlé que Sinibalde seroit arrêté & puni sans doute par la confiscation générale de tous ses biens. Les exemples de plus grandes rigueurs, exercées dans des cas moins graves, n'autorisoient que trop cette conjecture. Il fit tout ce qui dépendoit de lui pour le dissuader de continuer à vouloir mêler son Sang avec un Sang qui alloit être déclaré infame, comme ennemi de l'Eglise Anglicane,

du Parlement & de la liberté de la Patrie: Il finit enfin en l'affûrant que de pareils Partis ne manqueroient
jamais à un Homme tel que lui.

Edmond demeura interdit de douleur à ce difcours,
il fut quelques momens fans pouvoir parler. Ou le Général étoit perfuadé de la vérité de ce qu'il difoit, &
dans ce cas il étoit inutile de le contredire ; ou il s'agif-
foit d'un miftére d'Etat, & dans ce cas c'étoit fe rendre
criminel que de répondre. Il feignit d'être perfuadé &
fe retira. Mais il aimoit avec trop d'ardeur pour ne pas
délibérer fur le parti qu'il avoit à prendre. L'interêt de
fon Oncle, l'interêt de l'Armée, la raifon d'Etat, la
raifon d'amour l'agitoient fucceffivement. L'amour fut
enfin le plus fort, & il fe refolut d'inftruire fecrete-
ment Sinibalde de ce qui fe paffoit, pour dérober fa
Tête au peril dont elle étoit menacée. Un de fes Domeftiques qui fçavoit déja fes deffeins amoureux fut
le Courrier qu'il chargea de fa lettre, & pour le tromper lui-même fur l'expedition qu'il portoit, il lui fit
entendre qne la lettre ne contenoit que des affaires de
famille.

Le Courrier prend la route de Londres avec une
diligence extrême. Prévenons-le de quelques inftans
pour inftruire mon Lecteur de la fituation de Sinibalde & de Rofalinde.

La mort d'un Seigneur tué par Sinibalde dans un
combat particulier lui avoit attiré l'inimitié de familles puiffantes ; quoiqu'il fût forti de ce combat avec
honneur, il s'étoit paffé de nuit, les pourfuites étoient

rigoureufes, & tout le credit de la Maifon de Roquefranche dont il étoit iffu n'ayant pû l'en mettre à couvert, il fut obligé de quitter Gennes fa Patrie pour
chercher un azile en Angleterre. Londres fut la Ville
qu'il choifit pour fon fejour, la fortune qui l'avoit per-
fecuté dans l'Italie lui devint favorable dans fa retraite;
& quoique l'affaire eût été affoupie en peu de tems, il
préfera le Païs qui lui avoit procuré la fûreté à celui qui
lui avoit donné le jour. Il établit des correfpondances
dans toutes les Parties du Monde, la reputation de probité qu'il meritoit à jufte titre, lui attira la confiance
de tout ce qu'il y avoit de Miniftres étrangers confiderables : Il devint négociant ; mais négociant de l'efpece qu'il convient d'être à un Homme de condition,
& de cette nature d'affaires qui par leur étenduë, loin
de déroger à la Nobleffe ne font au contraire que la
rélever par l'éclat des richeffes. Le détail d'un commerce immenfe ne le jetta point dans la vie ignoble
& privée des Gens du même état. Il fe fervit de fes
biens pour fe faire connoître, & en fe faifant connoître, il fit voir que les Richeffes étoient ce qu'il y
avoit de moins confiderable en luy ; en un mot, il n'y
eut perfonne dans tout le Roïaume, jufques au Roy
même qui ne l'aimât & ne défirât fon amitié. Les principaux Barons d'Angleterre lui offrirent leurs alliances
avec leurs filles ; mais fon attachement pour la Réligion Catholique ne lui fit regarder qu'avec une re-
pugnance invincible une union avec fes plus grands
Ennemis, & il prétexta toûjours fes refus fur une aver-

fion marquée pour le mariage. Il étoit parvenu à la trente-fixiéme année de fon âge, lorfqu'il fit connoif-fance avec un Chevalier nommé Artemidore François d'origine, quoique né en Angleterre où il poffedoit une belle Baronnie. Artemidore étoit homme d'une gran-de naiffance, il étoit Catholique en fecret, il avoit une fille, Sinibalde la vit, il l'aima, la demanda & l'ob-tint. Emilie (ainfi fe nommoit fa femme) avoit à pei-ne vingt ans accomplis, aucune beauté ne pouvoit l'égaler, fes maniéres étoient douces & engageantes; mais ce qui la rendoit plus admirable étoit un efprit au delà de toute expreffion; ainfi fe forma une union refpec-table par la vertu, confiderable par la Nobleffe, digne d'envie par fon bonheur. Ils vêcurent enfemble dix ans qui à peine leur parurent dix jours. Ce terme fut celui de la felicité de Sinibalde, Emilie mourut à la fleur de fon âge, & les regrets que fa perte caufa à fon Epoux, lui firent trop éprouver combien la fortune humaine eft periffable.*

Sinibalde plus malheureux par la privation de fon bonheur, qu'il n'avoit été heureux en en joüiffant, ne trouva de confolation que dans une fille qui luy ref-toit. Elle n'avoit que neuf ans, & à cet âge héritiere des richeffes de fa mere, elle l'étoit encore d'une beau-té qui croiffoit de jour en jour. Le pere inconfolable regarda avec horreur un fecond Hymenée; la mort n'eut point le pouvoir d'éteindre en lui l'amour, & fi fon défefpoir lui permit de vivre, ce ne fut que pour

* *J'ay retranché quelques lignes inutiles en cet endroit.*

ne point manquer à sa fille, & la rendre digne de lui.

Rosalinde* (ainsi la nommoit-on par sa beauté) n'eut pas plûtôt atteint dix-sept ans que ce fut une merveille. Elle étoit grande sans excès & d'un port admirable. Sa gorge & ses mains faisoient honte aux Lys par leur blancheur, & ces mêmes Lys répandus sur son visage étoient mêlez d'un Incarnat qui auroit éfacé celui des Roses. De beaux cheveux noirs annelez sans art relevoient l'éclat d'un front d'yvoire; & de ses yeux noirs comme les cheveux, mais brillans du plus beau feu, partoient des traits qui portoient l'amour par tout où tomboient ses regards. Ses levres d'un corail mol & humide formoient la plus belle bouche qui fût jamais, & ne s'ouvroient que pour montrer des dents plus éclatantes que des Perles, ou pour donner passage à des paroles & à un son de voix qui enchantoient tous les cœurs. Enfin Rosalinde étoit plus belle qu'on ne le peut dire, disons même, plus qu'on ne peut l'imaginer. Mais si la nature avoit embelli ses traits de tous ses presens, elle avoit épuisé tous ses trésors sur son ame; ses yeux commençoient ses conquêtes, & son esprit assûroit ses triomphes. Toutes les graces accompagnoient sa beauté. La beauté & les graces sembloient toûjours soûmises en Rosalinde à l'empire de la sagesse & de la raison. †

Cette fille admirable étoit peu connuë, & ne paroissoit presque jamais en public. Elle s'étoit faite de

---

* *Rosalinda en Italien signifie belle Rose.*

† *Tout ce Portrait de Rosalinde n'est qu'une imitation.*

fa propre maifon une efpece de licée qui n'étoit ouvert qu'aux Maîtres de toutes les fciences que fon pere lui avoit donnés, & qui n'avoient la liberté de la voir qu'en la prefence de Violente.

Violente étoit femme d'un Citoïen honorable de Gennes qui avoit été chargé de l'Intendance des affaires de Sinibalde. Elle étoit extrêmement jeune lorfqu'elle paffa en Angleterre avec fon mary qui fuivit la fortune de fon Maître. Elle devint veuve de bonne heure, & s'étant trouvée groffe en même tems qu'Emilie, elle ne dédaigna pas de fervir de nourrice à fa Fille. La reconnoiffance de Sinibalde & d'Emilie pour ce fervice ne leur permit pas de la regarder autrement que comme leur propre Sœur, ils la retirerent chez eux & la traiterent avec une diftinction infinie. L'éducation de Rofalinde lui fut confiée, & elle répondit à cette confiance par toute forte de foins; enfin elle lui tint lieu de mere lorfque la mort eut enlevé Emilie à fon Epoux; & fi Rofalinde fut redevable à Violente de la premiere nourriture, elle luy dut auffi l'exemple de toutes les vertus.

Quelque retirée que fût Rofalinde, la reputation de fes talens & de fa beauté fortit de fa retraite malgré elle. Le Soleil ne peut s'empêcher de percer les nuages dans lefquels il veut fe dérober, & l'amour lorfqu'il ne peut voler de fes propres aîles, emprunte celles de la Renommée.

Le Comte Edmond fut le premier auquel la Déeffe aux cent voix annonça une beauté fi rare, & infpira en même tems le deffein de la voir, de la fervir & de l'adorer. Le refpect & la prudence l'engagerent à ne découvrir fon amour, & à ne demander Rofalinde, que lorfque par fon affiduité à lui plaire, par une reputation juftement acquife, & enfin par un credit puiffant, il fe feroit rendu digne d'une fi grande félicité.

La Renommée fit le même effet fur Chrifaure; mais il s'en fallut bien qu'il usât de la même modeftie & de la même circonfpection. Fier d'une longue fuite d'Ayeux & de fes richeffes immenfes, il fut affez vain pour imaginer que Sinibalde feroit trop honoré de l'avoir pour Gendre, & qu'il n'avoit qu'à parler pour être heureux. Infenfé qu'il étoit, qu'il connoiffoit mal Sinibalde! La Nobleffe fans la vertu paroiffoit méprifable à ce fage Pere. Il préferoit un mérite forti de la pouffiere à une naiffance que le vice y faifoit rentrer.* Les richeffes de Chrifaure ne pouvoient rien fur lui, il en avoit affez pour fa fille, & il tenoit cette maxime que dans le choix d'un Epoux un Homme de mérite indigent, étoit préferable à un riche indigent de mérite.

Ainfi Chrifaure contre fon attente reçut pour réponfe une exclufion formelle de toute efperance: Edmond fuivoit en fecret fes projets amoureux; mais Rofalinde plus retirée que jamais ne s'étoit pas feulement aperçûë de ces deux conquêtes.

Le feul Lealde jeune Chevalier, qui à l'âge de 20. ans ne trouvoit point d'égal en Angleterre par fa Noble-

bleffe,

---

* *J'ay retranché des repétitions inutiles en cet endroit.*

blesse, ses graces & son mérite étoit digne de faire connoître l'amour à Rosalinde. Il étoit fils unique de Theodose qui tiroit son origine de Gennes de même que Sinibalde, & sa mere qui étoit morte depuis peu apartenoit de très près à Emilie. Ces raisons d'une même origine, d'une alliance si prochaine, & surtout d'un attachement égal à la Réligion Catholique avoient lié entre Theodose & Sinibalde l'amitié la plus étroite; jamais amis ne furent plus tendrement unis, disons plus solidement attachez l'un à l'autre, puisque leur commerce ne connoissoit d'autre fondement que celui de leurs propres vertus. Ils n'avoient rien de secret l'un pour l'autre, plaisirs & peines tout leur étoit commun; enfin ils fournissoient le modéle d'une amitié parfaite, & prouvoient par un exemple respectable la maxime du Sage: Que c'est trouver un trésor que de trouver un ami.

La liaison des Peres fit naître celle des Enfans, & l'amour commença d'entrer dans leurs cœurs par la familiarité que permet l'âge le plus tendre. Lorsque la raison & les bienseances eurent rendu Rosalinde plus reservée & plus circonspecte, Lealde conserva toûjours le droit de la voir souvent, & d'être admis même à l'étude qu'elle faisoit des sciences & des arts. Il n'y faisoit pas de moindres progrez qu'elle. Ny Violente, ny Sinibalde ne prirent aucun ombrage du commerce de deux enfans, qui n'avoit que leur perfection mutuelle pour objet; mais l'amour par la conformité de leurs goûts & de leurs sentimens, & par une affiduité continuelle établiffoit infenfiblement fa puiffance, & cet enfant qui badinoit avec eux devint bien-tôt un Géant.

Leurs Peres s'en aperçûrent, peut-être plûtôt qu'eux mêmes. Ils ne fongerent pas à arrêter les progrès d'une paffion naiffante, qui leur fourniffoit dans le bonheur de leurs enfans un moïen d'unir leur Sang & leurs biens, comme ils avoient dèja uni leurs ames; mais les troubles de l'Etat firent bien-tôt changer de projet à Sinibalde.

Les Partifans du Roy étoient profcrits avec la derniere rigueur; & c'étoit un crime de haute trahifon, que d'être Catholique. Son attachement pour Charles étoit trop public même avant la fuite de ce Monarque, il craignoit avec raifon que depuis que le Roy avoit été déclaré ennemi de l'Etat, on ne l'accusât, quoique fauffement, d'intelligence avec lui, ou que la Réligion qu'il profeffoit ne vint à être connuë, & il auroit facrifié fa vie & tout ce qu'il avoit de plus cher plûtôt que d'y renoncer. Dans cette conjoncture délicate il fe refolut d'abandonner l'Angleterre pour aller avec fa fille joüir d'un Ciel plus heureux dans fa Patrie; mais l'exécution de ce deffein demandoit dans fa conduite un grand ménagement pour éviter tous foupçons, & ne pas attirer fur fa tête par quelque imprudence les périls qu'il vouloit éviter.

Dans cette vûë, il avoit remis des fommes confiderables dans differentes Places d'Italie, & envoïé par differens Vaiffeaux à Gennes diverfes carguaifons de riches marchandiſes, ce qui lui avoit été aiſé par le moïen de ſes Correſpondans. Un d'entr'eux auquel il ſe fioit le plus avoit été chargé de lui préparer une Maiſon dans laquelle il pût vivre honorablement & raſſembler les éfets qu'il avoit diſperſés; il en étoit déja au point d'envoïer devant lui un Agent fidéle. Un Vaiſſeau Anglois armé à Douvres & fretté par Alphonſe Guevarre gros Negociant d'Alicant en Eſ-pagne & ſon Correſpondant dans ce Roïaume devoit porter cet Agent. Alphonſe étoit venu en Angleterre pour des affaires importantes, Sinibalde l'avoit logé chez lui, & Alphonſe ſe diſpoſoit à partir dans peu de jours par le même Vaiſſeau, qui d'Alicant devoit aller à Livourne & enſuite à Gennes. Enfin Sinibalde ne comptoit demeurer en Angleterre qu'autant de tems qu'il lui en faudroit pour recouvrer inſenſiblement le reſte de ſes effets; quelques mois ſuffiſoient pour le ſurplus de ce projet, & il joüiſſoit déja par avance d'une felicité hors d'atteinte au milieu de ſa Patrie, lorſque le Courrier d'Edmond arriva à Londres & lui remit la lettre de ſon Maître. Sinibalde ſe retira dans ſon cabinet pour la lire : elle étoit conçûë en ces termes.

JE n'ay pas, Seigneur, l'honneur d'être vôtre Fils, mais j'ay le déſir de l'être, & le Miracle que le peril de Creſus Roy de Lydie produiſit dans ſon Fils en luy donnant la voix, l'amour le renouvelle en moy par le danger qui vous menace. Cet amour eſt né du moment que j'ay connu vôtre merite & la beauté de

vôtre fille. Le respect luy a imposé silence jusqu'à ce
jour, & quoyque d'un rang assez considerable en Angleterre, rien ne m'a paru digne d'elle. Vous l'ignoreriez
encore, si le peril évident où vous êtes ne me forçoit à
me découvrir pour vous y soustraire. Fuyez, Seigneur,
de ce Royaume, vous êtes accusé d'intelligence avec le
Roy, de Trahison contre l'Etat, de Papisme contre nôtre
Eglise ; le moindre de ces crimes ne peut esperer de
grace. Ces accusations ne sont pas sans preuves, &
quoyque je les croye fausses, il suffit qu'elles soient ad-
mises comme vrayes. Le coup est porté, je n'y sçais ni
esperance ni remede. A peine vous reste-t'il un mois
pour vous sauver, mettez ordre à vos affaires, n'y per-
dez pas un instant, je n'ay rien de plus à vous dire.
Pour prix de vos jours accordez moy Rosalinde, si vous
& elle me jugez digne d'une si grande recompense ;
& quand il vous seroit impossible de mettre vos biens
à couvert de l'orage, pourveu que vous me restiés tous
les deux c'est assez. Mais si je suis assez malheureux
pour que ma proposition puisse vous déplaire, fuyez
sans me répondre ; vôtre salut me payera d'une démarche, de laquelle dépend mon honneur & ma vie.
Jugez par ses conséquences de la violence de ma passion ; afin que vous puissiez ajoûter foy à ma Lettre,
je ne crains point de me nommer : vous verrez aisément qu'un homme tel que moy peut être instruit &
abhorre le mensonge. Vous tenez en vos mains le sort
D'EDMOND COMTE DE SALISBERRY.

Du Camp sous Reding le 18. Avril 1643.

Sinibalde demeura interdit à la lecture de cette lettre. Mille penfées l'agitoient tour à tour; la grandeur du peril, la briéveté du tems, & l'importance d'en profiter, la néceffité de partir, la rigueur de la profcription, tout fe préfentoit à la fois à fon efprit troublé. Comment, pourquoi, quand, & par qui un fi grand orage étoit-il excité fur fa tête? Qui pouvoit avoir revelé à Edmond un fecret de cette importance? Le devoit-il croire? S'il le croit, quel moïen de fuïr? Quelle fera fa réponfe? Quelle fera fa reconnoiffance? De quelles excufes colorer le refus de Rofalinde? Enfin après tant d'incertitude, après s'être affis & s'être promené une infinité de fois, après avoir bien examiné toutes les circonftances, il fe détermina à croire l'avis qu'il venoit de recevoir. Edmond étoit un Perfonnage confiderable; il étoit Amant. Pourquoi s'en défier? Le peril étoit vrai-femblable, il y avoit long-tems qu'il en avoit prévû lui-même la meilleure partie; l'exemple du Comte de Portland Gouverneur de l'Ifle de Welt arrêté depuis deux jours fous pretexte d'intelligence avec le Roy, autorifoit fa confiance; cette confiance n'avoit rien de dangereux, puifqu'elle le mettoit en fûreté; tout le danger pouvoit être dans une défiance oifive. La liberté qu'Edmond avoit d'entrer dans le cabinet du Comte d'Effex, l'avoit pû mettre à portée de découvrir le fecret. Sinibalde fe rendit à des raifons fi évidentes; & il ne fut pas queftion pour lui que de mettre à execution dans peu de jours une retraite qu'il avoit projetté dans quelques mois. Le Navire de Douvres étoit prêt à mettre à la voile, & lui offroit une reſſource aiſée. Alphonſe étoit homme à le ſervir. Pour détourner toutes ſortes de ſoupçons, il pouvoit ſous le nom de cet ami charger ſur ce Vaiſſeau tout ce qu'il avoit de plus précieux, s'embarquer lui-même avec ſa famille & ſes bijoux à l'improviſte au premier coup de partance, & charger Theodoſe du ſoin de recuëillir tout ce que la précipitation du départ ne lui permettoit point d'emporter. Tel fut le parti auquel ſe livra Sinibalde, les difficultez étoient d'autant plus grandes que le tems étoit court; mais la précipitation étoit néceſſaire, & le peril augmentoit par l'irreſolution. A peine ſe fut-il déterminé, qu'une nouvelle inquiétude lui cauſa un nouveau tourment. La genéroſité de ſon ame ne lui permettoit pas de partir, ſans témoigner au Comte Edmond ſa reconnoiſſance; la franchiſe de ſon procedé, la diſtinction de ſa naiſſance, & par deſſus tout le merite perſonnel d'Edmond, tout parloit en ſa faveur. Quel déſeſpoir de ne pouvoir lui accorder Roſalinde? Quelle ingratitude de lui enlever l'unique objet de ſes déſirs? Mais d'un autre côté ſe ſéparer de ſa fille, étoit pour Sinibalde renoncer à la vie, & déja dans ſon cœur il en avoit diſpoſé. S'il fût reſté en Angleterre, jamais Roſalinde n'eût été qu'à Lealde; à preſent que la fortune le ramene dans ſa Patrie, il la deſtine à un jeune Cavalier ſon parent, qui joint à l'éclat d'une grande naiſſance, celui d'un merite rare. Edmond a tout ce qu'il faut pour lui plaire; mais il n'eſt pas

Catholique, & c'en eſt aſſez pour ne plus penſer à lui. Sinibalde s'étoit engagé par ſerment aux pieds des Autels de ne jamais accorder ſa fille qu'à un homme de la même Réligion, ce ſerment fut le prétexte de ſa reponſe. Il mit la main à la plume, & telle fut la lettre dont il chargea le Courrier.

L'Accuſation, Seigneur, que l'on a formée contre moy eſt une calomnie, mais l'avis que vous m'en donné eſt une grace qui n'a point de prix. Ma fortune, ma vie même ne m'acquitteroient pas envers vous, l'une & l'autre vous appartiennent. Perſuadé de ces ſentimens, jugez de l'excès de mon affliction en vous refuſant peut-être la ſeule choſe que vous déſirez. Je parle de ma fille, je l'ay donnée, Seigneur, elle n'eſt plus à moy & par conſequent elle ne peut être à vous. Je connois toute l'étenduë de ma perte ; je deviendrois le Pere de celui qu'il me ſeroit honorable de ſervir, mais ma parole eſt donnée, & un Gentilhomme eſt coupable devant Dieu & devant les hommes lorſqu'il y manque. Vous connoiſſez la force d'un pareil engagement, vous êtes genereux, plaignez moy & ne doutez pas que la douleur de vous refuſer fera le tourment de ma vie. Ne ſeray-je jamais aſſez heureux pour vous marquer ma reconnoiſſance? Commandez, Seigneur, j'obeïray. Je vous feray ſçavoir le lieu de ma Retraite auſſitôt que vous le déſirerez ; Je pars par vos ſages conſeils, & j'auray quitté l'Angleterre avant que ma Lettre vous ſoit renduë. Vôtre ſecret demeurera enſeveli

dans un silence éternel, & l'obligation que je vous ay
ne sortira jamais de ma memoire. Disposez, Seigneur de
Sinibalde, des Comtes de Roquefranche.

A Londres le 22. Avril 1643.

Le Courrier partit avec un present confiderable,
& par le bon traittement qu'il venoit de recevoir,
crut porter à fon Maître une réponfe agréable. Plein
de cette confiance, il preffe fon cheval & vole vers
le Camp de Reding.

Cependant Sinibalde perfiftant toûjours dans le deffein de fuïr, voulut avant toutes chofes en inftruire
fon amy Theodofe & lui dire adieu. Comment lui
anoncer une fi cruelle, mais fi néceffaire féparation?
Les inftans étoient precieux, & il falloit prendre des
mefures avec lui avant le départ. Il ne differa pas
davantage, il l'alla trouver, lui apprit les perils aufquels l'expofoit la calomnie, & s'il lui fit quelque
miftére, ce ne fut que de la perfonne & de la voye
par lefquelles il étoit informé. Il lui remontra combien il lui étoit important de difparoître fubitement,
il exigea de fon amitié de trouver bon qu'il mît fous
fon nom ce qu'il laiffoit d'effets en Angleterre, enfin les larmes aux yeux, la douleur la plus profonde
dans le cœur, il prit congé de lui.

Les feuls vrais amis peuvent imaginer l'affliction de
Theodofe, fa tendreffe fouffroit trop du deffein de Sinibalde pour l'aprouver; mais le danger de Sinibalde
étoit trop preffant pour l'en détourner. Enfin le peril

de

de son amy fut plus fort en lui que l'interêt de son amitié ; il consentit à tout ce qu'il voulut, & lui promit toute assistance, & détestans tous les deux une proscription odieuse, qui en séparant deux amis si tendres, ne pouvoit les désunir, ils se jurerent une fidélité éternelle ; ils s'embrasserent & se quitterent pour aller vacquer aux soins que leur donnoit le départ de Sinibalde, qui devoit être dans trois jours au plus tard.

Il n'étoit pas possible à ce malheureux Pere d'en faire un secret à sa fille, & comme elle étoit aussi sage que belle, elle ne s'oposa point à sa resolution ; mais s'étant retirée dans le plus secret de son appartement, son cœur ne put resister à l'idée de renoncer à son cher Lealde pour jamais. Qui pourroit exprimer la violence des combats qu'elle eut à soûtenir, ses larmes, son désespoir & ses soupirs ? Les devoirs de la nature, ceux de l'amour la tourmentoient tour à tour ; tantôt hardie, tantôt timide, elle formoit mille projets qu'elle détruisoit en un instant. Enfin pleine de douleur & d'incertitude, les forces lui manquerent, elle tomba évanoüie.

Violente qui ne la quittoit presque jamais, ne fut pas long-tems sans la trouver dans cet état déplorable ; & si par ses soins elle eut l'art de la rappeller à la vie, ses pleurs, ses priéres & ses promesses eurent le pouvoir d'arracher à Rosalinde son secret.

Elle ne differa pas d'en instruire Sinibalde, ne le connoissant pas moins tendre pour sa fille, que constant dans ses résolutions. Le Pere surpris par cette

nouvelle garda quelques momens le filence ; mais for-
tant de la réverie dans laquelle il étoit plongé, „ Re-
„ tournes, dit-il, ma chere Violente , auprez de ma
„ fille, caches-lui la connoiffance que tu m'as donnée
„ de fa paffion, & par tes fages confeils, tâches d'ap-
„ paifer le tranfport dont elle eft agitée ; fais enforte
„ que fans perdre l'efperance, elle prenne un parti con-
„ venable à fes devoirs & à nos malheurs.

La nuit mere des inquiétudes auffi bien que du
répos commençoit à s'avancer. Sinibalde chercha vainement dans fon lit une paix que mille penfers vinrent troubler. „ Que ferai-je (s'écria-t'il. ?) Ma fille eft
„ dans l'âge d'aimer ; elle aime , elle eft aimée. C'eft
„ en quelque forte de ma main qu'elle a reçû fon
„ Amant, & cet Amant peut être un époux qui n'a
„ point d'égal en mérite. Mais la laifferai-je ici entre
„ les bras de Lealde ? Pourrai-je renoncer au feul gage
„ qui me refte de l'amour d'Emilie & à mon uni-
„ que confolation ? Il n'eft pas poffible d'imaginer
„ que Theodofe confente jamais à me laiffer emmener
„ Lealde comme époux de ma fille ; il n'eft pas moins
„ unique & moins cher que Rofalinde, & je ne me
„ refoudrois pas à en faire la propofition à mon Ami.
„ cependant il faut fuïr, & chaque moment avance
„ le danger.

Après avoir changé de refolution une infinité de
fois, celle enfin à laquelle il crut fe devoir arrêter, fut
de mettre tout en ufage pour appaifer la douleur de
Rofalinde , & de faire voiles pour Gennes inceffam-

ment. Il ne fut pas plûtôt déterminé, que la fatigue d'une longue insomnie lui procura un leger sommeil ; mais ce sommeil ne dura guéres, Sinibalde étoit trop agité, & s'étant levé beaucoup plûtôt qu'à l'ordinaire, il ouvrit une fenêtre pour voir si le jour commençoit. Cette curiosité lui fit appercevoir un Valet de Lealde, qui jettoit quelque chose sur une des croisées de l'appartement de Rosalinde. Il fit sur le champ appeller la Nourrice, & lui recommandant de ne faire aucun bruit qui pût réveiller sa fille, il lui ordonna d'aller voir ce que c'étoit & de lui apporter ce qu'elle auroit trouvé ; Violente obéït. C'étoit une lettre adressée à Rosalinde. Sinibalde à l'ouverture reconnut le caractere de Lealde, & y lût ce qui suit.

NE soyez point étonnée, belle Rosalinde, si en prenant la liberté de vous écrire, je passe les bornes du respect que je m'étois prescrit ; admirez plûtôt que dans l'état où je suis, il me reste encore assez de force pour écrire. Vous partez ! Vôtre Pere vous fait fuir l'Angleterre pour toûjours, & le peu de jours qu'il me sera permis de vous voir sera le terme de ma vie. Quel coup de foudre, ô Ciel ! Devois-je l'attendre ? Je ne me connois plus. Quoy, belle Rosalinde, Lealde ne sera plus à vous ? Mais si la rigueur de mon sort vous éloigne de moi, pourquoi me chassez-vous de vôtre cœur ? Je le vois bien, vôtre silence vous accuse. Vous allez partir, vous m'en faites un mistére ; vous ne me dites pas seulement adieu : ne dites plus que vous aimez. Comment se peut-il qu'une amour que j'ai crû devoir être éternelle soit si tôt effacée. Que la plus courte réponse me tire au moins du doute cruel où je suis. Partez ensuite & soyez heureuse, si vous pouvez l'être, en me traînant à vôtre suite. Oüi, belle Rosalinde, rien ne peut m'arrêter, ni la mer, ni les vents, si vous m'aimez toûjours ; mais si vous avez éteint des feux qui ont crû avec nous dès la plus tendre enfance, s'il n'en reste pas la moindre étincelle, mon ame dégagée par ma mort des liens qui l'arrêtent, & devenuë fugitive & legére, s'attachera sans cesse sur vos pas. Fidel Amant, ou Ombre errante je ne vous quitterai jamais. Je le jure par le serment le plus terrible, je ne peux vivre sans vous ; & dans le même jour de vôtre départ, mon malheureux Pere aura à pleurer, avec la privation de l'ami le plus cher, la perte d'un fils son unique esperance. Détournez ces malheurs, belle Rosalinde, laissez-vous attendrir par la jeunesse, l'amour, la fidélité, le tourment d'un homme qui vous fut cher ; en un mot du plus malheureux Amant du monde. LEALDE.

Violente présente à la lecture de cette Lettre s'écria après l'avoir entenduë : „ Helas ! De quelle pitié me „ sens-je émuë ? Comment se peut-il que la fortune „ jalouse veüille séparer deux amans si fidéles ? Sçachez, „ Seigneur, que mes soins ne peuvent rien sur Ro- „ salinde, elle n'est susceptible d'aucune consola- „ tion. Elle veut obéir à son pere, mais elle ne peut „ renoncer à son Amant ; sans l'un elle ne peut vivre,

fans l'autre elle veut mourir. Craignez tout pour "
elle, fa beauté eft la moindre perte dont vous foyez "
menacé. "

Sinibalde demeura quelques momens hors de lui
même par l'excès de fa furprife, & après avoir im-
pofé filence à Violente, il fortit pour aller chez
Theodofe, mais il le trouva à fa porte qui le venoit
lui même chercher. Ils s'enfermerent fur le champ.
Sinibalde lui fit part de ce qui venoit d'arriver, & lui
fit lire la Lettre de Lealde. Il lui dit que ce n'étoit qu'a-
vec la derniere douleur qu'il s'étoit vû obligé de renoncer à fon alliance, & lui en fit voir toutes les difficultés. Theodofe n'étoit pas dans une fituation plus
tranquile, il garda quelque tems le filence; mais enfin
regardant fon Ami avec des yeux pleins de joïe. " C'eft
s'oppofer, lui dit-il, aux volontés du Ciel, que de "
féparer deux peres amis fi fidéles, & deux enfans "
Amans fi paffionnez. Achevons fon Ouvrage par un "
mariage que vous avez défiré vous même, & n'en "
differons l'execution que d'une année qui m'eft ne- "
ceffaire pour mettre ordre à vos affaires & aux mien- "
nes. Je fuivray vôtre exemple en remettant tous mes "
biens en Italie. Partez avec Rofalinde, je vous fui- "
vray avec Lealde. Si l'Italie vous a donné le jour "
elle l'a donné à mes Ancêtres, & la raifon de vôtre "
retraite m'eft en quelque forte commune avec vous. "
Là nous n'avons à craindre ny l'Héréfie, ny les Tyrans, "
nous y fervirons Dieu fans allarmes, nous ne ferons "
point féparés par de vaftes Mers, nous y joüirons des "

„ douceurs de l'amitié la plus pure , & de l'union de
„ nôtre fang & de nos biens. Il y a long-tems que
„ cette idée m'eſt venuë , les troubles de l'Etat la fi-
„ rent naître ; mais j'avoüe que la confideration de ma
„ fortune a fait taire en moy l'amour de ma Patrie.
„ Un motif plus puiſſant le reveille aujourd'huy , c'eſt
„ celui de vivre avec un amy ſi cher. La certitude d'ê-
„ tre heureux fondée fur nôtre parole commune , ren-
„ dra ſuportable à nos enfans une féparation qui ne
„ doit pas durer long-tems.

    „ O miracle d'amitié ! s'écria le tranſporté Sinibal-
„ de , vous me rendez la vie cher amy. Pourquoy
„ faut-il que vous ſoyez plus heureux que moy par le
„ ſacrifice que vous me faites ? Leurs larmes & leurs
embraſſemens acheverent leur converſation , & ſe donnant mutuellement la main , ils ſe promirent d'unir ſans
délay leurs enfans l'un à l'autre , Violente alla chercher
Roſalinde , tandis que Theodoſe fit apeller ſon fils.

    Il parurent en même tems , ignorans le ſujet qui les
raſſembloit. Leur ſurpriſe n'a point d'égale en ſe voyant
devant leurs peres en cet inſtant. L'agitation de leur
cœur leur fermoit la bouche , le peu de couleur que la
douleur leur avoit laiſſé s'éfaça de leur viſage , enfin ils
apprirent l'accord qui venoit d'être fait pour leur bonheur & les arrangemens déja pris.

    Il n'apartient qu'à ceux qui de l'excès des peines
ont paſſé ſubitement à celui de la félicité , de peindre
l'impreſſion que cette nouvelle fit fur l'ame des deux
fidéles Amans ; ils en auroient perdu l'uſage de leurs

fens, & peut-être la vie, si leur féparation si prochaine, la diftance des lieux & le délay d'une année qui
paroît un fiécle à des Amans, n'euffent mêlé de l'amertume à la douceur d'être heureux dans le moment où
ils s'attendoient le moins de l'être. Sinibalde prenant
fa fille par la main la prefente à Lealde, & Lealde
plein des plus vifs tranfports imprime fur cette main
d'albaftre un baifer brûlant des feux que le plaifir reveille dans fon cœur.

Tout ce jour fut employé à parler entre eux de leur
commun bonheur, le fuivant fut deftiné aux réjoüiffan-
ces. Le mariage futur fut célébré avec autant de magnificence que la briéveté du tems le put permettre. Alphonfe l'Hôte de Sinibalde auquel il avoit confié fes
fecrets les plus importants, & qui l'y fervoit fi utilement, fut de la Fête : quelques amis particuliers & quelques Dames d'un merite diftingué y furent auffi invi-
tées. La joye y fut douce, elle ne paffa point les bornes
de la bienféance, & le fecret du départ fut inviolablement gardé. La nuit étoit avancée lorfque les Conviés
fe féparerent & prirent congé des Peres & des deux
Accordés. *

Je paffe legerement fur le détail des plaifirs de ce
jour fortuné. Qui pourroit en effet rendre affez vivement les tranfports de deux Amis & de deux Amans qui
s'affuroient pour le refte de leur vie une félicité fi pure
& fi inalterable ?

* *J'ay retranché de cet endroit 4. pages qui ne contiennent autre chofe que des invectives contre la debauche & des Chanfons allegoriques chantées par Lealde & Rofalinde.*

Mais helas ! que les jugemens des hommes font incertains , & que ceux du Ciel font impenétrables ! Le moment qui femble nous conduire au dégré fuprême du bonheur, eft fouvent celui qui nous mêne à la douleur la plus profonde , & ce jour que j'ofois apeller l'aurore de leur félicité en fut le dernier crepufcule.

Dés le lendemain Sinibalde fut attaqué d'une fiévre legere, mais qui augmentant avec violence jufques au feptiéme jour, obligea les Medecins à prononcer la Sentence mortelle. Il ne fut plus queftion de départ, & la joye fe convertit dans la plus affreufe trifteffe. Rofalinde étoit dans l'état le plus déplorable.

Et comme homme & comme pere, Sinibalde fut également touché de quitter la vie & fa fille. Il vit venir la Mort avec la fermeté d'un Heros & d'un Heros Chrêtien ; mais il ne fut pas infenfible aux attaques de la nature ; ce fut avec une prefence d'efprit & une refignation admirable , qu'il employa fes derniers inftans aux affaires de fon falut & de fa famille. Il apella près de lui un Prêtre venerable qu'il avoit retiré dans fa maifon fous un habit Seculier , & ayant fait venir près de fon lit Theodofe & leurs deux enfans il leur fit confirmer entre les mains du Prêtre, & fur les Saints Evangiles la promeffe du mariage déja arrêté ; mais il éxigea d'eux fous le même ferment que ce mariage ne s'accompliroit que lors qu'ils feroient à Gennes, & qu'ils auroient obtenu de Rome les difpenfes que la parenté rendoit neceffaires. Il fit enfuite fon Teftament dans lequel plufieurs legs pieux & domeftiques fignalerent également fa Réli-

gion

gion & fa générofité. Par ce Teftament il inftitua fa Fille & fon Gendre fes Heritiers par égale portion. Theodofe fut fon exécuteur teftamentaire & l'Adminiftrateur général de tous fes biens. Sa chambre étoit le fiége de la douleur; tout pleuroit au tour de ce Héros mourant, lorfque fe tournant vers Théodofe, il lui parla en ces termes.

Je meurs, cher Ami, telle eft la condition hu- " maine; ainfi s'évanoüit toute félicité. Je ne puis en " mourant vous donner une plus grande preuve de ma " tendreffe que de prendre vôtre fils pour le mien, & " de partager mes biens entre ma fille & lui. Donnez- " moi en revanche une preuve de vôtre attachement; " que ma fille devienne la vôtre; protegez fa jeuneffe; " qu'elle vous foit auffi chere qu'à moi. Fuïez avec " nos enfans le Ciel malheureux de l'Angleterre; con- " duifez-les à Gennes nôtre Patrie; mettez-les en pof- " feffion de tous mes biens; enfin fuppléez en pere à " tous les arrangemens qu'une mort trop précipitée ne " m'a pas permis de prendre. " Il fe tourna enfuite vers fes enfans qui fondoient en pleurs; il leur tendit une main que la foibleffe rendoit tremblante; mais ce fût avec une fermeté héroïque qu'il leur donna fa derniere bénédiction. Violente s'aprocha de fon lit, & il lui recommanda d'avoir toûjours les mêmes foins de fa fille. Enfin craignant de fe trop attendrir par la Vûë d'objets qui lui étoient fi chers, il leur dit un éternel adieu, & expira quelques heures après entre les bras du Prêtre qu'il avoit gardé feul auprès de lui.

E

Theodofe lui rendit les derniers devoirs ; & fi ce ne fut pas avec toute la pompe permife dans un Etat Catholique, ce fut avec des larmes dont la fincerité n'étoit pas douteufe. Il mit enfuite tous fes foins à éxecuter la derniere volonté de fon Ami, & fe refolut à ne point differer fon départ pour l'Italie avec fes en-fans. Ce qui le détermina le plus dans ce deffein, fut la lettre du Comte Edmond qu'il trouva dans le Por-te-feüille le plus fecret de Sinibalde. Il fut éfraïé en la voïant du danger que le Fifc ne prétendît s'empa-rer de l'héredité, ou que le Comte piqué du refus de Rofalinde n'emploïât fon credit pour fe vanger, ou pour l'obtenir. Environné de tant de périls, il ne vit de falut que dans fa retraite en Italie ; & Al-phonfe lui aïant fait les mêmes proteftations d'ami-tié & les mêmes offres de fervice qu'à Sinibalde, il regarda cette occafion, de mettre en fûreté tant de richeffes, comme trop favorable pour la laiffer écha-per. Il prit pour lui les mêmes précautions que fon Ami avoit prifes. Ce qu'il avoit de plus précieux fut embarqué fecrettement fous le nom d'Alphonfe, & le refte fut confié aux foins de fon frere Olderic qui étoit établi à Londres de même que lui, riche de biens & de vertus, & pere d'un fils unique nom-mé Edoüard. Olderic étoit Catholique, & Theodo-fe pouvoit compter fur fon amitié. Il lui donna tou-tes les inftructions que la briéveté du tems rendoit praticables. Enfin pour cacher plus fûrement leur marche, Theodofe fe rendit à Douvres par divers chemins avec ſes Enfans, Violente, & ce qu'il avoit de domeſtiques plus fidéles. Alphonſe les receut dans ſon Vaiſſeau, l'Ancre fut levée ſur le champ, & ils ſortirent du Port.

FIN DU PREMIER LIVRE.

LA ROSALINDE
IMITÉE
DE L'ITALIEN,

LIVRE SECOND.

Tout * favorifoit la fuite de nos Amants, l'Angleterre & les Ifles qui l'environnent difparurent bien-tôt à leurs yeux. Les paffagers touchez de leur affliction cherchoient à les diftraire par des converfations qui n'euffent aucun raport à leur douleur. † Rofalinde ne prenoit aucune part à ces difcours ; occupée uniquement de fa douleur, la vûë & les foins de Lealde avoient feuls le droit d'interrompre pendant quelques inftans le cours de fes pleurs. Mais le Comte Edmond nous rapelle au Camp de Reding, laiffons pour quelques momens le Vaiffeau voguer fur une Mer tranquille. ¶

** J'ay retranché tout l'Exorde de ce Livre, parce qu'il étoit inutile, & que les tours Italiens de mon Original devenoient ridicules dans nôtre Langue.*

† J'ay retranché 8. pages de cet endroit où Theodofe raconte l'Hiftoire de la Révolution de la Réligion Catholique en Angleterre depuis Henry VIII. jufques à Charles I. tout le monde fçait cela.

¶ J'ay encore retranché près de 3. pages de cet endroit. Il n'y a rien de plus extravagant ; on y prie Rofalinde de chanter, elle le refufe comme de raifon, & Lealde chante pour elle une Chanfon morale.

Edmond plein d'inquietudes attendoit la réponſe de Sinibalde ; il la reçût par le retour de ſon Courrier & la relut une infinité de fois. S'il fut ſatisfait de la reconnoiſſance qu'elle exprimoit , quel coup pour ſon amour ! Le refus l'accabla ; mais il ne douta point de la ſincerité de l'excuſe , & s'il eut quelques emporte-mens, ce ne fut que contre la fortune & contre ſa pro-pre diſcretion à ſe faire connoître. Il ſongea au reme-de. Toute violence étoit trop éloignée de ſa ver-tu , & toute autre voye ne lui permettoit aucune eſperance. Enfin le parti qu'il prit fut d'aller lui même à Londres pour connoître celui auquel Sinibalde avoit engagé ſa parole , & mettre en œuvre tous les moyens permis pour empêcher un mariage qui décidoit du bonheur de ſa vie.

La difficulté étoit d'imaginer un prétexte honnête & vrai-ſemblable qui pût contenter le Comte d'Eſſex. Quoyqu'il en pût arriver , Edmond étoit reſolu de ſur-monter tout obſtacle, lorſque reliſant encore une fois la lettre de Sinibalde , il fit refléxion qu'il étoit déja parti d'Angleterre avec ſa fille. Cette refléxion mit le comble à une affliction déja exceſſive. La triſteſſe de ſon ame paſſa juſques dans ſes yeux & dans ſes actions, il fuyoit toute ſocieté , & s'enfermoit ſeul preſque toûjours ; enfin en peu de jours il dévint pâle & abattu , inquiet, plein de crainte , impatient & colere. Quoique le Comte d'Eſſex ignorât la réponſe que ſon Neveu avoit reçûë , ſon amour lui étoit connu , & il ne ſe trompoit pas aux effets de cette paſſion. Il cherchoit à le conſoler en lui infpirant l'horreur d'une alliance avec l'Ennemi de la Patrie, & l'efperance de retrouver aifément ce qu'il falloit perdre néceffairement. Edmond affectoit de fe rendre ; mais il ne put refifter à la curiofité de découvrir par quelle voye fon Oncle avoit été inftruit de la prétenduë trahifon de Sinibalde. Le Comte d'Effex lui en faifoit un myftere ; il ne lui cachoit pas cependant qu'il en avoit en main des preuves certaines, & que ces preuves lui avoient été remifes dépuis peu par un Officier que lui même n'oferoit foupçonner. Edmond cherchoit à pénétrer ce fecret, il n'y pouvoit réüffir, fa douleur s'en irritoit, enfin il n'étoit plus connoiffable.

Ses Domeftiques voyoient avec furprife un changement fi fubit. Celui qui avoit porté fa lettre fe perfuada que le mariage avec Rofalinde étoit refolu, & que l'impatience de fon Maître étoit la caufe du tourment qu'il lui voyoit fouffrir. Un Valet garde difficilement un fecret : celui-cy quoyque plus fidéle que le commun, ne put au moins s'empêcher de fe vanter à fes Camarades d'avoir fait une courfe à Londres pour quelque affaire de grande importance. Malheureufement un Ecuïer de Chrifaure fe trouva du nombre des Confidens & fut faire part à fon Maître de ce qu'il avoit appris. Chrifaure rapellant dans fa mémoire le portrait de Rofalinde qu'Edmond avoit montré, & l'efperance que fon Rival avoit trop déclarée de poffeder bien-tôt une beauté fi rare, ne douta plus que fes artifices déteftables ne fuffent déconcertés. Il lui fut aifé d'imaginer que le Comte par complaifance pour fon Neveu lui avoit confié le fecret, que leur projet commun étoit d'achever le mariage avant de rendre publique l'accufation, & qu'ils fe flattoient d'obtenir au moins la confifcation des biens de Sinibalde, s'ils ne pouvoient par leur credit lui fauver la vie.

Chrifaure jugeoit des autres par comparaifon avec lui même ; ainfi penfent les méchans qui fe trompent prefque toujours ; il en eût fait autant s'il eût été le Comte d'Effex. Mais le perfide n'abandonna pas pour un fi leger inconvenient le projet qu'il avoit formé, & dût-il fe prefenter lui-même au Parlement & accufer fon Général d'un filence intereffé, de même que Sinibalde d'une trahifon méditée, il refolut de fuivre ce qu'il avoit commencé. Il voulut cependant avant que de fe porter à cet excès de fureur effayer des moyens moins violens, & ne fe déclarer qu'après avoir cherché à pénetrer le myftere. Il obferva avec attention toutes les démarches d'Edmond, & l'ayant aperçû qui rêvoit en fe promenant dans un lieu folitaire, il le fut aborder avec un vifage fur lequel il fçut feindre de la joye, il lui fit compliment fur fon prochain mariage. Edmond n'eut pas befoin de diffimuler pour l'affurer qu'il n'en étoit rien, mais Chrifaure ne fe contenta pas de cette réponfe. " Eh pourquoy, lui dit-
„ il, vous en défendre lors que perfonne n'ignore le
„ retour de vôtre Courrier, & que toutes les lettres de
„ Londres ne parlent d'autre chofe ? Edmond fentit augmenter fon chagrin en aprenant qu'une partie de fon fecret étoit découverte, & quoyqu'il vît bien

que

que ce qu'il y avoit d'essentiel étoit ignoré, il voulut
au moins par un sentiment d'amour propre, cacher le
refus qu'il avoit essuyé. Il assura Chrisaure que le bruit
étoit faux, il lui confia néanmoins avec une ouverture de cœur apparente, que tous ses désirs tendoient à la
possession de Rosalinde, & qu'il se flattoit d'y réüissir;
mais il avoit différé, ajoûta-t'il, toute demande jusques au retour de son Oncle à Londres après la reddi-
tion de Reding. Il accompagna cette réponse d'une in-
genuité qui ne permit pas à Chrisaure d'en douter. Le
traitre respira en reprenant l'esperance. Il lui étoit plus
aisé de rompre un mariage qui n'étoit encore qu'un simple projet; & pour commencer à mettre en jeu ses infa-
mes artifices, après mille protestations d'un zéle & d'un
attachement inviolables, il parla de la sorte.

Comte, dit-il, je sçais que c'est une imprudence "
de blâmer un dessein déja public, & que c'est une "
folie de donner conseil à un homme déterminé. Je "
croyois vôtre mariage sûr, & j'étois venu pour y "
aplaudir & m'en réjoüir avec vous ; mais puis qu'il "
en est autrement, & que même il n'en a pas encore "
été question, je dois changer de langage. Je fais "
profession d'être vôtre Ami, & comme tel je veux "
vous ouvrir mon cœur, & ne vous pas laisser ignorer "
ce que pense le Public. Je ne peux m'empêcher d'ê- "
tre étonné qu'un homme de vôtre rang, de vôtre "
naissance, riche, aimable, vertueux, estimé générale- "
ment comme vous l'êtes, puisse songer à une pareille "
alliance. „ Le Comte se troubla à ce discours. „ Eh "

„ quoy ! repondit-il , un homme tel que moy peut-il
„ rien efperer que je ne trouve en Rofalinde ? Je lui
„ crois beaucoup d'efprit , reprit Chrifaure , je l'ay
„ affez vûë pour fçavoir quelle eft fa beauté ; je n'ig-
„ nore pas qu'elle eft riche , mais il lui manque de la
„ naiffance. Vous êtes mal informé , lui repliqua
„ Edmond , Sinibalde eft d'une des premieres Mai-
„ fons de Gennes , & cette Maifon a produit de
„ grands Perfonnages dont l'Hiftoire de cette Repu-
„ blique conferve les noms à la poftérité. Mais ce
„ qui me touche plus en lui que fa naiffance & fes
„ richeffes , c'eft qu'il n'a point dégeneré de la vertu
„ de fes Ancêtres. Je vous affure qu'il eft noble &
„ noble du premier Ordre , c'eft-à-dire , du nom-
„ bre de ceux qui font à la tête des affaires de l'Etat.
„ Vous direz ce qu'il vous plaira , s'écria Chrifaure ,
„ vous ne me perfuaderez point qu'un Négociant puif-
„ fe être un homme de Condition.

Edmond piqué lui repartit qu'il en croyoit des gens
mieux inftruits que lui , & qu'il s'étoit éxactement informé. * Il lui expliqua qu'il y avoit de deux fortes de
Commerces, l'un qui par fon immenfité ne faifoit aucune tache à la Nobleffe, l'autre qui l'aviliffoit par la
modicité du détail ; il lui dit que le commerce de Sinibalde étoit de la premiere efpece , & s'étendit fort
au long fur les raifons de cette différence ; mais en fi-
niffant il ne put s'empêcher d'ajoûter qu'il étoit bien

---

* *J'ay retranché 6. pages de cet endroit , où Edmond redit mot pour mot
une confultation d'Avocats fur la nobleffe de Sinibalde.*

tenté de rire de l'extravagance de certains faux Nobles qu'une avarice fordide à l'excès jettoit dans des baffes honteufes, & qui affectoient de méprifer des hommes dont la fidélité & la vertu honoroient la Profeffion.

Ce difcours touchoit Chrifaure de trop près pour qu'il n'en fentît pas vivement l'application ; mais s'en offenfer, c'eût été s'y reconnoître & s'avoüer déshonoré. Il prit le feul parti qu'il y avoit à prendre ; il diffimula l'injure, & demeura cependant & muet & interdit. Il auroit dû ou affecter de fe rendre, ou tourner en plaifanterie le refte de la converfation. Le dépit ne lui permit ny l'un ny l'autre, & n'ayant point à répondre à fon Rival, il ne put lui cacher toute fa rage. Dans ce défordre il chercha des défauts perfonnels à Sinibalde ; il l'accufa d'infidélité & d'une aufterité feinte ; enfin pour détourner le Comte il alla jufques à dire que Sinibalde étoit ruiné, & qu'il fçavoit très-certainement qu'il étoit prêt à faire banqueroute ouverte.

Tant de fureur défilla tout à coup les yeux d'Edmond. Il y reconnut la noirceur de la trahifon fous le voile de l'amitié, & fe rapellant ce que fon Oncle lui avoit dit qu'il devoit à un Officier de diftinction l'avis qu'il avoit reçû de la perfidie de Sinibalde, il ne douta plus que Chrifaure lui même ne fût le délateur. La fauffeté de l'accufation étoit marquée à des traits trop évidens pour s'y méprendre. Il fut faifi de colere, & regardant ce malheureux avec mépris. „ Je foutiens, dit-il, que Sinibalde eft un "

„ homme d'honneur , & c'eſt une impoſture que d'en
„ parler en d'autres termes. Comte, lui répondit Chri-
„ faure , vous vous emportez ! Si ce que je vous ay
„ raporté de la réputation de Sinibalde eſt une calom-
„ nie , c'eſt vôtre affaire d'y penſer , pour moy je le
„ foutiens vray pour vôtre bien, & comme vôtre amy.
Mais Edmond qui ne ſe méprenoit plus au poiſon
que cachoient des paroles ſi affectueuſes , ne put mo-
derer ſa colere, & hauſſant la voix. „ Quel zéle , ré-
pliqua-t'il , quelle amitié ! Par quel interêt , Eſpion
„ des diſcours du Public , venez-vous les raporter ? Je
„ ne ſuis ny Eſpion , ny Délateur , répartit ſur le mê-
„ me ton Chriſaure, que ce diſcours échauffa , je con-
„ feille mes Amis , & je hais les Traitres. C'eſt toy-
„ même qui es un Traitre , s'écria Edmond , puiſque
„ fans ménagement tu déchires la réputation d'un hom-
„ me vertueux , & que tu empruntes le maſque de l'a-
„ mitié pour me tromper.

Chriſaure n'étoit pas brave, mais la colere ſuppléa à
la valeur , & le porta juſques à donner un démenti.
Edmond répondit par un autre , & lui jetta ſes gands
au viſage ; auſſi-tôt ils reculerent & mirent l'épée à la
main. Leurs Domeſtiques qui avoient entendu les
voix s'élever, accoururent, & partagerent la querelle
en voulant prendre leur défenſe. Dans le tems qu'ils
fongeoient eux mêmes à leur propre conſervation , le
combat s'irritoit entre leurs Maîtres, & Chriſaure percé d'un coup mortel au travers du corps tomba enfin
aux pieds d'Edmond. Edmond s'élança auſſi-tôt ſur

lui, & lui mit l'épée sur la gorge. Chrisaure demanda la vie, & c'en fut assez pour arrêter son vainqueur;
mais elle ne lui fut accordée que sous la condition
qu'il confesseroit la trahison. La crainte de la mort,
& sur-tout la force de la vérité eurent bien-tôt obtenu
cet aveu, & le Traître en presence de plusieurs Gentils-hommes & Amis communs que le bruit du combat
avoit attirés, convint de la fausseté de la Lettre & de
l'innocence du pere de Rosalinde. Il auroit pû chercher
à diminuer au moins l'horreur de son crime; la justice
Divine ne le permit pas. Un Scelerat n'est jamais moins
lâche en avoüant ses forfaits, qu'il l'a été en les exé-
cutant.

Si la victoire remplit Edmond de joye, l'interêt de
Sinibalde en fut le principal motif. Cette joye fut
bien-tôt troublée lors qu'il aprit que la playe de Chrisaure avoit été trouvée mortelle, qu'il rendoit les derniers soûpirs, & que tous ses Parens étoient déja accourus chez le Général pour demander justice du Meurtrier. Le Comte ne manquoit pas d'Amis qui étoient
venus pour empêcher qu'il ne reçût aucune insulte;
mais ces mêmes Amis lui conseilloient tous de mettre
ses jours en sûreté par une prompte fuite. Ils lui repre-
sentoient que le mourant avoit des Partisans puissans
& en grand nombre qui peignoient au Comte d'Essex
le combat avec les couleurs les plus noires; qu'ils lui
disoient que son Neveu trop fier de lui appartenir de si
près, avoit porté l'orgüeil jusques à l'outrage, qu'il
avoit été l'aggresseur, & s'étoit emporté sans raison

pour le sujet le plus leger ; qu'ils protestoient que s'ils n'obtenoient pas dans le Camp même la punition d'un crime que toutes les Loix & les Usages de la Guerre faisoient regarder comme Capital , ils porteroient leurs plaintes jusques au Parlement , ou que de leurs propres mains ils se feroient une raison qui leur auroit été refusée ; que leurs murmures étoient applaudis , & que leur nombre augmentoit à chaque instant.

Edmond fut étonné de ces nouvelles , mais il ne fut point troublé. La bonté du combat ne lui permettoit pas de craindre l'accusation , la force de son bras le rendoit intrépide contre toutes les menaces. Il alla trouver le Comte de Betford Général de la Cavalerie dans sa Tente. Si le Comte étoit son Parent il étoit encore plus son Amy ; il l'instruisit de la vérité dans toutes ses circonstances ; & le pria d'en informer lui même le Comte d'Essex.

Betfort ne differa pas d'un moment, il parla avec la derniere vivacité en faveur d'Edmond. Il remontra au Général, que ce n'étoit pas le vainqueur, mais l'Aggresseur que les Loix condamnoient à la mort, & que Chrisaure étoit le seul coupable, puisqu'il avoit mis Edmond dans la nécessité de défendre un ami absent, & faussement calomnié de l'aveu même du calomniateur. Qu'ainsi Chrisaure étoit l'aggresseur, qu'il avoit mis l'épée à la main le premier, & qu'enfin il y avoit tant de témoins de la confession de son crime, qu'il n'étoit pas permis d'en douter. Il ajoûta que le caractére de Chrisaure étoit connu, & que le Comte d'Eſſex étoit lui-même le mieux inſtruit de ſa perfidie.

Betford parloit lorſqu'on vint dire que Chriſaure étoit expiré. Il n'en fallut pas davantage pour changer la diſpoſition des eſprits qui commençoit à tourner en faveur d'Edmond; & à peine le Général trouva-t'il le moïen de dire au Défenſeur de ſon Neveu, qu'il n'y avoit pas à balancer à ſortir ſur le champ du Camp & du Roïaume. Qu'il falloit qu'Edmond ſe cachât avec ſoin; que la fuite étoit le ſeul moïen d'appaiſer les eſprits, & éviter juſques au ſoupçon d'une protection qui le perdroit lui-même. Il lui fit promettre toute ſorte d'aſſiſtance & même une ſollicitation déclarée, juſques au moment où il pourroit le faire rappeller dans ſa Patrie.

Ce conſeil étoit un Ordre; il fut exécuté. La nuit s'avançoit, Edmond ſans perdre de tems & refuſant l'aſſiſtance des amis qui vouloient ſuivre ſa fortune, quitta l'Armée avec trois ſeuls Domeſtiques bien armés. A peine le Comte d'Eſſex en fut-il averti qu'il donna des ordres ſimulés pour le faire chercher & le faire arrêter, en déclarant qu'il renvoïoit l'affaire au Parlement.

Edmond marcha toute la nuit avec diligence, & au point du jour il ſe trouva au bord de la Mer. Il ſuivit la Côte pendant quelques lieuës, & trouva enfin près d'une plage un petit Navire ſur lequel il s'embarqua, & paſſant en France aborda à Calais Ville de Picardie.

Cette Ville environnée de toutes parts de bois, de

Marais & de la Mer, est une des plus fortes Places de l'Europe. Un Fort qu'on nomme le Risban défend l'entrée de son Port, & l'on prétend que c'est dans ce même Port autres fois apellé Port Iccius, que Cezar s'embarqua pour passer des Gaules dans la Grande Bretagne. Il n'en est éloigné que de trente mille, & Edmond préfera Calais pour sa retraite, comme la Ville la plus à portée pour donner à Londres les ordres qu'éxigeoient ses affaires, en recevoir plus souvent des nouvelles, & prendre enfin plus promptement les partis convenables aux circonstances des tems.

Il ne se fit connoître qu'à un Gentil-homme qu'il avoit reçû chez lui à Londres, quoiqu'il fut Catholique. Ce Gentil-homme se nommoit Henry, le Comte le pria de lui chercher un logement sûr dans lequel il pût se cacher pendant quelques jours. Henry le connoissoit pour Neveu du Comte d'Essex, il étoit instruit de la grandeur de sa Naissance, enfin il étoit reconnoissant de la reception qui lui avoit été faite. Il ne voulut point souffrir qu'Edmond prît une autre maison que la sienne. Un bienfait n'est jamais perdu. Edmond reçut le prix de la générosité avec laquelle il accuëilloit les Etrangers. Il refusa d'abord l'azile qui lui étoit offert, mais il fut contraint de l'accepter.

Aussi-tôt il dépêcha à Londres le plus ancien de ses trois Domestiques, & le plus au fait de ses affaires; c'étoit un homme adroit dans son manége, doux en négociation, prompt dans les partis qu'il y avoit

à prendre. Il se nommoit Fidéle & justifioit parfaitement ce nom. Il lui ordonna de rassembler le plus
d'argent qu'il pourroit , & de se pourvoir de tout ce
qui étoit necessaire pour un long voyage ; mais sur
toutes choses après l'avoir instruit de ce qu'il avoit
écrit à Sinibalde, & de la réponse qu'il en avoit reçuë,
il lui recommanda de s'informer éxactement si Rosalinde étoit effectivement mariée , quels étoient ceux
qui avoient suivi son pere lors qu'il étoit parti d'Angleterre , dans quel Païs ils avoient cherché un azile,
enfin de tout ce qui pouvoit concerner l'état de cette
Maison. Il lui donna une Lettre de créance pour Sinibalde, afin que s'il le trouvoit encore à Londres,
comme il l'esperoit, il la lui remît sans perdre un instant, & lui apprît que par l'évenement du Combat
tout danger étoit cessé pour lui, & que son innocence
avoit été parfaitement reconnuë. Il ne craignit point
de confier à l'addresse fidéle les interêts de son amour
en se remettant à lui de tout ce qu'il y avoit à faire
auprès de Sinibalde , il ne lui permit de séjourner à
Londres que quelques jours ; enfin il n'oublia pas de
le charger de sçavoir quel bruit faisoit la mort de Chrisaure , quelles étoient les démarches & les discours de
ses Parens , il lui prescrivit ceux ausquels il devoit s'addresser, & par les conseils desquels il se devoit conduire. Fidéle partit en promettant secret & diligence.

Edmond demeura ainsi à Calais avec les deux Domestiques qui lui restoient. La probité reconnuë d'Henry l'engagea à lui confier ses avantures , & il ne lui

cacha que le nom de Sinibalde & de Rosalinde. Henry fut touché de la situation d'un Hôte si considerable, & mit tous ses soins à le distraire par tous les plaisirs qu'il put imaginer.

Les Bois dont la Ville de Calais est environnée y attirent une multitude prodigieuse de Bêtes fauves, & par le nombre de Chasseurs dont-ils sont remplis fournissent tous les jours quelque nouveau spectacle. Edmond y fut quelques fois ; on diroit que ces Forêts seroient la retraite de Diane & de sa Cour. Les Dames par l'usage du Païs presque toûjours vêtuës d'une maniere singuliere, quoyque magnifique, & semblables à des Amazonnes y manient les Armes avec grace. Tantôt sur des Chars legers elles voltigent dans les routes, tantôt poussant avec force & avec adresse leurs Coursiers animés, elles traversent les Forts les plus épais, tantôt enfin pied à terre & leur habillement retroussé jusques aux genoüils, elles se plaisent à conduire elles-mêmes les Chiens & à les donner à propos. La joye & la gentillesse semblent voler sur leurs traces, & mettent les cœurs plus en danger que les Cerfs & les Daims ausquels elles font la guerre.

Ce fut par ces plaisirs qu'Henry chercha à dissiper la douleur d'Edmond ; il y ajoûta tout ce qu'éxigent le devoir, la politesse & l'attachement pour un homme de son rang.

Le jeune Anglois étoit dans la fleur d'une jeunesse brillante. Sa physionomie charmoit, des cheveux blonds & des yeux du plus beau noir relevoient sa beauté par

un contrafte plein de graces ; il avoit la taile belle &
legere , fa converfation étoit gaye & modefte à la
fois , fur-tout un air noble le diftinguoit , & perfonne ne s'exprimoit avec plus de facilité. Il ne lui fallut
que peu de jours pour fe faire aimer de toute la Nobleffe de Calais , & plus encore de fon Hôte & de
toute fa Famille ; mais la jeune Floride ne put le voir
fans devenir fenfible , & il étoit déja fon vainqueur
avant de s'en être aperçû.

Floride étoit fille d'Henry. *A 17. ans elle avoit été
mariée à un Gentilshomme avancé en âge ; fon époux
n'avoit vêcu que peu de mois , & depuis un an elle
étoit veuve. Elle n'eut pas la prudence de refifter aux
premieres ardeurs d'une paffion naiffante , & il n'étoit
plus tems d'y remedier lors qu'elle voulut prendre confeil de fa raifon.

Floride aima ; mais ce qui l'entraîna dans le préci-
pice , elle fe flata d'être aimée. Elle prit pour un tendre retour des foins qui n'étoient que l'effet de la fim-
ple politeffe d'Edmond ; s'il étoit rêveur , s'il foûpiroit ,
elle s'imaginoit que fa beauté étoit la caufe de fa rêverie & de fes foûpirs.

Telle eft nôtre foibleffe , il fuffit que nous défi-
rions quelque chofe avec ardeur pour nous la perfuader. Edmond ne penfoit pas feulement à Floride.
N'étoit-ce pas affez de Rofalinde & de fes malheurs
pour l'occuper tout entier ? Ce malheureux Amant
n'avoit point encore renoncé à l'efperance : " l'im-

* *J'ay retranché de cet endroit une demy page de comparaifons.*

„ menſité des affaires de Sinibalde ne peut, ſe di-
„ ſoit-il à lui même, lui avoir encore permis de quit-
„ ter l'Angleterre ; Fidéle l'aura trouvé à Londres ;
„ peut-être les engagemens qu'il dit avoir pour ſa fille
„ ne ſont-ils que ſimulés, au moins ils ne ſont pas éxe-
„ cutés, & ils peuvent ſe rompre. Sinibalde eſt géne-
„ reux, il eſt reconnoiſſant, & lors qu'il aura appris
„ ce que je viens de faire pour ſes interêts, il ſe ren-
„ dra à des preuves ſi éclatantes d'amitié pour lui &
„ d'amour pour ſa fille. Il me prendroit pour Gen-
„ dre ! Que je ſerois heureux !

Aveugle Edmond, l'amour qui te guide eſt aveugle comme toy ; mais reſiſtes avec fermeté au coup qui te menace. *

Fidéle revint. Edmond plein d'impatience courut à ſa rencontre, & lut en un moment ſur ſon viſage les triſtes nouvelles qu'il aportoit. ¶ Il apprit la mort de Sinibalde & le départ de Roſalinde & de Lealde promis l'un à l'autre. Fidéle lui en dit toutes les cir-conſtances ; il ajoûta que le ſujet du Combat avec Chriſaure étoit connu, & que s'il déshonnoroit le vaincu dans l'eſprit des gens ſages, il n'excuſoit pas le vainqueur ; que les Parens du mort avoient une forte cabale dans le Parlement, qu'ils crioient en tu-multe que le Baron avoit défendu les Armes à la main la cauſe de la Patrie, qu'Edmond au contraire étoit le

---

* *J'ay retranché quelques lignes en cet endroit, l'Original annonce qu'Ed-mond ſera quelque jour heureux, l'évenement de cette prédiction eſt qu'il ſe fait Moine, j'en ferai autre choſe.*

¶ *J'ay retranché de cet endroit des repetitions inutiles.*

protecteur d'un Traître, que sa fuite le prouvoit assez. Ils alloient même jusques à accuser le Comte d'Essex d'une tolerance excessive. On croyoit que ce Général ne voudroit point se risquer lui même en prenant trop ouvertement le parti de son Neveu, les mesures de Sinibalde pour fuïr avec tous ses biens, & le départ de tous les siens aggravoient l'accusation ; enfin tous les amis d'Edmond lui conseilloient de s'éloigner au moins pour un an du Royaume, en leur laissant le soin de sa défense & de pourvoir à tous ses besoins.

Fidéle finit sa rélation, en disant à son Maître qui l'avoit interrompu par plusieurs questions, qu'il avoit rassemblé des pierreries & de l'argent, qu'il ne lui manquoit rien pour un long voïage, & qu'il étoit prêt à le suivre par tout.

La mort de Sinibalde, le mariage de Rosalinde, son départ, furent autant de traits qui percerent le cœur du malheureux Edmond. Il en fut abattu comme d'un coup de foudre, & il prit sur le champ le parti de renoncer à la fois, à l'hymenée & à l'amour. A l'Amour ! celui de Rosalinde s'étoit trop imperieusement emparé de son ame ; & s'il n'espera plus de la posseder, il ne put résister au désir de la voir. Sa présence lui parut le seul bien, & son absence la seule infortune. Enfin, ou sympathie, ou caprice, il prit la resolution de suivre les pas de Rosalinde, de ne la quitter jamais, sûr de n'être point aimé.

Il écrivit à ses amis à Londres & au Comte d'Essex au Camp de Reding, qu'il cedoit à la nécessité en s'éloignant d'Angleterre, & qu'en paffant en Italie, non feulement il obéïffoit à leurs confeils, mais il fatisfaifoit à l'envie qu'il avoit toûjours eûë de voir les plus belles Villes de l'Univers. Il dit la même chofe à fon Hôte Henry, auquel il fit néanmoins quelque part de la difgrace de fon amour ; enfuite il rappella Fidéle, & lui ordonna de repartir le lendemain pour Londres, il lui remit fes Lettres & lui donna de nouvelles inftructions. Il le chargea de s'afsûrer du premier Vaiffeau qu'il trouveroit prêt à faire Voile en Italie, & lui recommanda, que fans perdre tems, il revînt avec des lettres de créance fur toutes les Places de cette Partie de l'Europe.

Fidéle partit. Edmond demeura accablé de la douleur la plus vive ; elle étoit trop grande pour qu'il la pût cacher. Floride s'en apperçut, elle voulut en pénétrer la caufe, & n'y réuffit que trop bien. Elle apprit que cette langueur avoit une autre beauté pour objet ; mais cette connoiffance loin d'éteindre en elle l'amour, ne fit au contraire que le redoubler. Elle imagina que le cœur du jeune Anglois étoit fait pour aimer, & qu'il lui feroit aifé d'attirer à elle des vœux qui ne feroient plus foutenus d'aucune efperance pour une autre. Elle fe réfolut de fe découvrir à la premiere occafion favorable, & de rendre Edmond poffeffeur de fa perfonne, comme il l'étoit déja de fon ame.

Quelque violente que fût la paffion de Floride, il lui refta cependant affez de prudence pour la cacher à d'autres yeux qu'à ceux d'Edmond. Il fremit du danger où il se trouvoit d'être inconstant envers Rosalinde & ingrat envers Henry ; & évitant toutes les occasions de se trouver tête à tête avec Floride, il chercha à la désabuser par cette conduite. Henry de son côté ne prit pas le moindre ombrage, & n'étoit occupé que du soin de divertir son Hôte par tous les plaisirs qu'il pouvoit imaginer, & sur tout par la société des Dames que les usages de France rendent extrémement familieres. Edmond insensible à ces divertissemens affectoit de s'y livrer par politesse pour son Ami.

Cependant la malheureuse Floride se consumoit : ses regards, ses soupirs, tout annonçoit son amour. *

Un jour qui fut emploïé aux apprêts d'une chasse qui se devoit faire le lendemain, Fidéle revint & rapporta à son Maître qu'il s'étoit asûré d'un Vaisseau qu'un Correspondant d'Alphonse Guevarre avoit fretté pour Alicant ; que ce Vaisseau devoit porter en Espagne une partie de sa Cargaison, & remettre le reste en Italie ; qu'il leveroit l'Ancre dans deux jours ; qu'il étoit convenu avec le Capitaine, du Port de France près de Calais où il viendroit les prendre, des signaux qu'il feroit, & qu'à ces signaux ils se jetteroient dans une Chaloupe pour se rendre dans le Vaisseau. Ensuite

---

* *J'ay retranché près de 6. pages en cet endroit. Henry donne à Edmond un Concert dans lequel on chante les loüanges de l'Amour, cette Musique déplaît à Edmond, Henry lui en donne un autre où Minerve chante une Saïyre contre ce Dieu, tout cela n'a aucun rapport au sujet, & n'est amené que pour produire des Vers pleins de Concetti Italiens.*

il remit à Edmond les lettres de crédit qu'il avoit demandées, & ils convinrent ensemble des mesures de leur départ.

Edmond ne cacha à Henry aucun de ces arrangemens, ils y travaillerent de concert; mais Floride, de laquelle ils ne se cacherent ni l'un ni l'autre en fut accablée de douleur. La présence continuelle de son pere, qui ne quitta plus son Ami, la jettoit dans le défespoir en lui ôtant tous les moïens de découvrir son amour. Elle fit encore néanmoins sur elle un effort pour cacher les troubles interieurs de son ame; mais elle ne put empêcher qu'une pâleur mortelle ne s'emparât de son visage, & que ses discours ne fussent interrompus par de profonds soûpirs. Elle fut enfin obligée de se retirer; la nuit survint & ses yeux remplis de larmes furent inaccessibles à la douceur des Pavcts du sommeil.

L'Aurore suivit la nuit, & le jour qu'elle annonçoit étoit le dernier du séjour d'Edmond à Calais. Tout se prépara pour la Chasse qui devoit être encore plus magnifique que les précedentes. La désolée Floride y parut, elle eut l'Art de cacher son inquiétude; mais son esprit étoit plein des resolutions les plus violentes.

Déja les Cavaliers & les Dames étoient venus au rendez-vous; une multitude de Chasseurs, de Valets & de Chiens de toutes especes formoient l'enceinte, la Forêt retentissoit au loin de la voix des Piqueurs & du bruit de leurs Cors, les toiles étoient remplies de

Bêtes

Bêtes fauves ; il n'y avoit perſonne qui ne fût occupé.
L'un pouſſe ſon Cheval épouvanté au travers des bruye-
res pour dompter ſa fougue, l'autre employe ſes forces pour arrêter l'ardeur d'une couple de Chiens, celui-cy les lance à propos ſur un Cerf timide, cet autre attend avec audace la rencontre d'un Sanglier furieux, enfin juſques aux ſimples ſpeĉtateurs deſtinez à
la garde des Dames, tout parloit de Chaſſe ou d'A-
mour.

Floride ne perdoit pas un moment de vûë l'objet
de ſes déſirs ; mais plus elle prenoit de ſoins pour être
toûjours auprès de lui, plus il cherchoit à s'éloigner
d'elle. Edmond n'étoit pas occupé de Floride, & le
tumulte de la Chaſſe ne pouvoit le diſtraire. L'idée
de Roſalinde entre les bras d'un autre l'agitoit trop
cruellement. Il prit pour s'éloigner l'inſtant où les
Chiens animés après un Daim leger attirerent tous les
yeux par un ſpeĉtacle agréable, & conduit par ſa rêverie,
laiſſant à ſon Cheval le choix d'un chemin indifferent
pour lui, pourveu que ſeul il pût penſer à Roſalinde,
il parvint après une courſe de deux milles dans un
Vallon délicieux. Les Gazons en étoient émaillés des
fleurs les plus agréables & les plus diverſifiées par leurs
vives couleurs, & d'un Rocher tomboit en caſcade
une ſource de la plus belle eau du monde qui rempliſ-
ſoit un Baſſin naturel qu'elle s'étoit formé. L'onde dans
ce Baſſin ſembloit ſe repoſer de la violence de ſa chûte, & ſe répandant enſuite dans la Campagne mur-
muroit en ſerpentant entre les Gazons & les Fleurs.

La folitude d'un lieu fi charmant parut propre au jeune Anglois pour s'y livrer à fes inquiétudes amoureufes ; il attacha fon Cheval à un arbre & s'affit tout penfif au bord du Ruiffeau ; il tira de fa poche le Portrait de Rofalinde qu'il n'abandonnoit jamais ; il le regarda long-tems dans un profond filence ; enfin la violence de fa paffion ne lui permit plus de fe taire, & fembla lui arracher ce difcours douloureux.

„ Rofalinde ne fera pas à Edmond & Edmond vit
„ encore! * Vaines efperances, défirs flatteurs, dans
„ quel abîme m'avez-vous précipité ? Heureux Lealde
„ qu'avez vous fait pour mériter un tréfor fi rare ?
„ J'ay tout facrifié, & ma récompenfe eft le malheur
„ de ma vie. Infortuné que vais-je faire ? Je vais fui-
„ vre une Inhumaine, & moins elle fera touchée de
„ ma douleur, plus je la fentiray croître ; mais fi je
„ refte icy, fi je prends le parti de chercher l'endroit de
„ la Terre le plus éloigné d'elle, quel Aftre m'éclaire-
„ ra par tout où elle ne fera pas? O Ciel ! Ne feras-tu
„ jamais touché du tourment que j'endure ? Pourquoi
„ le fort a-t'il fait naître Rofalinde en Angleterre ? Je
„ ne l'aurois jamais vûë fi l'Italie lui eût donné le jour ?
„ Pourquoy faut-il que contre l'ordre commun la pre-
„ miere bleffure d'amour ait été pour moy un coup
„ de foudre ? Ingrate, cruelle Rofalinde, tu ris peut-
„ être entre les bras d'un autre des maux que tu m'as
„ caufés ; Eh bien ! malgré tes mépris infultans je te
„ fuis encore, tu riras bien-tôt de ma mort.

* *J'ay retranché plus des deux tiers de ce Monologue.*

“ Non , tu ne mourras point ,“ lui répondit une Voix qu’il crût reconnoître. A ces mots , qui pourroit exprimer ſon agitation ? Il ſe leva & jettant par tout les yeux, il aperçût enfin Floride qui ſortoit de derriere le Rocher , & qui ſe jetta à ſes pieds. ,, Non tu ne “ mourras point , lui repeta-t’elle , ſi de tendre ſoins “ peuvent t’engager à vivre. Roſalinde s’eſt donné à “ un autre , je viens me donner à toy. N’aimes plus “ qui te mépriſe, & que l’Hymen t’uniſſe à qui t’ado- “ re. Sous le nom de ton Epouſe je ſeray ton Eſclave , “ je te ſuivray par tout ; il n’eſt plus en mon pouvoir “ de vivre éloignée de toy : ainſi l’ordonne l’Amour. * “

Floride accompagnoit ce diſcours de ſoûpirs & de larmes , elle avoit vû Edmond quitter la Chaſſe , & comme ſes yeux ne partoient jamais de deſſus lui , elle l’avoit ſuivi. Elle s’étoit cachée derriere la Roche ; elle avoit entendu ſes regrets ; enfin pleine d’un tranſport dont-elle n’étoit pas la maîtreſſe , elle avoit fait un aveu ſi contraire à toute bienſéance. Edmond l’écouta avec politeſſe ; mais ce fut avec un froid dont elle fut glacée qu’il lui répondit. ,, Plût au Ciel , belle Flo- “ ride , que mon cœur malheureux fut encore à moy , “ ce ſeroit ſans effort qu’il deviendroit vôtre conquê- “ te ; mais il eſt donné , & ce don eſt irrevocable. “ L’image qu’il a reçûë n’y permet plus de place pour “ un autre ; il n’eſt plus en ſon pouvoir de s’opoſer “ aux Loix du deſtin & de l’Amour. Conſolez-vous, des “

* *Floride s’offre dans l’Original à être la Maîtreſſe d’Edmond , j’ay chan-*
gé beaucoup de cet endroit pour conſerver quelque bienſéance.

„ Partis plus brillans vous dédommageront de ma per-
„ te. Au nom de l'ardeur que j'ay fait naître innocem-
„ ment accordez moy feulement une grace, oubliez
„ jufques au nom d'Edmond. „ *

Il dit, & fe jettant en felle d'un fault leger, il difparut en un inftant aux yeux de Floride. Le bruit de
la Chaffe qui continuoit lui indiqua les routes qu'il
devoit fuivre, il trouva enfin fes deux Domeftiques
qui le ramenerent & il fe méla parmi les Chaffeurs.

Quelles furent la confufion, la honte & la douleur
de l'Amante infenfée après la réponfe qu'elle venoit
de recevoir, & une retraite fi précipitée ? Ses yeux
s'attacherent fur la terre, elle deméura prefque fans
aucun fentiment. Revenuë à elle après quelques inftans d'un trouble fi affreux, elle s'écria.

„ Voilà donc cruel le prix de tant d'amour ! Ingrat
„ eft-ce ainfi que tu reçois de fi grands facrifices ? Tu
„ dis que je fuis belle, & tu me méprifes. Tu me loües,
„ & tu me fuis. Tu me confeilles la paix, quand tu m'as
„ déclaré la guerre. Me crois-tu plus courageufe que
„ toy-même pour refifter au Deftin & à l'Amour ?
„ Si tu as donné ton cœur, pourquoy me ravir le
„ mien ? Tu veux que je t'oublie, que ne m'en donnes-
„ tu l'éxemple ? Mais pourquoy me livrer à l'excès du
„ défefpoir ? Mon amour me refte & par conféquent
„ l'efperance de te toucher ne m'eft pas ravie. †

---

* J'ay pareillement retranché les deux tiers de cet endroit, Edmond y prê-
che Floride d'une maniere peu polie & très offençante pour elle.

† J'ay encore abregé cet endroit par la même raifon que les deux précédens.

La necessité de rêver au parti qu'elle avoit à prendre interrompit son discours. Elle remonta à cheval, rejoignit la Chasse, & se retira quelques momens après à la maison de Campagne de son Pere, sous prétexte d'une legere indisposition. Elle n'y fut pas plûtôt que renvoyant les Domestiques empressés à la servir, elle fit chercher sa Nourrice de laquelle elle esperoit, disoit-elle, recevoir quelque soulagement par des remedes inconnus à d'autres. Dypsa, ainsi se nommoit la Nourrice, se rendit bien-tôt aux ordres de Floride & s'enferma avec elle. Le reste de la compagnie demeura dans les Jardins, où Henry avoit fait préparer un retour de Chasse magnifique. La nuit s'approchant, tout le monde reprit le chemin de la Ville. *

Henry avant de partir voulut s'instruire par lui même de l'état de sa Fille, il fut la voir un moment. Elle lui dit qu'un violent mal de cœur l'agitoit, qu'elle souhaitoit de rester seule cette nuit avec Dypsa, & qu'avec les secrets de cette Nourrice elle esperoit d'être guerie dés le lendemain. Le pere n'entendit pas le sens caché des paroles de sa Fille, il la recommanda à Dypsa, & ayant rejoint Edmond, ils retournerent ensemble à Calais.

Edmond avoit tout préparé pour son départ au point du jour suivant. Le Navire sur lequel il s'embarquoit devoit paroître sur une Plage qui n'étoit éloignée que de quelques milles : il fit des présens con-

____

* *J'ay retranché deux pages & demie des Discours tenus, & des Vers récités pendant le repas.*

fiderables à tous les Domeſtiques d'Henry : il lui exprima ſa reconnoiſſance, & après quelques heures de
repos il ſe rendit au Port avec Fidéle & ſes deux Camarades. Henry l'accompagna juſques au Rivage &
le vit partir dans la Chaloupe pour aller à la Rade.

Floride employa cette même nuit à l'exécution des
projets qu'elle avoit medités. Elle commença par confier ſon ſecret à Dypſa ; ce ne fut point pour lui demander conſeil, il n'en étoit plus tems ; mais pour la
conjurer de lui prêter ſon ſecours. Elle étoit reſoluë de
cacher ſon Sexe, de prendre dans la maiſon tout ce
qu'elle pourroit emporter d'argent & de pierreries,
de fuir & de s'embarquer comme Paſſager ſur le même Navire qu'Edmond. La vieille Nourrice ne fut
fut pas aiſée à perſuader ; elle repreſenta à Floride
toutes les conſéquences d'une pareille entrepriſe ; mais
enfin elle ſe rendit par l'inutilité de ſes rémontrances.

Cette Vieille étoit perfide & avare ; prodigue de
faveurs dans ſes beaux jours, ſi ſon lait n'avoit pas
tranſmis dans Floride le venin de ſes vices, il ſembloit y avoir au moins porté les fureurs de l'amour.*
Mais ce qui la détermina davantage, ce fut l'argent
& les pierreries qui devoient être du voïage. Elle avoit
un Fils plus méchant qu'elle encore mille fois. Ce Fils
fugitif de la Maiſon paternelle avoit ſervi un Officier
à la Guerre, ce n'étoit plus preſentement qu'un vaga-
bond inſtruit de tous genres de vols & de fourberies. Ce

____

* *J'ay beaucoup adouci cet endroit & retranché un tiers de page ſur la né-*
ceſſité de bien choiſir les Nourrices.

malheureux avoit nom Scaltrin ; il avoit été emploïé à la chasse qu'on venoit de faire, & la Vieille le proposa à Floride comme un homme dont elles ne pouvoient se passer. Floride y consentit, elle n'avoit pas le tems de choisir. Scaltrin fut mandé, on lui fit part de tout le projet, & on mit tout en œuvre pour l'exécution.

Henry aimoit extrémement la campagne & la chasse ; il habitoit la maison où elles étoient la meilleure partie de l'année, & il y gardoit en dépôt une grosse somme & des diamans pour les besoins imprévûs. La politesse de ne point quitter Edmond jusqu'à son départ l'avoit conduit pour cette nuit à la Ville, comme nous l'avons déjà dit.

Floride seule connoissoit le lieu caché du Trésor de son pere ; elle y fut avec Scaltrin, qui faisant des instrumens de tout, eut l'addresse de l'ouvrir. Les diamans furent remis à Dypsa, & l'argent à son fils pour ne point charger Floride dans une marche déjà trop forcée pour sa délicatesse. Floride se coupa ses beaux cheveux, ils convinrent ensemble qu'Elle prendroit le nom de Fortunian, Scaltrin sella trois des Chevaux qui étoient entretenus dans cette Maison pour la chasse, & ils partirent au milieu de la nuit pour se rendre dans une mazure reculée dans les Bois, où ils trouverent une femme que l'infame Guide connoissoit. Là le traître leur conseilla de l'attendre, il partit seul à pied pour aller en secret au bord de la mer s'informer du départ d'Edmond, & s'assûrer d'un Matelot

de ſes amis qui les conduiroit à bord du même Vaiſſeau dans ſa Chaloupe. Ce ne fut pas ſans crainte d'être
reconnuës que Floride & Dypſa ſe trouverent ſeules
après le départ de Scaltrin ; mais ce peril n'étoit que
de quelques heures, puiſque dans la même matinée
elles devoient s'embarquer. Elles prirent confiance
dans la diligence & l'addreſſe de leur Agent, & le
ſommeil s'empara pour quelques inſtans des yeux de
Floride ſur un lit que Dypſa lui accommoda au mieux
qu'il lui fut poſſible.

Les Oyſeaux par leurs chants ſalüoient déja le retour du Soleil, lorſque Floride s'éveilla. Elle attendoit
Scaltrin avec une impatience extrême ; mais ſon inquiétude fut ſans bornes, lorſqu'elle vit que le jour
s'avançoit ſans qu'il parût. Il revint enfin à midy, &
rapporta qu'il y avoit peu de tems que le Vaiſſeau
avoit fait ſes ſignaux à la rade de Calais ; que l'on
y portoit tout le bagage d'Edmond, mais qu'il attendoit encore une autre cargaiſon, & qu'il ne mettroit
point à la voile avant la nuit. Son avis fut que le
plus ſûr pour eux étoit de ne point ſortir du Lieu où ils
étoient avant le coucher du Soleil. Il dit que le Capitaine par l'entremiſe du Matelot ſon ami avoit promis de les attendre, & que la Chaloupe étoit toute
prête. Il ajoûta qu'il avoit été à la Ville juſques à la
Maiſon d'Henry, qu'on n'y parloit de rien, & qu'il
y avoit apparence qu'aucun des Domeſtiques de la
Maiſon de Campagne n'y avoit encore porté la nouvelle de leur fuite.

La nuit vint, ils partirent; & ce ne fut pas fans avoir recompenfé très généreufement celle qui leur avoit donné retraite. Scaltrin paffoit devant pour leur fervir de Guide, il ne fuivit pas le chemin ordinaire fous prétexte de cacher leur marche, il en prit un autre qui les conduifit dans le plus fort de la Forêt.

Ils avoient déja marché pendant une heure, & l'obfcurité redoublant, rendoit d'autant plus terrible la folitude du Bois, lorfque d'un endroit peu éloigné ils entendirent le bruit d'un coup de Fufil qui fit prefque mourir de peur Floride. Ils avancerent encore quelques pas, & fe trouverent environnés d'une troupe de Manans armés qui leur mettant le Piftolet à la gorge, les menacerent de les affaffiner s'ils jettoient le moindre cri. Les Manans les firent mettre pied à terre, c'étoit fur tout Scaltrin qu'ils affectoient de maltraitter davantage. Ils leur prirent enfuite tout ce qu'ils avoient de quelque valeur, & à peine leur laifferent-ils les vêtemens les plus neceffaires. Trois d'entr'eux monterent fur les Chevaux & les emmenerent; ceux qui refterent banderent les yeux à la déplorable Floride, & l'attacherent les mains liées derriere le dos à un grand arbre. Ils feignirent d'en faire autant à Dypfa & à Scaltrin, ils tirerent quelques coups en l'air pour faire croire qu'ils vouloient leur donner la mort. Dypfa & Scaltrin par leurs cris & leurs larmes fecondoient parfaitement cette feinte, ils n'étoient pas en effet en grand danger, puifqu'ils étoient d'intelligence. Scaltrin fous prétexte d'aller à la Mer avoit conduit cette funefte avanture, il avoit été trouver le chef de ces Bandits, & étoit convenu du lieu & du moment avec lui.

Ils resolurent ensuite entre eux d'assassiner Floride. Elle entendit cet affreux projet ; elle baignoit son visage de pleurs, & par ses soûpirs & ses priéres tâchoit de leur inspirer une pitié qui n'étoit jamais entrée dans leurs cœurs. Aussi ses priéres & ses soûpirs eussent-ils été inutiles, si un reste d'humanité n'eut fait encore sentir à Dypsa l'horreur de répandre un sang qui par la nourriture étoit en quelque sorte le sien. Elle tira les Voleurs à l'écart, & pour recompense d'une si riche proïe qu'elle leur avoit elle-même livrée, elle leur demanda la vie de sa fille. Les Voleurs y consentirent ; mais ce fut sous la condition qu'ils la laisseroient liée ainsi qu'elle étoit dans le plus reculé de la Forêt. Ils craignoient qu'elle ne fît usage de la liberté pour les faire poursuivre, & ils esperoient que quelque Bête feroce les délivreroit de ce danger, ou que du moins ses cris ne pourroient être entendus dans cette vaste solitude, que lors qu'ils se feroient éloignés, & qu'ayant fait leur partage ils auroient eu le tems de se séparer.

Ils partirent ; * Floride privée de tous sentimens, n'étoit soûtenuë que par les liens qui la tenoient attachée. Elle revint à elle ; mais ce ne fut que long-tems après. Il n'est pas nécessaire d'être sensible pour être touché de son état ; le moindre mouvement des branches ou des feüilles agitées par les vents, le moindre cri, le battement des aîles des Oiseaux de la nuit, tout

* *J'ay retranché quelque chose de trop long en cet endroit.*

lui cauſoit une fraïeur inexprimable. La mort l'environnoit de toutes parts, & à chaque moment elle croïoit reſſentir le poignard meurtrier des Bandits, ou la dent des Loups carnaciers.

La nuit acheva ſon cours, & la moitié du jour ſuivant, qui n'étoit que la nuit pour elle, la vit dans la même ſituation. Perſonne ne paſſoit dans un lieu ſi ſolitaire. Enfin ſur le ſoir elle entendit un chien aboïer & le ſon d'un Cors. L'eſperance ranima ſes cris, ils ne furent pas inutiles. Ils attirent un Chaſſeur que la pourſuite d'un Sanglier avoit conduit dans ce fonds des bois. Ce Chaſſeur étoit habitant d'un Hameau ſur le confin de la Forêt, très-éloigné de la maiſon d'Henry, qu'il ne connoiſſoit même pas. Il s'arrêta quelques momens à conſiderer un objet ſi digne de pitié, il prit Floride pour un jeune homme, il la délivra, & s'informa d'une ſi étrange avanture. Floride par la crainte d'être reconnuë ſous un habit ſi peu convenable, lui déguiſa ſon nom, comme elle déguiſoit ſon ſexe, & ſous celui de Fortunian, lui dit, qu'elle étoit un jeune Gentilhomme, qui par le défaut de biens avoit été obligé de ſe mettre au ſervice d'une Veuve en qualité de Page, que la ſuivant dans un Voïage, ils avoient été attaquez par des Voleurs dans la Forêt, que ſa Maîtreſſe avoit été enlevée, ſes Domeſtiques tuez en voulant la défendre, & lui laiſſé dans l'état où il l'avoit trouvé.

Le Chaſſeur étoit lui-même un homme de Condition, mais pauvre, & qui dans la pauvreté avoit confervé la nobleſſe des ſentimens de ſa naiſſance. Il conduiſit le prétendu jeune homme chez lui. Il lui donna à manger pour reparer ſes forces , & le fit mettre au lit. L'accablement de Floride lui procura le ſommeil ; mais ce fut un ſommeil interrompu par des ſonges effrayans que produiſoit le paſſé, & qui ne préſageoient que trop l'avenir. Ces images affreuſes la reveilloient en ſurſaut à tous les inſtans. L'aube du jour ayant frappé ſes yeux diſſipa tous les ſonges , & la rendant à elle-même lui permit de réflechir au parti qu'elle avoit à prendre. Son inquiétude lui en preſentoit une infinité. Ce n'étoit plus celui de ſuivre Edmond , & quand il eût été pratiquable , la crainte de la mort avoit chaſſé l'amour. Elle ſe ſeroit déterminée à fuir dans des Païs éloignés de ſa Patrie ſous le même déguiſement, & de chercher des lieux où elle eût été ignorée pour jamais ; mais que pouvoit faire une femme ſeule , délicate, ſans experience , ſans ſecours, ſans argent ? En retournant chez ſon pere , comment ſoûtenir ſes regards ? De reſter où elle étoit , il n'étoit pas poſſible. Enfin elle étoit trop malheureuſe pour de toutes les idées qui agitoient ſon eſprit , ne pas ſe fixer à la plus pernicieuſe.

Un Gentilhomme avoit été extrêmement amoureux d'elle , & peut-être l'étoit-il encore. Il ſe nommoit Feralte , & avoit ſon Château aux environs de Calais. Ce Gentilhomme avoit ſouvent demandé Floride à Henry, mais Henry la lui avoit toûjours refuſée. Feralte étoit en effet un homme perdu de crimes & de débauche. Il commandoit une troupe de Bandits, qui ne l'avoient mis à leur tête que parce qu'il les furpaſſoit en méchanceté ; en un mot c'étoit un Scelerat déclaré. Floride cependant ſe réſolut à lui demander azile. Il étoit extrêmement redouté dans le Païs, & ce fut à ce bras criminel qu'elle confia ſa défenſe contre les emportemens de ſon pere. Ainſi d'un abîme ſe précipitant dans un autre plus rédoutable, elle prit congé de ſon liberateur, elle lui exprima ſa reconnoiſſance, & lui demanda pour toute grace un Guide qui la mît hors de la Forêt, dans le grand chemin du Château de Feralte. Le Gentilhomme étoit trop pauvre pour avoir un Valet ; il s'offrit lui même pour conduire le jeune Page ; mais une pluïe prodigieuſe qui tomba tout le matin les obligea de reſter, ils ne purent ſuivre leur route qu'après qu'elle fut paſſée.

Ils marcherent lentement, Floride étoit délicate & ſes malheurs l'avoient encore affoiblie. A peine eurent-ils fait une lieüe qu'ils ſe trouverent au bord d'un petit ruiſſeau, qui par la violence de la pluïe étoit devenu en quelques heures un Torrent très rapide. Fortunian déclara à ſon Guide qu'il n'avoit ni la force, ni le courage de riſquer le paſſage. Le Guide qui étoit un homme robuſte, chargea le jeune homme ſur ſes épaules, & prenant un gros bâton pour ſe ſoûtenir, n'héſita point d'entrer dans l'eau avec ce fardeau. Il étoit tout près de l'autre rivage, lorſqu'il ſe trouva dans le grand courant qui étoit plus fort qu'il ne l'avoit crû. En effet il ne put y réſiſter, il tomba; mais s'il entraîna Floride, ce fut avec affez de bonheur pour elle, pour qu'elle pût, en faifant encore un effort, embraffer le tronc d'un Saule que la fortune lui préfenta, & fe mettre en sûreté, quoique hors d'haleine. Il n'en fut pas de même du malheureux Gentilhomme, étourdi par fa chûte, il en perdit connoiffance, & tout ce qu'il pouvoit faire étoit de fe laiffer porter par le fil de l'eau. Fortunian défefperé le fuivoit le long du Rivage; mais le feul fecours qu'il lui pouvoit donner confiftoit dans fes cris. Ils furent inutiles dans un lieu fi fauvage, & il eut enfin la douleur de voir les ondes engloutir fon Bienfacteur à fes yeux.

Le déplorable Fortunian, ou pour mieux dire la déplorable Floride, demeura feule après cet affreux fpectacle au milieu du plus épais du Bois, foible, moüillée, fans fecours, fans efperance, éfraïée des perils paffez, troublée par les préfens; fes yeux étoient noïez de larmes, elle ne voïoit aucun fentier par lequel elle pût s'échapper. La nuit la furprit dans ce défordre. Enfin marchant fans autre deffein que fon défefpoir, elle fe trouva fur une terre nouvellement remuée, qui couvroit légerement une Trappe que des Chaffeurs avoient creufée pour y prendre des Bêtes fauves, l'obfcurité ne lui permit pas de s'en appercevoir, elle s'y précipita.

L'Infortunée tomba dans un piége qui n'avoit pas été dreffé pour elle; & en tombant elle fentit déchirer le plus beau corps du monde par mille playes. La Foffe étoit profonde, & quoiqu'elle fût couverte, elle ne l'avoit été assez éxactement pour empêcher l'eau d'y filtrer. Floride se trouva dans la boüe jusques aux genoüils, elle appella mille fois la mort.

Elle demeura dans ce funeste état toute la nuit & une partie du jour suivant. Enfin quelques Bucherons, qui avoient eux-mêmes tendu le piége arriverent, & voïant la terre enfoncée, commencerent à se réjoüir par l'esperance de la proïe. Ils furent extrêmement surpris, lorsqu'ils apperçûrent un jeune homme d'une si aimable figure. Ils se sentirent attendris d'un accident qu'ils avoient causé ; ils le retirerent avec peine, & lui faisant un Brancard de quelques branches qu'ils couperent, ils le porterent à leur Village, le coucherent sur un lit de feüilles, & en eurent toute sorte de soins. Floride ne fut à se remettre que trois jours aprés lesquels sentant ses forces presque revenuës, elle demanda à ses Hôtes charitables une Monture pour la porter au Château de Feralte, feignant d'être de ses parents, & leur promettant qu'ils seroient amplement récompensez.

* Les Païsans avoient envie par toute sorte de bons traittemens de faire oublier au jeune Fortunian le malheur dont ils étoient innocemment les Auteurs. La Monture lui fut donnée, & un Guide pour la conduire ; mais ils n'auroient eu garde de la refuser au seul nom de Feralte, le Tyran de tout le Canton.

Floride prit congé d'eux & partit ; mais comme

** J'ay retranché en cet endroit les exclamations de l'Auteur sur l'état de Floride.*

elle étoit encore foible, & que son cheval étoit fatigué, elle fut surprise par la nuit avant de pouvoir arriver au Château où elle alloit. L'obscurité l'obligea de demander azile dans une maison peu éloignée du grand chemin. Elle lui fut ouverte ; mais à peine y fut-elle entrée qu'elle en reconnut le Maître pour un Gentilhomme nommé Florian ami intime d'Henry, & ennemi capital de Feralte. Il n'étoit plus possible d'en sortir ; où seroit-elle allée ? Elle se détermina à continuer à déguiser son état, & demanda à Florian retraite pour jusques au point du jour suivant. Florian étoit continuellement sur ses gardes dans la crainte de quelque trahison de la part de Feralte ; mais voïant un jeune homme d'une figure prévenante, sans aucunes armes, pâle & exténué, la pitié chassa de son esprit toute défiance, & il le fit conduire dans une chambre pour se reposer.

Floride soupa legérement, & ensuite s'abandonna au sommeil qui l'accabloit. A peine la moitié de la nuit s'étoit-elle écoulée, qu'elle fut réveillée par un bruit affreux d'armes & de cris ; elle se leve toute épouvantée, s'habille en désordre, & prend pour sa défense une vieille hallebarde qu'elle trouva par hazard sous sa main. Un moment après elle entend enfoncer sa porte, & voit sa chambre pleine d'Hommes armés qui portoient des flambeaux. C'étoit Feralte même accompagné d'une troupe de Scélerats comme lui, qui par surprise avoit trouvé le moïen d'entrer dans la maison de Florian, & ne l'aïant point trouvé dans son Appartement, le cherchoit par tout en donnant la mort à tous ceux des ſiens qui vouloient s'oppoſer à ſa fureur. Il trouve le malheureux Fortunian; il le trouve armé. D'un coup de piſtolet il le renverſe percé de trois bâles au travers de la poitrine, & paſſe ailleurs pour aſſouvir ſa barbarie.

Floride tombe, un ruiſſeau de ſang innonde ſon ſein d'albaſtre. Elle tombe frappée par ce même bras dont elle couroit chercher l'appui. Heureuſe encore, puiſqu'il lui reſte le tems du répentir.*

Feralte chercha vainement un Ennemi qui s'étoit caché, & blaſphémant contre le Soleil qui venoit trop tôt éclairer ſon forfait, il fut contraint de ſe retirer de peur d'être découvert. Florian ne fut pas plûtôt aſſûré de ſon départ, qu'il reparut, & viſitant avec ſoin tout le déſordre, il trouva deux de ſes Domeſtiques morts, & l'Etranger dans un état déplorable. Il en eut pitié, & le remit entre les mains d'un Chirurgien. Mais Floride ſentant avec ſon ſang diminüer les principes de ſa vie ſe découvrit à lui, & après l'avoir ſupplié d'obtenir ſon pardon de ſon pere, lui déclara qu'elle n'avoit plus beſoin d'autres ſecours que des Spirituels. Florian promit tout pour la tranquiliſer, & en attendant l'arrivée du Confeſſeur, elle écrivit à Henry d'une main tremblante.

J'Ay trop merité vôtre courroux, & ma faute eſt d'une nature qu'il n'y a que la mort qui puiſſe en faire

* *J'ay retranché de cet endroit.*

esperer le pardon. Ce n'est aussi qu'en mourant que j'ose
le demander. Ne le refusez pas aux dernieres prieres
d'un cœur repentant, & aux derniers désirs d'une ame
qui s'envôle. Non, mon pere, vous n'augmenterez pas
par un courroux rigoureux, mais juste, l'horreur de mon
trépas, vous êtes encore mon pere, & je n'ay pas cessé
d'être vôtre fille. Le passé est sans remede, l'avenir est
trop court, je meurs, & je meurs coupable de mille
forfaits. Consolez vous, s'il est possible, mon corps n'a
point été souillé des crimes de mon ame. Florian vous
racontera mes funestes avantures. Oubliez-les pour me
les pardonner. Honorez moy de la sepulture, & dai-
gnez prier encore pour une fille indigne de vous.

FLORIDE.

A peine eut-elle achevé d'écrire que le Prêtre arriva. Elle avoüa toutes ses fautes avec un répentir sin-
cere, & elle expira quelques momens après.

Il seroit tems d'instruire le Lecteur de la désolation
d'Henry lors qu'il apprit la fuite, le vol de Floride,
& ses complices. Comment il poursuivit lui même
les Voleurs, & ayant pris Scaltrin & sa mere, il les
fit livrer au suplice. Je voudrois peindre les mouvemens de ce malheureux pere à l'ouverture de la lettre
de sa fille & au recit de Florian. Mais la Mer m'apelle, & je laisse à ceux qui sont susceptibles de sentimens à juger du spectacle funeste que je n'ay pas le
tems d'offrir à leurs yeux.

Edmond s'étoit embarqué le même matin qu'il l'avoit refolu , & fa joye fut extrême lorfqu'en entrant dans le Vaiffeau il fçut que le Navire s'apelloit l'Efpe-rance , & qu'il avoit été fretté par Faufte Agent d'Al-phonfe Guevarre. Cette joye s'accrut encore lorfque Faufte en parlant avec lui , lui dit qu'il avoit logé chez Sinibalde , qu'il y étoit à fa mort , & qu'il étoit par-faitement au fait de tout ce qui s'étoit paffé dans cet-te maifon. Edmond lui cacha avec foin fon amour , il engagea autant qu'il put la converfation , & tira de Faufte tout ce qu'il fçavoit. Ce fut ainfi qu'il apprit que le mariage de Rofalinde avec Léalde étoit bien conclu , mais que l'exécution en étoit différée pour quelque tems. Si l'efpoir flatta fon ame , ce ne fut que bien foiblement , lors qu'il vint à fonger que les deux Epoux étoient unis par les nœuds de l'amour avant ceux de l'Hymenée. Tous fes défirs tendoient au Port d'Alicant , Rofalinde fuivant le raport de Faufte y devoit déja être abordée , il vouloit la voir encore. L'efperance , la jaloufie , l'amour redoubloient fon impatience.

Mais laiffons-le fendre les flots d'une Mer tranquille. De plus grands évenemens nous entraînent à la fuite de Rofalinde.

FIN DU SECOND LIVRE.

LA ROSALINDE

IMITÉE

DE L'ITALIEN,

LIVRE TROISIEME.

LE Voïage de Rosalinde & de Léalde étoit heureux. Ils virent les Côtes de France & d'Espagne que le vaste Occean embrasse de ses eaux, & passant les Colonnes d'Hercule, ils entrerent dans de nouvelles Mers. Enfin étant parvenus aux extrémitez du Roïaume de Murcie, ils se trouverent à la vûë désirée du Port d'Alicant, le seul Port du délicieux Roïaume de Valence. * A cette vûë si long-tems souhaitée tous les Passagers furent saisis d'allegresse. Le Port étoit pour les uns la fin de leurs travaux, aux autres il présentoit au moins un répos de quelques jours pour les remettre de leurs fatigues précedentes, & les préparer à de nouvelles. Tous s'aplaudissoient d'une Navigation qui n'avoit pas été troublée par un instant d'alarmes. Rosalinde même en sentit quelque relâche à sa douleur, elle ne put refuser

* *J'ay mis en quelques lignes 10. pages de mon Original, il entre dans le détail de tous les Païs qu'on peut voir du Vaisseau, il fait chanter une Chanson à Lealde, & une autre à Rosalinde qui se trouve consolée en un moment, je crois avoir abregé beaucoup d'ennui & sauvé la bienséance.*

aux inftances de fon Amant d'y mettre quelques bornes ; en un mot elle étoit plus tranquille.

Le Vaiffeau falüa la Ville de toute fon Artillerie, la Ville répondit, & il entra. Tous les Voïageurs débarquerent, Alphonfe conduifit chez lui Theodofe, fes Enfans & leur fuite, & dans peu de jours ils fe trouverent rétablis.

Les Marchandifes deftinées pour Alicant furent mifes à terre ; mais ce ne fut que lentement, parceque Alphonfe vouloit allonger le féjour de fes Hôtes ; Theodofe au contraire preffoit autant qu'il pouvoit le déchargement pour arriver plûtôt à Gennes, où l'appelloient tous fes défirs.

Dans le tems qu'il efperoit de fe remettre en mer, comme il l'avoit projetté, foit par le changement de climat, foit par les incommoditez de la Navigation à laquelle il n'étoit pas accoutumé, foit enfin par quelque autre caufe, il fut attaqué de la fiévre & il devint infirme. Les plus habiles Medecins furent appellés, ils ne jugerent pas le mal incurable avec beaucoup de foin & de répos ; mais ils le déclarerent mortel, s'il négligeoit les remedes, & qu'il s'exposât trop tôt à l'inconftance des flots & aux injures de l'air.

On étoit à la fin de Juin ; la Saifon n'étoit pas propre aux remedes convenables ; il falloit attendre le mois de Septembre pour les mettre en ufage ; en forte que ce n'étoit qu'en Automne, qu'on pouvoit fe flatter de le voir en état de partir. Theodofe fut plus affligé de ce retardement que de fon mal même. Il balança long-tems les interêts de fa fortune & de fa vie; de tout côté il voïoit des dangers, & il ne fçavoit à quoi fe refoudre. Enfin en homme fage, il évita le plus grand de deux maux, il fe rendit aux avis des Medecins & aux priéres de fon ami. Il prit le parti de demeurer, & il s'y détermina d'autant plus volontiers, qu'Alphonfe lui promit toute forte d'affiftance.

Un Vaiffeau chargé à Amfterdam & nommé le Neptune arriva dans ce temps au même Port. Il devoit laiffer une partie de fon chargement à Cagliari en Sardaigne, & porter enfuite le refte à Livournes & à Gennes. Les richeffes de Sinibalde étoient difperfées dans les mêmes lieux. Theodofe refolut d'embarquer fon fils fur ce Vaiffeau avec toutes les précautions néceffaires. Alphonfe lui offrit de le faire fuivre par un Agent fidéle & experimenté dans le Commerce qu'on appelloit Ifnard, & qu'il avoit déjà deffein d'envoïer à Gennes avec de l'or & des Perles, pour y faire l'emplette d'étoffes de foye, & de marchandifes convenables en Efpagne.

Theodofe recommanda fon fils aux foins d'Ifnard avec les plus preffantes inftances. Il leur ordonna de metre en regle ce qui feroit de plus urgent, & de l'attendre enfuite à Gennes, où il promit de fe rendre avec Rofalinde auffi-tôt que fa fanté le luy permettroit, pour y mettre la derniere main aux affaires & au Mariage des deux Amans.

Léalde confentit au voïage, mais ce ne fut pas fous la condition de laiffer en Efpagne ce qu'il avoit de plus

cher au monde, & promettant avec ferment de refpecter, comme il avoit déjà fait jufques au terme convenu l'innocence de Rofalinde, il fupplia fon pere de
ne le point laiffer partir fans elle, puifqu'il falloit partir fans lui. Theodofe ne fe rendit qu'avec peine aux
défirs de fon fils; mais étant perfuadé de la difcretion
de Léalde, de la modeftie de fa belle-fille & de la prudence de Violente, attendri par les larmes qu'il leur
vit répandre à la nouvelle de leur féparation, comp-
tant infiniment fur la fageffe confommée du vieux
Ifnard; faifant enfin réflexion que les deux Amants
étoient deux époux, il leur permit de s'embarquer
enfemble, & leur donna la benediction paternelle.
Rofalinde & Léalde partirent pleins de regrets de le
quitter, & l'embrafferent avec tendreffe. Ils lui laiffe-
rent la plus grande partie des effets qui avoient été à
Sinibalde. Le même Vaiffeau qui l'avoit amené d'Angleterre refta à Alicant pour le conduire, le Vent
étant favorable, il fallut fe féparer.

En peu de jours ils aborderent à Cagliari; ils n'y en
refterent que quelques autres pour terminer les affaires
qui les y avoient appellez, & le temps continuant à
leur être propice, ils tournerent vers Livournes leurs
Voiles & leurs efperances.

Pendant près de deux jours ils furent encore portés par un Zéphir leger; mais fur la fin du fecond,
le Pilote apperçut une prodigieufe quantité de Dau-
phins qni fe joüioient fur les ondes, & un petit nuage
plein de feu qui s'élevoit du côté du Couchant. Ces

fignes l'inquiéterent, & il ne fe trompoit pas. En effet quelques heures après les flots frémirent, & commencerent à fe foulever ; le Ciel s'alluma par le feu des éclairs, & l'air déchiré par les Vents, & la Foudre retentit du bruit le plus terrible. Des nuées épaiffes déroberent les étoiles aux yeux des Matelots, elles obfcurcirent la nuit par une nouvelle nuit, & fe refolvans en pluïe orageufe, femblerent confondre tous les élemens dans un déluge épouvantable. Les Nochers ne fe voïoient plus quelque près qu'ils puffent être, & fi les éclairs perçoient les ténébres, ce n'étoit que pour leur faire envifager le fpectacle terrible du danger qui les pourfuivoit.

Le mugiffement des flots qui fe combattoient, les éclats du tonnerre, le fifflement des vents, les cris des Paffagers, tout augmentoit la confufion & le trouble. Les ordres n'étoient plus entendus ni exécutés ; celui-cy abandonnoit fon pofte, cet autre faifoit une manœuvre dangereufe. Le Navire agité, tantôt fembloit toucher à la voûte du Firmament, tantôt fembloit fe précipiter dans les abîmes. La Mer vouloit l'engloutir dans fes gouffres, les Cieux l'accabloient de leurs cataractes. Les voiles étoient déchirées, les mats rompus, un flot épouvantable avoit brifé le Gouvernail & entraîné le Pilote, on ne gouvernoit plus, & le Vaiffeau devint le joüet de la Tempête. * Enfin ce Navire orgüeilleux qui fembloit le Dieu de la Mer baiffant la Proüe, parut s'humilier devant elle, & lui

* *J'ay retranché quelques répétitions en cet endroit.*

L

demander la paix ; mais la Mer ne devint que plus impérieuſe par cet hommage, elle y entra avec impétuoſité comme dans ſa conquête. Envain en abandonnant tout à ſa fureur cherche-t'on à s'alleger, elle aggrave d'un poids plus puiſſant tous les endroits que l'on ſoulage, tout l'art eſt preſentement inutile, toute eſperance eſt perduë, on n'attend plus que la mort. Cependant l'Aurore paroît, la pluïe ceſſe, & les vents ſemblent vouloir ſe calmer.

Mais l'orage reprend bien-tôt après de nouvelles forces. * La perte du Vaiſſeau eſt conjurée ; elle eſt irrévocable. Les débris en couvrent déja la ſurface des ondes, & les éclats en ſont portés par les airs. La nuit revient & n'aporte aucun relâche, le point du jour qui la ſuit ne rend le calme que pour annoncer aux Voïageurs une perte inſtante & inévitable.

La déplorable Roſalinde baignée de pleurs, moüillée, accablée de fatigue, tremblante & preſque morte d'effroy, étoit entre les bras de Violente. Son cher Léalde ne l'abandonnoit pas. Elle craignoit le trépas de ſon Amant, & non pas le ſien, & les yeux tournés vers le Ciel attendoit le fatal inſtant.

Léalde au contraire n'avoit rien perdu de ſon généreux courage. Il apperçoit que le Capitaine déſeſperant du ſalut du Vaiſſeau faiſoit mettre la Chaloupe à la Mer pour ſe ſauver, il y court, & prenant ſon Epouſe entre ſes bras, il exhorte Violente à le ſuivre. La crainte renouvella leurs forces, Léalde auſſi re-

---

* *J'ay infiniment retranché de cet endroit.*

doutable par fon amour que par fon épée qu'il prefente à tout ce qui l'arrête, faute dans la Chaloupe avec Rofalinde, & ayde Violente à y defcendre, le Capitaine charmé de fa valeur ou intimidé par fon air terrible l'y reçoit. Léalde appelle enfuite Ifnard ; mais trop occupé à raffembler les richeffes qui lui avoient été confiées, le malheureux Vieillard ne l'entendit pas, & fe perdit pour les fauver. Cependant tous les Paffagers & les Matelots vouloient fauter dans la Chalouppe, & le Capitaine craignant avec raifon qu'elle ne pût foûtenir un poids fi immenfe, fe mit fur la Pouppe avec Léalde pour en défendre l'entrée & n'y recevoir que ceux qu'ils voudroient préferer.

Il y avoit parmi les Paffagers quatre freres de Sardaigne, qui par mille crimes ayant merité le dernier fuplice dans leur Patrie, fuïoient la Juftice qui les pourfuivoit, & alloient prendre parti dans les Troupes d'Italie. Ces quatre Scelerats infolens & furieux du péril auquel ils alloient fuccomber, entreprirent les armes à la main de ne laiffer defcendre perfonne dans la Chalouppe, & donnoient la mort à quiconque ofoit leur refifter. Le défefpoir rendoit le combat fanglant entre les Paffagers & eux, & il fembloit qu'ils vouluffent partager avec la Mer la perte de tant de malheureufes Victimes. Un d'eux fe jetta dans la Chalouppe refolu de s'en rendre maître & d'ouvrir le paffage à fes freres. Il heurta le Capitaine pour le précipiter dans les flots, & tirant en même tems un revers de fon fabre à Léalde, il comptoit lui abattre la tête. Le Capitaine fut ébranlé, mais Léalde sauva le coup & ne fut point blessé; au contraire irrité de la fureur du Barbare, il le saisit, lui arracha son épée, & l'enlevant entre ses bras, le renversa; il lui tenoit les genoüils sur la gorge, & l'alloit percer, lorsque le traître demanda la vie, promettant d'aider à défendre la Chaloupe; il ne fallut que cette soûmission pour l'obtenir.

Le second des Sardiots voulant vanger son frere, ou se sauver lui-même, s'arme aussi-tôt d'un pistolet qu'il tire sur Léalde, & saisissant de sa main gauche un cordage, il s'ébranle pour s'élancer, tandis que de la droite il conserve son épée pour sa vengeance. A cette vûë le premier se releve & saisit le Capitaine pour seconder son frere. Léalde entendit siffler le plomb meurtrier, mais il n'en fut point atteint, son courroux en redoubla, & du même Sabre qu'il venoit d'arracher au premier, il coupe au second la main qui le soûtenoit, le Capitaine donne dans le même tems la mort à son ennemi. Ces deux téméraires rougissent de leur sang les ondes qu'en expirant ils font retentir de cris de rage.

Les deux autres freres qui étoient restez sur le Vaisseau, témoins de ce sanglant spectacle s'avancerent pleins du même désespoir. Ils étoient armez de fuzils; L'un tire : ô Fortune impitoïable! Une balle va fraper au bras la belle Rosalinde. Le coup du dernier ne partit pas, il n'en devint que plus furieux. Il cherchoit tous les moïens de sauter dans la Chaloupe, lorsque Isnard parut portant sous son bras un coffret plein de

barres d'or & de perles. La vûë d'une si riche proïe
fit presque oublier au Sardiot la mort dont il étoit
ménacé, sa rage s'en accrut, le Capitaine tendoit la
main de dessus la Chalouppe au malheureux Vieillard;
il le frappe sur la tête d'un coup démesuré, le Capitaine tombe, il entraîne Isnard de la même main qui
l'alloit secourir, & le Barbare ébranlé lui-même de
l'effort qu'il vient de faire se précipite après eux dans les
flots. Isnard ne mourut pas au moins sans se vanger, &
d'un coup de Stilet il perça le cœur à l'Auteur de sa perte. Il ne restoit plus qu'un des Sardiots, les Valets de
Léalde en eurent bien-tôt défait leur Maître, & ce
fut leur dernier service. *

Léalde n'aïant plus à se vanger, & hors d'esperance de pouvoir sauver d'autres Malheureux, saisit
aussi-tôt les rames, & s'éloigna du Vaisseau avec vîtesse pour épargner à Rosalinde de nouveaux dangers.
Elle embrassoit Violente, qui oubliant son propre péril cherchoit à la secourir. A peine furent-ils hors de
portée de l'Artillerie, que l'Amant désesperé laissant
aller la Chalouppe au gré des flots accourut aux pieds
de sa Maîtresse; le sang couloit de la blessure & cette
vûë l'accabloit de douleur. Ils essuïerent la plaïe avec
des rubans, & ils trouverent qu'heureusement elle
n'étoit point profonde, que la balle n'avoit fait qu'ef-
fleurer les chairs, & que la rupture d'un petit Vaisseau
étoit la cause de l'abondance du sang. Ils la panserent
au mieux qu'ils purent, & Léalde reprenant les ra-

* *J'ay retranché quelque chose en cet endroit.*

mes tourna la Chaloupe vers une petite Plage qui commençoit à se découvrir, quoi qu'encore éloignée. L'aspect de la Terre, l'esperance de trouver du secours redoublerent ses efforts.

Aprés avoir donné leurs premiers soins à la blessure de Rosalinde, ils jetterent les yeux sur le Vaisseau qu'ils venoient de quitter; ils virent le spectacle le plus déplorable. Ce Vaisseau disparut tout à coup, & il ne resta sur les ondes que des Cadavres flottants, ou des Malheureux, qui en nageant, ou se soûtenants encore sur quelques débris défendoient les restes de leur vie, sans esperance de la conserver. Leur propre péril ne les empêcha pas de donner quelques larmes aux malheurs des autres ; mais la vîtesse avec laquelle la Chaloupe fendoit les flots, effaça bien-tôt de leurs yeux de si tristes objets. L'état de Rosalinde, le danger de se perdre par une pitié indiscrette qui les eût porté à secourir ceux qui périssoient, tout les pressoit de s'éloigner. *

Ils aborderent à la fin, & leur premier soin lorsqu'ils mirent pied à terre, fut de fléchir les genoüils pour rendre graces au Ciel de leur conservation qui tenoit du miracle. Léalde attacha la Chaloupe à un vieux tronc qui se trouva par hazard sur ce bord sauvage, & ensuite ignorant en quels lieux du monde la fortune les avoir conduits, il parcourut des yeux tout le Païs des environs dans l'esperance d'y trouver quelque habitation où ils pussent prendre langue, faire

---

* *J'ay retranché quelque chose d'inutile en cet endroit.*

panfer la plaïe de Rofalinde , achetter les rafraichiffe-
mens néceffaires au moïen de quelques bijoux qui leur
étoient reftez , & enfin prendre des Guides pour les
conduire au Port le plus prochain , où ils comptoient
de fe rembarquer. Mais quelque part qu'ils portaffent
leurs regards , il n'apperçurent que des déferts fteriles
dont les fables étoient devenus ardents par le feu des
raïons du Soleil. Le fang ne couloit plus de la bleffure de Rofalinde , & quoique accablée de fatigues &
d'ennuis, elle fe refolut néanmoins d'avancer dans le
Païs avec Léalde & Violente pour y chercher un
azile. Ils firent jufques à trois Milles de chemin fur
un terrain mobile qui s'échappoit fous leurs pas , mais
envain ; plus ils s'éloignoient de la Mer, moins la Terre
paroiffoit habitée, aucun fentier , aucune trace n'annonçoient la moindre retraite.

Ce Défert étoit en effet celui que le Soleil fous le
Signe du Lyon femble fe plaire à brûler de fa chaleur
dévorante. L'herbe y féche en naiffant, les Fontaines
y tariffent , l'air qu'on y refpire eft un air embrafé. Il
étoit midy , & aucun arbre n'offroit à nos Amans
l'azile d'une ombre où ils euffent pû goûter quelque
repos. La charmante Rofalinde pleine d'inquiétudes,
fatiguée de la tempête , épouvantée de tant de périls,
preffée par la faim , mais fur-tout par une foif infupportable caufée par la perte de fon fang & la chaleur
du climat , fentit fes forces l'abandonner. Elle tomba
hors d'haleine fur le fable, le fable fous un fi beau corps
n'en devint que plus brûlant. Le Soleil lançoit fur elle

des raïons pleins de feux : Quel objet pour l'amoureux Léalde !

Mais s'il fut étonné du danger où il se trouvoit, il sentit en même tems redoubler son courage. Les difficultez ne font qu'animer les ames généreuses; plus elles lui parurent insurmontables, plus il s'efforça de les surmonter. Il recommande Rosalinde aux soins de sa chere Violente, il s'éloigne; mais ce n'est cependant pas assez pour la perdre de vûë, il cherche par tout quelque ressource à ses malheurs. Enfin après avoir reconnu tout le Païs avec une vigueur plus qu'humaine, il apperçoit un fleuve qui d'un cours tranquille traversoit ces Campagnes arides, & qui par la beauté de ses eaux l'invitoit à goûter quelque soulagement. Mais Lealde ne sentoit que les maux de Rosalinde; il avoit oublié les siens; il retourne vers elle sans s'arrêter, & plein de joïe du secours inesperé qu'il lui annonce : „ Allons, lui dit-il, allons belle Rosalinde, „ le Ciel nous offre son secours par une riviere que j'ay „ découverte assez près d'icy. „ A ces mots Rosalinde respire, elle se leve soutenuë par Violente & par son Amant, mais ses forces ne répondent pas à ses désirs; à peine a-t'elle fait deux pas qu'elle retombe, Léalde la retient & l'enleve entre ses bras. Quel fardeau pour un Amant si tendre ! *

Il parvint enfin au rivage, il y coucha doucement Rosalinde, il courut au fleuve, & n'ayant d'autre vase

que

* *L'Original le compare à Enée qui emporte son Pere, la comparaison ne m'a pas paru juste, & je l'ay supprimée.*

que le creux de ſes mains , il les plongea dans l'eau
pour en puiſer. Mais quel fut ſon étonnement quand
cette eau ſe trouva preſque boüillante ? La ſoif qui tourmentoit Roſalinde étoit cependant ſi preſſante , qu'elle
n'héſita pas d'en boire ; à peine y eut-elle porté ſes lé-
vres brûlantes , qu'elle fut obligée de rejetter ce qu'elle
avoit pris. Cette eau étoit encore auſſi ſalée que celle
de la Mer.

Tels que des Matelots qui après un violent orage ,
apperçoivent enfin le Port , & par une nouvelle tempête s'en voïent éloigner pour eſſuïer de plus grands
périls , tels ſe trouverent à ce nouveau malheur Léalde ,
Roſalinde & Violente. Mais Roſalinde plus délicate ,
étoit plus à plaindre ; elle perdit tout ſentiment.* Léalde
pour lui procurer au moins quelque ombre , ſe dépoüilla
d'une veſte légere qu'il portoit , mais ce ſecours étoit
bien foible , l'étoffe étoit elle-même brûlante , enfin
Roſalinde étoit prête d'expirer.

Oh Dieu ! s'écria Léalde , à quels malheurs ſom- "
mes nous donc deſtinez ? Les élemens changent de "
nature pour nôtre perte , les ondes s'enflamment , la "
Mer communique ſon amertume aux Riviéres , la "
Terre ceſſe de pouſſer des Plantes & des Gazons , "
les Vents refuſent d'agiter les Airs. Le Ciel n'eſt-il im- "
pitoïable que pour nous ? Pourquoy nous ſauvoit-il "
des flots ſi nous devons trouver dans les Déſerts une "
mort plus cruelle ? Ma chere Roſalinde , eſt-ce là cet "
Hymen ſi charmant qui devoit nous unir l'un à l'au- "

---

* *J'ay retranché une page d'Exclamations Italiennes en cet endroit.*

M

„ tre ? Un fable aride fera nôtre commun Tombeau.
„ Que mon fang ne peut-il foulager un moment la foif
„ qui te dévore ? Ouvres au moins les yeux encore une
„ fois. Sois témoin que je ne peux te furvivre, & dans
„ ce dernier embraffement reçois mon ame qui s'en-
„ vôle. *

Ainfi l'amoureux Léalde exprimoit fes regrets ; il
donnoit à Rofalinde mille baifers qu'autorifoit leur infortune ; il baignoit le vifage de fa Maîtreffe d'un torrens de pleurs. O merveille de larmes qu'Amour fait
répandre ! La fraîcheur de ces pleurs ranime Rofalinde,
elle ouvre fes yeux languiffans ; elle ne peut parler,
mais fes regards rappellent fon Amant à la vie ; elle
recuëille fes larmes, elle femble en être foulagée, enfin
ils reprennent leurs fens & leur douleur.

Vainement le Ciel les eut-il rendu à eux-mêmes
fans les confeils de Violente. „ A quoy fervent, dit-
„ elle à Léalde, d'inutiles regrets ? Profitez des forces
„ qui vous reftent pour la fécourir. Non, il eft im-
„ poffible que le Ciel nous ait dérobé à la Tempête
„ pour nous accabler par des coups plus affreux. Par-
„ tez, & puifque nous ne pouvons aller plus avant,
„ retournez à la Chalouppe, nos propres traces vous
„ y conduiront. Suivez la Côte, tâchez de joindre
„ quelque Barque de Pêcheur ou quelque Vaiffeau,
„ vous trouverez peut-être quelque habitation. Ne
„ craignez pas que je l'abandonne. Si elle eft vôtre
„ Epoufe, elle eft ma fille, ou vivantes ou mortes vous

─────────

* J'ay retranché les deux tiers de cette Exclamation.

ne nous trouverez pas séparées. " Rosalinde par un regard approuva ce conseil. Il coûtoit à son cœur, mais il étoit raisonnable. Ce fut avec un effort qu'on ne peut exprimer que Léalde s'arracha d'elle. L'amour lui donnoit des aîles, la crainte retenoit ses pas. Il alloit, il revenoit, rien n'est comparable à l'agitation de son ame, enfin la nécessité le détermina, & tournant toûjours les yeux vers le lieu où il laissoit l'unique bien qu'il eût au monde, il parvint enfin au Rivage. *

Il y trouva la Chalouppe, il la détacha, & de nouveau mit la main à la rame. Il parcourut toute la Côte en descendant au midy sans rien apercevoir ; mais le Soleil venant à tomber il fit rencontre d'une petite Flûte semblable à un Brigantin qui amenant ses voiles vouloit se retirer dans une Cale prochaine, au fonds de laquelle il vit un Bourg habité. Il aprocha du Navire & salüant les Matelots, leur demanda dans quelle Region de la Terre il étoit. Il parloit Anglois & François, & il s'apperçût que ses questions n'étoient point entenduës. Il les renouvella en Espagnol qui lui étoit aussi familier que sa Langue naturelle. Un Vieillard qui lui parut le chef des autres, lui répondit dans la même Langue : à cet indice il ne douta pas d'être près des Baléares ou de quelque Païs soumis à l'Espagne. Pour se rendre plus favorable, il se dit de la même Nation, il raconta son naufrage & les accidens

____

* *J'ay retranché une page & demie de raisons de Léalde pour partir ou ne pas partir, son départ est trop necessaire pour tant raisonner.*

qui l'avoient fuivi. Il promit une ample récompenfe pour obtenir quelques rafraîchiffemens & un prompt fécours pour les deux infortunées, qu'il avoit été forcé d'abandonner.

Le Vieillard fut touché du récit du jeune homme dont l'air & la nobleffe le charmerent ; & le regardant comme fon Compatriote, il parut attendri de fes malheurs. Il le reçût dans la Flûte & le tirant à l'écart lui tint ce difcours. „ Bon Efpagnol, rendez grace au „ Ciel qui vous a addreffé à moy. Je veux vous fervir. „ Je fuis né à Maïorque, & nous reconnoiffons le mê- „ me Souverain. On me nommoit Gufman dans ma „ Patrie, & l'on m'apelle prefentement Dragut. Vous „ êtes au milieu de vos Ennemis. Tous ceux qui vous „ environnent font Affriquains, & cette Côte que „ vous voyez eft celle de Barbarie autrefois la Mauri- „ tanie. Mais prenez courage, cachez feulement avec „ foin que vous êtes Chrêtien, la mort ou au moins „ un long Efclavage feroient bientôt le fruit de l'aveu „ que vous en pourriez faire. Aucun de mes gens ne „ vous a entendu, je leur cacherai moy-même vôtre „ condition, & il me fera aifé de fuppofer un autre „ Prifonnier en vôtre place, fi on me demande de vous „ reprefenter. Nous fongerons enfuite aux moïens de „ vous fauver ; peut-être courreray-je moy-même avec „ vous la même fortune, mon plus grand défir eft de „ m'échaper d'entre ces Barbares ; l'adverfité m'a con- „ duit parmi eux. Il y a vingt ans que courant ces „ Mers fur une Tartane qui m'appartenoit, je fus pris

après un combat & réduit à la condition d'Esclave. "
Ensuite, je l'avoüe à ma honte, soit pour sortir des "
fers, soit pour plaire à un Patron qui me traittoit "
avec toute sorte de douceur, j'ay renié mon Dieu ; "
mais mon cœur n'a point eu de part au Sacrilege de "
ma Langue. "

Je connois toute l'énormité de mon Apostasie, "
le remords me poursuit, & quoique dans un rang "
considerable auprès du Roy de Tunis qui se nomme "
Amat, je n'aspire qu'à réparer mon crime. Ce Roy "
revenant de Constantinople où des affaires impor- "
tantes l'ont appellé près du Grand Seigneur a essuïé "
une tempête prodigieuse. Forcé de relâcher à Tri- "
poly pour y radouber ses Vaisseaux, il m'a envoïé "
sur un Bâtiment plus léger porter ses dépêches à sa "
Femme Osmide. J'ay été contraint moi-même par "
le même orage que vous avez essuïé d'entrer dans "
cette Baye pour y faire de l'eau, & me pourvoir "
de vivres, & je compte de reprendre ma route dès "
demain au point du jour; mais la pitié que m'ont "
inspiré vos malheurs m'engage à vous suivre cette "
nuit avec deux des miens. "

A ce discours, à la vûë de tant de périls si pro-
chains, Léalde demeura dans l'excès de l'étonnement.
Il rendit graces au Maïorquin, & par ses gestes implora le secours des Barbares. Le Rénégat infidéle à
son Dieu fut fidéle à sa parole contre l'usage de ces
Scelerats. Il dissimula avec ses Gens, il leur parla de
maniere qu'il les rendit susceptibles de pitié. Il en en-

voïa un fur le champ au Bourg pour y prendre les onguens néceffaires à la bleffure de Rofalinde & apporter des vivres en abondance. Le Tuniffien exécuta fes ordres. Ils partirent enfuite dans la Chalouppe avec deux Rameurs robuftes, laiffant ordre à la Flûte de mettre à la voile le lendemain au lever de l'Aurore, de fuivre la Côte comme eux jufques à l'embouchûre du Fleuve, de les y attendre quelque tems au large, & en cas qu'ils ne revinffent pas à l'heure marquée, de fe retirer dans une certaine Cale, où ils ne manqueroient pas de fe rendre.

A peine furent-ils embarquez que Léalde fe jetta aux genoüils de fon Liberateur. Les expreffions lui manquerent pour lui rendre graces d'un fervice fi fignalé; il lui promit au moins un attachement éternel, & après avoir donné à Dragut toutes les reconnoiffances qu'il avoit pû prendre de la Plage où il s'étoit embarqué, & du Païs dans lequel il avoit laiffé Rofalinde & Violente, il le pria de l'inftruire plus particulierement pendant le tems de leur courfe, de la Contrée d'Affrique dans laquelle le hazard les avoit jettez. Dra-
„gut lui répondit: " Ce Fleuve où nous allons, &
„dans lequel vous vîtes hier périr toutes vos efperan-
„ces, après avoir traverfé par mille détours les vaftes
„plaines de fables brûlés dans lefquels vous vous êtes
„trouvé, & formé un grand Marais que l'on appelle,
„Tritinia, va porter à la Mer le tribut de fes eaux boüil-
„lantes & falées. Le Golfe dans lequel il fe perd fe nom-
„me le Golfe de Campis, du nom de la Ville voifine.

La nature avare femble refufer tous fes dons à "
cette Contrée, le Ciel n'y répand aucun de fes pre- "
fens, mais l'induftrie & le commerce y fuppléent "
aux faveurs du Ciel & aux graces de la nature. "
Elle eft voifine du Roïaume d'Alger, qui par un "
fort oppofé, quoique fous un Ciel plus doux, eft "
prefque toûjours par les frequentes irruptions de la "
Mer, couvert d'eaux & expofé aux Tempêtes. L'in- "
térieur de tout ce païs ne préfente que des déferts "
immenfes & fablonneux, femblables à ceux de la "
fameufe Lybie qui s'étend jufques à l'embouchure "
du Nil dans la Mer Atlantique, & il arrive fou- "
vent que les vents prodigieux qui regnent dans ces "
vaftes déferts en agitent les fables comme les flots, "
& y enfeveliffent les malheureux Voïageurs fous des "
Montagnes mobiles. "

Léalde frémit à ce recit du péril où fe trouvoit
Rofalinde ; mais Dragut le raffura en lui difant qu'heureufement ce n'étoit pas la faifon de ces furieux orages. Il continua.

Plus bas (dit-il) eft le Roïaume de Tripoly "
gouverné par un Bacha Sujet du Roy de Tunis. "
Ce Roïaume étoit anciennement une Province de "
l'Empire de Maroc, mais ayant fecoüé le joug des "
Maures, il demeura dans l'indépendance jufques au "
tems que les Janiffaires en firent la conquête, & en "
chafferent le Roy Muley-Hamed. Ils mirent la Cou- "
ronne fur la Tête de Carauxanan Turc de Naiffan- "
ce, qui fe rendit Tributaire de l'Ottoman. L'élec- "

„ tion a depuis toûjours décidé des Souverains. A Ca-
„ rauxanan ont fuccedé Sidy Ifouf, Stamorat, & en-
„ fin Amat Dey mon Maître, Homme d'un âge meur,
„ plein de fageffe & d'expérience, & qui poffede
„ d'immenfes Tréfors.

„ La briéveté du tems ne me permet pas de m'é-
„ tendre fur la defcription du Païs où le fort me fait
„ vivre. Je vous dirai feulement que c'eft à Byferte
„ qu'Amat Dey entretient fes forces maritimes, &
„ que c'eft à Tunis même qu'il raffemble fa Cour.
„ Cette Ville voifine des ruines de la célébre Carta-
„ ge, femble par fa magnificence la rendre à l'Uni-
„ vers; & quoique ce foit l'élection & non la Naif-
„ fance qui lui donne des Rois fous le titre de Deys, le
„ Dey regnant a cependant le droit avant fa mort de
„ propofer celui qu'il croit le plus digne de lui fucce-
„ der. Il n'y pas long-tems qu'Amat a défigné le Prince
„ Machmet fon fils aîné. Ce Prince à l'âge de dix-
„ fept ans eft déjà un modéle de vertus inconnuës
„ dans ce Climat barbare; & s'il eft l'amour de fon
„ Pere, il eft en même tems les délices de fes Sujets.
„ Ofmide Princeffe du fang Ottoman, d'un caractere
„ admirable, lui a donné le jour, auffi bien qu'à trois
„ autres Princes fes Cadets. Machmet a fuivi à Conf-
„ tantinople le Dey fon Pere; il eft préfentement avec
„ lui à Tripoly, où le Baffa les a reçû comme fes
„ Maîtres.

Quelque attentif que fût Léalde aux difcours de
Dragut, il étoit encore plus occupé de Rofalinde.

Sur les trois heures de nuit il apperçût enfin la Plage défirée où il falloit mettre pied à terre. O Ciel! " difoit-il en lui-même , quelle fera fa joïe en me " revoïant ? N'ay-je point trop tardé ? Qu'elle a fouf- " fert en mon abfence! Allons Amis, s'écria-t'il , " il eft tems d'aborder, je reconnois le rivage : al- " lons tirer deux Infortunées des portes de la mort. "

La Chalouppe vôloit vers la Terre , & voguoit encore lentement au gré de fon impatience , quand de derriere un petit Promontoire qui s'avançoit dans la Mer , ils virent fortir deux Galéres de l'Efca- dre d'Alger qui les arrêterent. Dragut fe fit con- noître pour Ami & pour Tuniffien , il demanda grace pour le jeune Efpagnol qu'il avoit fauvé de la Tempête, & auquel il avoit donné fa parole. Mais le Capitaine fut inéxorable. L'antipathie entre l'Efpagne & Alger l'emporta. Le Renegat fut laiffé libre avec fes Gens dans le tems que le malheureux Léalde fut mis aux fers. A la premiere vûë du péril, il eut affez de préfence d'efprit pour donner à Dra- gut quelques pierreries de grande valeur , & le prier en fecret de ne pas abandonner les deux Infortunées. Il le chargea de les inftruire de fa prifon, & de leur faire efperer fa liberté moïennant une rançon; en- fuite il tendit les mains aux chaînes & fut attaché à la Rame.

Sa douleur fut inconcevable , il fentit moins la ri- gueur de l'efclavage que la féparation de ce qu'il ai- moit. Dans quelle affreufe circonftance fe voyoit-il éloigné de Rosalinde ? Mais ne la quittons pas & retournons à elle.

Il restoit encore quatre heures de jour lorsque Léalde la laissa mourante sur le sable enflammé. Quel moment pour elle ? Le Désert en devint plus affreux. „ Infortunée Rosalinde , s'écria-t'elle , quel est le cœur „ assez barbare pour refuser des larmes à tes malheurs ? „ Que sont devenus tous ces biens qui sembloient assu„ rer ta félicité ? Dans la fleur de tes ans éxilée de ta „ Patrie , Orpheline , blessée , sous un Ciel inconnu, au „ milieu des Déserts les plus sauvages , la nature te re„ fuse de l'eau pour étancher ta soif , des plantes pour „ pancer tes Playes , un Antre pour te retirer. Mon „ Amant me restoit , la fortune jalouse me le ravit „ encore. O Ciel ! ne suis-je pas assez malheureuse pour „ t'attendrir ? *

Violente la consoloit , & elle avoit besoin elle-même de consolation. L'âge & l'experience avoient mis plus de courage dans son ame ; elle étoit plus maîtresse de sa douleur & cachoit la meilleure partie de son trouble. „ Rassurez-vous ma fille , disoit-elle , vous „ n'avez point merité vos malheurs , que vôtre inno„ cence vous fasse mépriser les caprices de la for„ tune. Le Ciel protege le courage. Il ne lance sa „ foudre que sur les Scelerats , & lors qu'il suscite „ des traverses à la vertu , il veut l'éprouver & non „ pas la perdre. Confiez-vous à lui , vous reverrez „ bien-tôt Léalde , vous le verrez vôtre liberateur , il

---

* *J'ay beaucoup accourci cette exclamation , elle en est plus vive.*

„ me femble que je l'apperçois à tous les inftans.

Elles pafferent le refte du jour en de femblables entretiens. La nuit vint couvrir le Défert de fon ombre & redoubla leur terreur. L'obfcurité n'étoit pas cependant fi épaiffe qu'à la faveur des Etoiles, elle ne puffent difcerner les objets; mais que fert la lumiere à des ames épouvantées? Leur imagination agitée leur fit appercevoir mille Monftres, tout étoit cependant tranquille. Les Bêtes feroces, les Oyfeaux n'avoient jamais habité cet aride Climat. La nature défolée y étoit feule. Elles n'entendirent que quelques fifflemens éloignez de Serpens, qui fur le fable brûlant venoient nourrir le venin mortel dont le dépôt leur eft confié; elles n'ofoient ni fe plaindre, ni ouvrir les yeux, ni même refpirer. *

Mais fi les tenébres de la nuit les jetterent dans de fi vives allarmes, fon voile leur apporta un grand foulagement. A peine le Soleil eut-il difparu de l'Horifon, qu'un Zéphir léger fe répandit fur l'affreufe Campagne. Le fable perdit fa chaleur, & Rofalinde fentit diminuer la foif dont-elle étoit dévorée. Elle embraffa tendrement fa chere Violente, & quoi que dans les horreurs les plus terribles de la crainte, l'accablement & le frais leur procurerent, prefque malgré elles, quelques inftans de fommeil.

Dragut après avoir tout tenté inutilement pour la liberté de Léalde, après l'avoir vû attacher impitoïablement à la Rame, & obligé d'employer des mains

* *Cet endroit eft abregé & changé.*

ſi nobles à un ſi vil éxercice, voulut au moins lui être fidelle en tout ce qui dépendoit de lui, & ne pouvant ſauver un ami que la fortune lui enlevoit, il ſongea à ſauver ce qu'il avoit de plus cher, & qu'il lui avoit récommandé avec de ſi vives inſtances. Il aborda à la Plage qu'il lui avoit indiquée avec ſes deux Matelots. Le vent avoit effacé les traces ſur le Sable, ils coururent long-tems envain ; enfin la Providence permit qu'ils rencontrerent les deux infortunées preſque dans le même moment qu'elles venoient de s'endormir.

La Lune étoit claire & belle, ſes rayons qui ſembloient reparer les injures du Soleil découvrirent Roſalinde & Violente ; mais la beauté de Roſalinde la fit encore plus aiſément reconnoître. Elle étoit pâle & languiſſante, ſes yeux étoient fermés, & dans cet état elle ſurprit encore les Barbares d'admiration. Ils demeurerent pendant quelques momens immobiles à la conſiderer. Dragut fut ſaiſi de reſpect, mais les deux Tuniſſiens qu'il avoit amenés, jeunes & de mœurs plus farouches s'allumerent de déſirs, & la richeſſe des habits de l'Inconnuë leur promettoit la récompenſe de leur crime. Ils s'éloignerent pour conferer enſemble, tandis que Dragut étonné balançoit s'il troubleroit ſon repos.

Dragut étoit vieux, il étoit avare, les deux Scelerats eſpererent de l'appaiſer en lui faiſant part du pillage. Ils ſe trouvoient dans une ſolitude affreuſe. Le défenſeur de Roſalinde venoit de tomber dans l'Eſclavage, il s'éloignoit, il ne reſtoit que Violente, les Sables du Déſert ſeuls témoins du forfait le devoient dérober à jamais aux yeux de tous les Hommes, toutes les circonſtances paroiſſoient favorables au crime, auſſi reſolurent-ils de ſatisfaire leur brutalité & de donner enſuite la mort aux deux Infortunées. *

Ils revenoient déja pour éxecuter leur projet déteſtable, lorſque Dragut qui les avoit entendu, ou jugé de leur deſſein à leurs geſtes ſe mit devant eux & leur dit. " Qu'allez-vous faire amis ? Envain vous vous flattez de cacher vôtre crime dans le fonds de cette " affreuſe ſolitude. Ces Etoiles qui brillent ſur nos tê- " tes ſont autant d'yeux qui vous regardent, un grand " forfait n'eſt jamais impuni. Reprimez vos déſirs, je " vous en conjure, arrêtez-vous, le parti que j'ay à " vous propoſer vous ſera auſſi utile ſans être ſi crimi- " nel. Cette fille me paroît auſſi noble qu'elle eſt belle. " Les richeſſes dont-elle eſt parée nous apartiennent, " quel profit tirerons-nous de ſa mort ? Faiſons un uſa- " ge plus avantageux de la vie & de l'honneur que " nous lui conſerverons. Allons la préſenter à Amat " nôtre Souverain. Vous ſçavez quelles ſommes im- " menſes il dépenſe pour acquerir les beautez les plus " rares & les envoïer au Grand-Seigneur. Celle-cy me " paroît propre à faire les délices de ſa Hauteſſe & " l'ornement de ſon Serrail. L'Affrique n'en a point vû " encore de pareille, ne perdons pas cette occaſion de "

* J'ay mis en recit la converſation des deux Tuniſſiens, & j'ay beaucoup retranché en cet endroit.

faire nôtre Cœur à nôtre Maître, & d'attirer ſes lar- "
geſſes ſur nous. "

Les deux Tuniſſiens à ce diſcours ne ſentirent plus
d'autres mouvemens que ceux de l'avarice qui les do-
minoit. Ils furent aiſément ébloüis par l'éclat des promeſſes de Dragut que le Ciel ſembloit inſpirer, ils
conſentirent à ce qu'il voulut.

Ils parloient encore lorſque Roſalinde pouſſant un
profond ſoûpir, ſe reveilla. Elle chercha des yeux ſon
Amant. Quel fut ſon étonnement lors qu'elle apperçût
les trois Barbares ? Elle frémit & reveilla Violente.
Dragut s'aprocha d'elle avec un viſage ſur lequel il
chercha à lui cacher ſes malheurs, & lui dit en Eſpagnol qu'il étoit venu pour la ſecourir. Il lui promit
toute ſorte d'aſſiſtance, & pour la raſſurer davantage,
il ajoûta qu'il venoit par les ordres de Léalde. Roſalinde ne ſçût dabord ſi elle devoit craindre ou eſperer,
Violente étoit dans la même incertitude, mais lorſque
Dragut fut obligé de les inſtruire de la captivité du
malheureux Amant, quelque précaution qu'il prît pour
adoucir l'amertume de cette fatale nouvelle, la déſolée
Roſalinde fût morte de douleur, ſi on en pouvoit mourir. Helas ! s'écriat'elle, & dans le moment elle tomba
ſans connoiſſance. A peine Violente eut-elle la force de
la ſoûtenir ; elle fut long-tems ſans reprendre ſes ſens,
enfin elle ouvrit les yeux ; mais quel retour à la vie ?
Sans pouvoir parler ni pleurer, hors d'état de recevoir
ni ſecours, ni conſolation, ſa douleur fut la ſeule preuve qu'elle vivoit encore. Celle de Violente étoit ex-

trême sans être si vive, & apprenant que Dragut avoit apporté toute sorte de médicammens, elle jetta quelques eaux de senteur sur le visage de sa Fille, elle pensa sa plaïe qui se trouva enflammée sans pourriture, & après lui avoir fait avaler quelques Liqueurs raffraichissantes, elle chercha à la consoler par ses caresses & ses discours. Tous ces soins furent inutiles; Rosalinde les recevoit sans aucune sensibilité. Elle ne répondoit point, elle refusoit tout secours, il sembloit même qu'elle craignit de respirer.

Ne pouvant la tirer de cet état déplorable, ils prirent le parti de la poser doucement sur un Brancard qu'ils avoient apporté. Les deux Matelots étoient précedés par Dragut & Violente suivoit dans une affliction inexprimable. Ils rejoignirent la Chalouppe au moyen de laquelle ils entrerent dans la Flûte qui arriva presque au même instant. Ce ne fut que vers le coucher du Soleil que Rosalinde d'une voix languissante demanda de l'eau & s'informa où elle étoit. Violente ne put lui répondre que par ses larmes. Dragut s'avança & cherchant à la consoler lui dit qu'on la menoit au Roy de Tunis, moins comme Esclave que comme une Princesse. A ce nouveau coup de la fortune elle retomba dans les mêmes accidens.

FIN DU TROISIEME LIVRE.

LA ROSALINDE

IMITÉE

DE L'ITALIEN,

LIVRE QUATRIÈME.

ROSALINDE en apprenant qu'elle étoit Escla-ve demeura long-tems accablée de la plus vive douleur, & sans proferer une parole. Dragut emploïoit tous ses soins pour la consoler, il l'assûra qu'on auroit pour elle toute sorte de respect, & qu'elle ne devoit pas désesperer de quelque adouciffement en sa fortune. " Eh comment esperer, s'é-"
cria-t'elle, lorsque chaque instant de ma vie ajoû-"
te quelque disgrace au tiffu de mes malheurs. " *

Après ce discours elle consentit à réparer ses forces par quelque nourriture; & si elle ne put dompter sa douleur, elle eut au moins le pouvoir d'arrêter le cours de ses larmes. Cependant le Vaiffeau Maure fendoit les flots avec un vent favorable; la Proüe étoit tournée du côté du Ponant, & il arriva à la vûë du Fort de la Goulette. L'Aga qui commandoit dans le Fort l'envoïa reconnoître, l'entrée du Port lui fut accordée, on débarqua, & l'on se mit en

* *J'ay retranché quelque chose de cet endroit.*

marche pour Tunis qui n'eſt éloignée que d'un Mille de la Mer.

Dragut pendant ce court voïage fit porter Roſalinde & Violente. Leur extrême foibleſſe ne leur eût pas permis d'en ſoûtenir la fatigue. Il les conduiſit chez lui, & recommanda à ſa femme d'en avoir un ſoin tout particulier. Il fut au Palais remettre à Oſmide les dépêches dont il étoit chargé pour elle : il n'y demeura que le tems néceſſaire. L'interêt de ſa captive le ramena dans un inſtant, & il n'obmit aucune ſorte d'attention pour ſa ſanté & ſa conſervation. Le Dey après avoir ſéjourné aſſez long-tems à Tripoly revint enfin à Tunis : il n'y fut pas plûtôt arrivé, que Dragut forcé par les deux Matelots fut obligé de conduire devant lui la belle Priſonniere pour lui en faire preſent.

La voir & l'admirer furent pour Amat la même choſe. Il fut étonné de l'air de Nobleſſe de la belle Eſclave, de la proportion de ſes traits, de la juſte diſtribution des couleurs de ſon tein, de la légéreté de ſa taille ; il crut avoir devant les yeux une Divinité. Mais lorſque l'aïant interrogée il reconnut dans ſon eſprit autant de graces que dans ſa perſonne, il fut forcé d'avoüer qu'il n'avoit jamais rien vû de comparable.

Les réponſes de Roſalinde furent courtes, mais touchantes. Elle pleuroit, mais ſes larmes étoient reſpectueuſes. La douleur qu'elle fit paroître n'eut rien d'affecté ; enfin ſans rien cacher d'eſſentiel des évene-

mens de sa vie, elle ne cacha que son nom. La feinte
lui parut nécessaire, & elle se la permit d'autant plus
aisément, que la vérité ne pouvoit être utile même
à ses ennemis. Elle dit que Violente étoit sa mere
& Léalde son frere. Ses discours étoient accompagnez
de tant de charmes, qu'Amat eût ressenti l'amour, si
sous des cheveux blancs, & dans un cœur glacé par
les ans, ce Dieu eût pû trouver place. Si le Dey fut
inaccessible à l'amour, il fut sensible à la pitié. Les
larmes de Rosalinde l'attendrirent, ses malheurs eurent le pouvoir de le toucher, il la consola, & lui
promit tous les traittemens qu'une fille d'une Naissance & d'un mérite si distingué pouvoit esperer d'un
Prince juste & débonnaire. Il ne lui offrit pas la liberté, l'occasion de faire sa Cour au Grand Seigneur
par un present si rare étoit trop belle ; mais sans lui
parler de ce dessein dont il remit l'exécution au moment, où l'oubli de ses maux auroit permis le retour
de tous ses charmes, il l'envoïa à sa femme Osmide,
en lui ordonnant de la traitter avec les mêmes dis-
tinctions que les Dames les plus qualifiées de sa Cour.
Dragut eut pour recompense la Flûte même qu'il
avoit montée toute armée avec dix Rameurs, &
les deux Maures, outre leur liberté obtinrent chacun une grosse somme d'argent. Violente ne fut
point séparée de sa Fille, & les honneurs qu'elles
recevoient toutes deux à la suite d'Osmide, leur
cachoient chaque jour l'image de leur servitude.

Rosalinde ne fut pas long-tems à acquerir la faveur

de fa Maîtreſſe. Oſmide étoit une Princeſſe pleine de mérite. Elle aimoit à faire de la vertu la matiére de ſes entretiens, & de toutes les Langues elle préferoit l'Italienne que Roſalinde parloit auſſi facilement que l'Angloiſe. Ce talent & l'agrément de ſon eſprit la rendirent encore plus aimable ; & la conformité des ſentimens de ces deux belles Ames dignes de faire l'ornement des Païs les plus polis de l'Europe, les unit de l'amitié la plus tendre dans un Climat farou-che, qui de ſa barbarie tire apparemment ſon nom.

Roſalinde mit tous ſes talens en uſage pour plaire, il lui fut aiſé de réüſſir ; mais de tous ceux qui la ren-doient chere à Oſmide, celui de toucher les Inſtru-mens & de les unir au ſon de ſa voix parut le plus agréable à cette Princeſſe. *

Oſmide étoit au comble de la joïe d'une ſocieté ſi charmante ; cependant cette joïe étoit mêlée de quel-ques amertumes. Roſalinde étoit toûjours triſte, des pleurs s'échapoient quelque fois malgré elle de ſes beaux yeux, elle pouſſoit de profonds ſoûpirs. Si elle travailloit, ſes ouvrages ſe trouvoient moüillez de ſes larmes ; ſi elle chantoit, ſes chanſons exprimoient la mélancolie dont ſon cœur étoit dévoré. Les careſ-ſes dont ſa Maîtreſſe ne ceſſoit de l'accabler chaque jour firent enfin naître dans ſon ame un raïon d'eſ-perance de pouvoir retrouver Léalde, & d'obtenir en-ſuite leur commune liberté. Cette eſperance & le tems commencerent à lui rendre quelque calme, &

* *J'ay extrêmement retranché le détail de cet endroit.*

ce calme aprés fix mois ramena les rofes fur fon tein, le feu dans fes yeux & la férénité fur fon vifage. Elle redevint ce qu'elle avoit été; c'eft-à dire le chef d'œuvre de la beauté, & l'objet de tous les défirs. Mais fon affliction ne l'abandonna pas cependant, & au milieu des plaifirs qu'elle faifoit naître, l'idée de fes malheurs faifoit fouvent difparoître les graces qu'elle fembloit avoir rappellées à fa fuite.

Le retour de fa beauté fut pour elle un nouveau fujet d'allarmes. Amat la vit avec plaifir redevenir ce qu'il avoit défiré qu'elle fût. Les Aquilons avoient cedé aux Zéphirs l'empire des Ondes. Il réfolut de la faire partir fans délay pour Conftantinople, mais il n'ofoit annoncer à Ofmide cette féparation, connoiffant l'affliction qu'elle lui devoit caufer.

Il étoit dans cette irréfolution, lorfqu'une maladie, fuite inféparable de la vieilleffe, l'obligea de fe mettre au lit. Ofmide ne l'abandonna pas, & y mena un jour Rofalinde qu'elle pria de chanter pour diffiper le Roy pendant quelques inftans. Rofalinde obéït & choifit l'endroit d'un Opera où Roxane Prifonniere d'Alexandre déplore la perte de fa liberté. *

Ce fut avec une telle expreffion qu'elle chanta ce morceau, que tous ceux qui l'entendirent ravis de plaifir, fe trouverent les yeux remplis de larmes. Elle en verfoit elle même par le rapport que les paroles avoient à fes malheurs. Amat s'en apperçut, & ne

* *J'ay retranché toute la tirade du morceau d'Opera que chante Rofalinde & ce qui y conduit.*

douta pas que fous le nom de Roxane elle n'eût voulu peindre fes propres infortunes. On ne rend point fi vivement ce qu'on n'éprouve pas foi-même. L'ame du vieux Dey en perdit fa férocité, la beauté & la vertu acheverent ce que l'art avoit commencé. Il confola Rofalinde.*

„ Belle fille, lui dit-il, quelle eft la fource des pleurs „ qui coulent de tes yeux. Je fçais qu'en reprefentant „ la douleur des autres on fe l'approprie en quelque „ forte ; je fçais qu'il faut la reffentir pour la rendre „ touchante ; mais la feinte de l'Art ne va point juf- „ ques à égaler la nature. Rofalinde, les larmes que „ tu répands font à toy, elles ne font point à Roxa- „ ne. De quelle liberté regrettes-tu la perte ? Peut-tu „ te regarder comme Efclave au milieu de ma Cour „ qui te refpecte ? N'eft-tu pas contente ? Je te traitte- „ rai à l'avenir comme ma fille, ta vertu m'y autori- „ fe. Que ta beauté reprenne fon premier éclat. Parles „ & s'il te refte encore quelque chofe à défirer, fais „ le moy connoître sûre de l'obtenir.

Ce difcours d'Amat fut accompagné de mille careffe. Ofmide fe joignit à lui pour encourager Rofalinde à s'expliquer ; enfin fléchiffant les genoüils devant fes Maîtres, elle répondit.

„ A Dieu ne plaife, grand Prince, qu'au milieu des „ bontez dont vous m'accablez, au milieu des honneurs „ que je reçois, je prétende me plaindre d'un Efclavage „ que vous rendez fi doux. L'ingratitude eft un vice

* _J'ay encore extrêmement abregé cet endroit._

qui ne foüillera jamais le cœur noble de Rofalinde. "
J'ai chanté les malheurs de Roxane avec l'expreffion "
que demandent les paroles ; mais je ne peux cacher "
que ces mêmes paroles me rapellant l'Efclavage de "
Léalde mon Frere , les pleurs que je croïois donner "
à Roxane ont coulé pour lui. Les regrets de la Rei- "
ne des Perfes fur la mort incertaine de Darius ont "
excité les miens en faveur d'un frere fi cher , & j'ai "
fenti en effet ce que d'abord je n'avois voulu que "
feindre. " *

Ses larmes redoublerent en cet inftant , & fe prof-
ternant devant le Dey, elle continua.

Prince genereux, fi j'ai pû trouver quelque grace "
devant vous , fi comme je l'éprouve moy-même , "
vous êtes l'azile des malheureux & le protecteur des "
Opprimés , ajoûtez un nouveau bienfait à ceux dont "
vous m'avez comblée jufques à ce jour. Rendez moy "
mon Frere , redemandez-le au Roy d'Alger ; que par "
vôtre puiffance des mains fi nobles ceffent de manier "
de viles Rames , & recouvrent la liberté : employez "
les à porter les Armes pour vous défendre. Que "
Léalde ne connoiffe plus d'autre Efclavage que celui "
que les faveurs impofent aux cœurs reconnoiffans. "
Elle ne put pourfuivre , fes foûpirs, fes fanglots "
arrêterent la fuite de ce difcours. "

Le Dey la fit relever avec amitié , & ce ne fut pas
feulement par des fimples promeffes, ce fut par des
effets qu'il voulut la confoler. Mais la confideration

* Cet endroit eft abregé.

de ses interêts fut le motif de sa générosité. Plus Rosa-linde étoit vertueuse & belle, moins il abandonna le dessein de l'envoyer à la Porte incessamment. Il crut que la satisfaction de revoir Léalde augmenteroit encore ses attraits, & jugeant du Frere par la Sœur, il imagina d'en enrichir le present qu'il destinoit à Sa Hautesse.

A peine fut-il gueri qu'il songea à l'exécution de ce projet. Il résolut de demander l'Esclave au Roy d'Alger par un Envoyé. Dragut comme le plus propre à reconnoître Léalde fut chargé de la commission à la sollicitation de Rosalinde; il étoit aussi celui, qui par l'amitié qu'il avoit conçuë pour les deux Amants, les pouvoit servir avec plus de zéle. Il partit sur son propre Vaisseau que le Dey fit armer à ses dépens, & après une Navigation heureuse, arriva à Alger chargé des dépêches d'Amat. *

Rosalinde se livra à l'esperance que lui donna le commencement de ses desseins. Elle en parloit à toute heure avec sa chere Violente; elles s'informoient du tems & des périls du voïage de Dragut, elles observoient toutes les variations du Ciel & des Vents, elles comptoient les instans, elles redisoient cent fois les mêmes choses.

Enfin, le tems du retour arriva. Dragut étoit attendu chaque jour. Le Roy fit appeller Rosalinde, elle accourut & le trouva tenant une Lettre entre ses mains. Son front étoit chargé de tristesse, & il cherchoit à la

préparer

____

* *J'ay retranché tout le détail inutile de la course de Dragut.*

préparer à de nouveaux malheurs. Il relut encore une fois la Lettre en silence, c'étoit la réponse du Roy d'Alger. Amat soûpira & fut forcé d'en dire la subs- tance. Elle contenoit que l'Esclave Léalde peu de tems après qu'il avoit été pris, accablé de douleur de sa cap- tivité, mais sur-tout à ce qu'il disoit de la perte d'une personne qui lui étoit chere, avoit été attaqué d'une langueur qui l'avoit conduit au Tombeau, & qu'il avoit été jetté à la Mer.

Dragut parut dans le même instant, & par ses lar- mes confirma cette affreuse nouvelle. Son zéle ne permettoit pas de douter des précautions qu'il avoit prises pour s'en assurer. Il la tenoit des Matelots mê- mes qui en avoient été Témoins, & il ajoûta que Léalde étoit expiré en prononçant le nom de Rosa- linde.

Il est plus aisé d'imaginer, que de peindre l'état de cette Amante infortunée. Elle perdit tous senti- mens en perdant toute esperance. A peine le mouve- ment de son cœur marquoit-il en elle un reste de vie. Elle tomba, le Dey lui même la soûtint. Violente qui étoit dans l'appartement accourut, & avec l'aide de quelques autres femmes qui survinrent, elle la fit em- porter & mettre au lit sans aucune connoissance. *

A force de soins elle parut enfin commencer à res- pirer, & ce ne fut que pour faire éclater davantage sa douleur immoderée. Mais la raison, après les pre- miers momens, venant au secours de son courage affoi-

* *J'ay abregé cet endroit.*

bli, elle parut fe calmer. Son cœur n'en étoit que plus déchiré par un fi grand effort. Incapable d'aucune joye à l'avenir, elle prit le deüil, elle rejetta toute forte de parure, & fe livra à une vie fi retirée & fi trifte qu'elle fut bien-tôt extenuée. Une pâleur languiffante effaça toute la fleur de fes attraits. Le Dey differa fon départ pour la Porte, il attendit que le tems lui rendît une fanté & des charmes fur lefquels il avoit fondé tant d'efperance. La fanté fe rétablit après quelques mois, mais l'impreffion de la trifteffe ne permit par le retour de la beauté.

A peine Rofalinde fut-elle en état d'écrire qu'elle voulut donner de fes nouvelles à Theodofe. Il fallut fe cacher, elle lui manda la mort funefte de fon fils & fon Efclavage. Elle l'inftruifoit des dangers dont-elle étoit environnée, & le conjuroit avec inftance de mettre tout en ufage pour lui procurer la liberté. Elle addreffa fa lettre à Gennes où elle étoit certaine que fon beau-pere s'étoit rendu, s'il vivoit encore.

La difficulté étoit de trouver le moyen de faire rendre cette Lettre. Le Dey la faifoit obferver éxacte-ment dans la crainte qu'elle ne lui fût enlevée, & tout commerce hors du Serrail lui étoit interdit. Elle la cacha avec foin & par fes prieres réïterées ayant ob-tenu d'Ofmide la permiffion d'entretenir Dragut fous prétexte de lui demander des circonftances plus préci-fes de la mort de fon Frere, elle lui remit en fecret fon Paquet, & le fupplia de trouver quelque expedient pour le faire partir.

Dragut la fervit avec fidélité ; mais ce ne fut que quelque tems après qu'il en trouva l'occafion favorable. Un Efclave Gennois employé aux Jardins du Dey avoit obtenu fa liberté & retournoit dans fa Patrie. Il fe chargea de porter la Lettre après avoir reçû toutes les inftructions. Rofalinde cependant ne fentoit aucune diminution à fon affliction. *

Le Printems de l'année fuivante 1645. la retrouva dans la même fituation. Il ne fut pas au pouvoir d'Of-mide, qui refpectant fa vertu l'aimoit avec la derniere tendreffe, d'obtenir qu'elle reprît fon enjoüement accoûtumé. Sa fanté s'affoibliffoit de jour en jour, mais fa beauté perçoit tous ces Nuages. La pâleur des Violettes peut le difputer au vif incarnat des Rofes, & Rofalinde accablée de chagrins, fans couleur, fans forces étoit encore l'ornement de la Cour, & les déli-ces d'Ofmide. Le Dey même ne pouvoit fe paffer d'elle, & quoy qu'il n'eût pas changé de projet, il le différoit.

L'Hyver ceffa, & la nature au mois d'Avril reprit une face riante, elle fe para de Gazons & de Fleurs. Ofmide ennuïée du tumulte de la Ville, alla chercher la paix dans une Campagne délicieufe qu'elle avoit au bord de la Mer. Elle y paffa quelques mois au milieu des Dames de fa Cour à goûter les plaifirs les plus in-

* *Dans l'Original Rofalinde fait Vœu en cet endroit de fe faire Religieufe, & Violente fait le même Vœu pour, ne la point quitter. Elle commence des aufteritez au moyen defquelles elle ceffe d'être belle, & l'Auteur a imaginé tout cela pour finir par renfermer fon Héroïne dans un Cloître. Je deftine à Rofalinde un fort bien different pour lequel je n'ay pas befoin qu'elle promette au Ciel fa Virginité.*

nocens. Rofalinde y étoit, & elle en eût été l'ame fi fa douleur lui eût permis d'y prendre quelque part ; mais elle fuïoit tout ce qui pouvoit l'en diftraire. *

Un jour qu'Ofmide avec fa fuite s'occupoit dans les Bois à chaffer de petits Oyfeaux, Rofalinde s'affit à l'écart fur l'herbe à l'ombre d'un Platane. Elle rêvoit à la cruauté de fon deftin lors qu'elle fut interrompuë par une vieille Femme, mere d'un Jardinier. Cette vieille fe nommoit Azimeque, & lui préfentant une Corbeille de Fleurs, lui tint ce difcours.

„ Je préfere, Madame, l'honneur de vous fervir à
„ ma propre vie. Ceffez de vous affliger, reprenez l'ef-
„ perance, vôtre Liberateur eft arrivé ; il eft dans ce
„ Païs, il vient vous tirer d'Efclavage, il vous aime,
„ il vous adore, il peut & veut vous faire un fort
„ heureux. Fiez-vous à fa conduite, c'eft un parti né-
„ ceffaire, vous êtes deftinée aux plaifirs du Sultan ;
„ Amat ne vous cederoit pas pour fon Roïaume, fuïez,
„ je vous fuivrai par tout, fuïez fans balancer.

Rofalinde demeura furprife & interdite à cette pro-pofition. Elle imagina d'abord que fa Lettre avoit été renduë à Theodofe, & qu'il étoit venu lui-même rompre fes fers. Elle demanda à Azimeque quel étoit fon Liberateur, fi ce n'étoit pas un Vieillard fon pere.

„ Ce n'eft point un Vieillard, répondit-elle, c'eft
„ le plus aimable Cavalier que j'aye vû de ma vie ;
„ en un mot c'eft vôtre Amant, & un Amant digne

---

* *J'ay retranché près de deux pages en cet endroit, Rofalinde chante une Chanfon fur le retour du Printems qui revolte dans fa fituation.*

de vous. La vertu de Rofalinde s'effaroucha à ces "
paroles, elle jetta fur la Vieille des yeux pleins d'indi- "
gnation; mais la Vieille pourfuivit. Pourquoy vous "
offenfez-vous? Me prenez-vous pour un Meffager "
mercenaire d'amour? Je ne fuis point inftruite aux "
manéges de la Cour, je ne fuis qu'une pauvre Jar- "
diniere; mais je connois l'honneur, & c'eft le péril "
du vôtre & l'envie d'affurer par un mariage vôtre "
félicité, qui m'ont fait hazarder une démarche péril- "
leufe. Celui dont je vous parle vient de Païs très "
éloignés du nôtre. Tout ce que je fçais de lui, c'eft "
qu'il eft magnifique & genereux, & qu'il eft auffi "
affable que charmant. Vous en fçaurez davantage "
de lui-même, il demande à vous entretenir. J'ay "
déja penfé au lieu & à l'heure ou vous pourrez vous "
voir fans danger. Quoy, pouvez-vous héfiter enco- "
re? Que craignez-vous de l'entendre d'une fenêtre "
qui a vûë fur ce Jardin? Vôtre liberté n'eft-elle pas "
un motif affez important, affez jufte, pour vous dé- "
terminer? Elle en auroit dit davantage, mais voyant
des Femmes s'avancer elle tourna fur le champ la converfation fur les Fleurs qu'elle portoit, & les leur
ayant partagées, elle fe retira dans le deffein de chercher une nouvelle occafion pour recevoir réponfe.

Plus étonnée à chaque moment d'une avanture fi
peu attenduë, Rofalinde voulut chercher à déviner
quel pouvoit être fon Liberateur inconnu. Mais faifant réflexion, qu'il fe préfentoit fous le nom d'A-
mant, & que cet Amant vouloit devenir Epoux, elle

renonça à sa curiosité. Les noms d'amour & d'Hymenée lui firent horreur après la perte qu'elle avoit faite ; elle prit la résolution de rejetter les offres d'Azimeque, & de la ménacer même si elle vouloit continuer à lui parler. L'Inconnu étoit trop vivement épris de ses charmes pour se rebutter par un premier refus, ses mesures étoient prises, & il étoit déterminé à en venir à un enlevement lorsqu'il désespereroit de la persuasion.

Quel étoit cet Inconnu ? C'est ce que nous reservons à dire dans la suite de cette Histoire. Il est tems de quitter l'Affrique, & d'y laisser Rosalinde veuve sans avoir eu d'époux, captive dans le Serrail de Tunis. Retournons sur l'Occean, & parlons du Comte Edmond qui la suit.

Embarqué sur le Navire de Fauste avec Fidéle & ses deux autres Domestiques, il faisoit la même route qu'avoit fait le Vaisseau d'Alphonse. Le vent n'étoit ni favorable, ni absolument contraire. Il arriva à Alicant dans les premiers jours du mois d'Août, il prit pour logement une Hôtellerie dans un Quartier écarté afin de n'être point reconnu, & de s'informer plus aisément de tout ce qui l'interessoit. *

Il avoit appris au sortir du Vaisseau, par le compte que rendirent à Fauste les Domestiques d'Alphonse, que Theodose étoit encore malade chez leur Maître. Il en conjectura que Rosalinde n'étoit point partie, & il en fut d'abord pénétré de joïe. Mais sa douleur

* *J'ay abregé cet endroit.*

n'en fut que plus vive, lorſqu'il fut inſtruit qu'elle s'étoit embarquée, il y avoit déja un mois avec Léalde ſon Epoux, pour aller à Cagliari & enſuite à Gennes. Il ne connoiſſoit pas aſſez la vertu des deux Amans pour ne pas croire, qu'échappez aux ſoins de leur Pere, ils n'euſſent avancé les plaiſirs que devoit leur aſſûrer l'Hymenée. Cette idée acheva de détruire le peu qui lui reſtoit d'eſperance. * Il en fut accablé; mais ſon déſeſpoir ne fut pas capable d'éteindre l'amour qui l'entraînoit à la ſuite d'une inhumaine. Il reſolut d'aller juſques à Gennes où Théodoſe avoit promis de ſe rendre , & il fallut attendre juſques au mois de Septembre une occaſion de ſe rembarquer. Ce fut ſur un Vaiſſeau Anglois qui en peu de jours de Navigation le rendit où tendoient ſes déſirs. †

Il n'eut pas plûtôt pris terre qu'il fut chez de riches Négocians d'Angleterre pour leſquels il avoit des lettres de recommandation & de credit; il en fut reçû avec tous les égards dûs à ſon rang & à ſa Naiſſance, ils lui offrirent tous leurs biens & le logerent chez eux.

Les premieres nouvelles qu'il leur demanda furent du Vaiſſeau le Neptune. Il apprit que l'on n'en avoit point entendu parler depuis ſon départ d'Alicant, qu'on en étoit extrêmement en peine, ſur tout ceux qui avoient interêt dans le chargement.

Cette réponſe remplit Edmond d'inquiétudes. Il n'avoit point d'autres affaires à Gennes. Il paſſoit ſa

---

* *J'ay abregé cet endroit.*

† *J'ay ſupprimé tout le détail de ce voyage.*

vie dans le Port & fur le Môle. Il montoit au haut de la Tour pour obferver les fignaux qui fe faifoient à la Rade. Il examinoit la difpofition du Ciel & des Vents; il n'entroit pas un Navire dont il n'interrogeât le Capitaine & l'Equipage.

Cependant fes Amis cherchoient à le diftraire en lui procurant des Plaifirs. Ils le menérent voir toutes les Antiquitez de la Ville, les Palais fuperbes dont elle eft décorée, & les environs où l'art embellit la nature. *

Edmond paroiffoit fe livrer à ces amufemens, mais fon ame n'étoit pas plus tranquile. Chaque inftant redoubloit fes allarmes; enfin dans les derniers jours d'Octobre, on apprit la funefte nouvelle que le Neptune avoit péri entre la Sardaigne & la Barbarie. Cette nouvelle étoit d'autant plus certaine, qu'il ne s'étoit pas échappé un feul homme pour l'apporter. Perfonne n'en doutoit. D'autres Vaiffeaux avoient trouvé la Mer couverte de Cadavres & de débris. Theodofe lui même, qui arriva peu de tems après d'Alicant où fa fanté s'étoit rétablie, confirma cette déplorable avanture qu'il avoit apprife avant fon départ, & fa triftef-fe ne la rendoit que trop certaine.

Le nauffrage de Rofalinde fut pour Edmond celui de toutes fes efperances. Il n'imagina plus aucune fa-tisfaction dans la vie. Il en devint farouche, & les objets les plus agréables ne firent que renouveller fa
douleur.

* *J'ay retranché plus de 12. pages en cet endroit. L'Auteur Gennois y raconte l'Origine fabuleufe de fa Patrie, & décrit toutes les raretez de Gennes.*

douleur. Il demeura tout l'Hyver à Gennes, & tous les foins qu'on prit de l'amufer furent inutiles. A la fin cependant il parut fe calmer, & l'amour n'ayant plus de reffource à lui préfenter, laiffa rentrer dans fon cœur le défir de retourner dans fa Patrie.

Il étoit déja informé que dépuis fon départ du Camp de Reding, le Roy s'étoit avancé pour fécourir la Place, mais qu'il avoit été obligé de fe retirer avec perte de 500. Hommes. La Ville s'étoit renduë, & le Comte d'Effex n'y aïant refté qu'autant de tems qu'il en falloit pour afsûrer fa conquête, avoit marché du côté de Tame. Mais la maladie s'étant mife dans fes Troupes, il s'étoit vû dans la néceffité de retourner à Londres. Edmond en avoit reçû des Lettres par lefquelles on lui donnoit avis que les Partifans de Chrifaure pourfuivoient avec vigueur leur accufation, & que fi l'état des chofes ne changeoit, fon rappel étoit fans efperance, d'autant plus que le tems n'avoit point rallenti fes Accufateurs.

Il apprit que Charles avoit été vaincu par le Comte d'Effex dans les Campagnes voifines d'Egdit, que la perte de la Bataille avoit été fuivie de la conquête de la Province de Loncefter, où le parti des Catholiques avoit été long-tems le plus fort, & que le Comte de Darpy qui y commandoit pour le Roy avoit été contraint de ceder cette Province à Guillaume Prüoten qui l'avoit foumife au Parlement. Le Roy avoit envoyé le Prince de Galles fon fils aîné à Saftrerfalofe, & la partie Septentrionale de la Pro-

vince de Galles dans laquelle le Milor Capel avoit
soûtenu pendant neuf mois la Guerre avec des succès douteux, étoit enfin tombée au pouvoir des Rebelles sous la conduite de Fairfax & du même Prüoten.

Le Comte d'Essex ayant renforcé son Armée jusques à 20000. hommes, avoit secouru Glocester que
le Roy tenoit assiégé. La Reine revenuë d'Hollande
en Angleterre, s'étoit renfermée dans York pendant
deux mois. D'york elle avoit été à Egdit, dont la
derniere Bataille avoit rendu le nom célébre ; & ensuite s'étoit rejointe à son Epoux dans la Ville d'Oxford, aux environs de laquelle ce Prince avoit pris ses
quartiers d'Hyver. Ceux du Comte d'Essex étoient
dans le même tems à Saint Alban près de Londres. Les
Parlementaires s'étoient emparés d'York. Vainement
le Prince Robert Palatin avoit-il entrepris de le secourir, il avoit été battu. Enfin Edmond n'ignoroit aucune
des circonstances des évenemens d'Angleterre jusques
au Printems de 1644.

Les choses étoient dans ces termes lors qu'il se re-
solut de quitter Gennes, où rien ne le retenoit plus,
& de se rendre à Paris, où il seroit plus à portée de
sa Patrie pour en recevoir des nouvelles & solliciter
son Jugement. Il prit congé de ses Amis & d'une infinité de Noblesse dont il faisoit les délices. Il passa
par Mer à Marseille, & prenant la Poste, il arriva
à Lyon, où il séjourna quelques jours pour voir cette
Ville célébre par son Antiquité & la beauté de sa si-

tuation au confluant du Rhône & de la Saône. *
Enfin il parvint à Paris dans les derniers jours de
May. Il apprit que le Comte d'Essex marchoit vers
Oxford pour présenter à Charles une nouvelle Bataille. Aussi-tôt il dépêcha Fidéle en Angleterre avec ordre, qu'après avoir reglé quelques affaires & lui avoir
envoïé de l'argent, il se rendît au Camp de son Oncle pour le suivre & implorer son assistance.

Fidéle partit, Edmond demeura à Paris avec les
deux Domestiques qui lui restoient. Il n'y manqua
pas de ressource pour ses amusemens. † Paris est le séjour des délices & de la majesté. Aucune Ville de
l'Univers ne lui est comparable ; aucune ne peut se
vanter de rassembler un si grand nombre d'Habitans,
& une Cour si galante & si magnifique. C'est la Patrie commune de toutes les Nations que les Arts, la
curiosité, ou le commerce y attirent. La nature semble avoir prodigué ses tréfors au Terroir dans lequel
est assise cette superbe Cité, & l'industrie, le goût
& les richesses ajoûtent de nouvelles graces à la nature, les plaisirs y naissent & habitent par tout, les
Citoïens semblent autant de Princes ; enfin Paris est
la Reine des Villes de la Terre.

La Reine Anne d'Autriche tenoit les rênes du
Gouvernement pendant la minorité de son Fils sous le
nom de Regente. Gaston Duc d'Orleans digne frere

---

* *J'ay beaucoup retranché de la description de Lyon.*

† *J'ay changé absolument la description de Paris, & l'ay abregée par ce
moyen de deux pages entieres.*

du feu Roy Loüis XIII. étoit à la tête des Conseils.

Edmond parut avec éclat au milieu de la premiere Cour de l’Europe ; mais ce fut avec la derniere affliction qu’il fut instruit par les lettres de Fidéle, que le Comte d’Essex ayant perdu la Bataille contre le Roy qui vouloit suivre sa Victoire, avoit pris la fuite, & que s’étant joint ensuite avec les Chevaliers Valler & Mauchester Généraux du Parlement comme lui , les Roïalistes avoient été défaits à leur tour près de Neubrige. Il sentit l’atteinte que le crédit du Comte d’Essex avoit dû recevoir par sa défaite. La Reine voïant les affaires du Roy sans esperance, s’étoit retirée à Bristol , & de là à Exster, où elle avoit donné le jour à une fille. Cette Princesse avoit été nommée sur les Fonts Henriette-Marie ; le Comte d’Essex avoit marché sur le champ pour surprendre la Place & la Reine.

La Reine quoique mal remise de sa Couche avoit été forcée de fuïr avec précipitation pour dérober sa Personne aux armes & aux fers de ses propres Sujets. Elle avoit d’abord cherché son refuge en Cornoüaille ; mais ne s’y trouvant pas en sûreté , Elle s’étoit déterminée à passer en France sa Patrie, l’azile des Rois opprimés & de l’innocence fugitive.

Cette Princesse déplorable s’étoit embarquée sur quelques Vaisseaux avec les restes infortunés de sa Cour. Mais la Mer ne lui avoit pas été plus favorable que la Terre , & ce n’étoit que par une espece de miracle qu’Elle avoit échappé à la Flotte du Parlement qui lui avoit long-tems donné la chasse

Aussi-tôt que la nouvelle de son débarquement à Brest en Bretagne fut parvenuë à Paris, la Reine Marie envoïa au-devant d'Elle deux Seigneurs de la Cour pour la conduire, comme il convenoit à une si grande Princesse sa Parente. *

Ces deux Seigneurs l'accompagnerent d'abord aux eaux de Bourbon, & de là l'emmenerent à la Cour sur la fin d'Octobre.

Mais Edmond fut obligé de quitter la France avant que sa Souveraine y arrivât. Fidéle revint le joindre au moment qu'il l'attendoit le moins, il lui rapporta de grosses sommes d'argent, & de mauvaises nouvelles de ses affaires.

Le Comte d'Essex étoit devenu si suspect au Parlement, qu'on lui avoit ôté le bâton de Général pour le donner à Fairfax. Ces soupçons étoient fondez sur plusieurs chefs de plaintes, & quoique la plûpart n'eussent aucune vrai-semblance, ils n'avoient pas laissé de produire de grands effets dans des tems de troubles. Ils avoient été fomentez par les Partisans de Chrisaure. La fuite d'Edmond aïant rendu inutiles contre lui les efforts de leur rage, elle s'étoit tournée contre son Oncle qu'ils disoient avoir excité leur haine secrette, & trâmé le complot de la mort de leur Parent. Fidéle instruit de tout avoit rassemblé le plus qu'il avoit pû d'effets, & étoit accouru à Paris. La fureur & la puissance des Ennemis d'Edmond, la dis-

---

* *J'ay passé une demie page des loüanges de ces deux Seigneurs.*

grace de fon Oncle ne lui permettant plus d'efperer fa juftification, il fe difpofa à s'éloigner davantage.

Fidéle lui rendit une lettre du Comte d'Effex même qui acheva de le confirmer dans cette réfolution. Il lui confeilloit de paffer dans des Païs plus reculés. C'étoit, lui marquoit-il, le feul moïen d'éviter la trahifon d'Ennemis authorifés, qui fe porteroient à tout pour affouvir leur vengeance, & de fe fouftraire aux Jugemens emportés du Parlement, dont tous les Membres étoient prévenus ou gagnés.

L'Ambaffadeur d'Angleterre à la Porte étoit parent du Comte d'Effex, & il fe confioit en lui comme fon Amy. Il envoïoit à fon Neveu une lettre pour cet Ambaffadeur, dans laquelle il le prioit de le recevoir jufques à la fin des troubles de l'Etat. *

Edmond déteftant les malheurs de fa Patrie, fes difgraces perfonnelles & la tyrannie du Parlement, plein de reconnoiffance pour fon Oncle, garda la Lettre de recommandation; mais il ne fe crut pas dans un affez grand péril pour chercher fi loin une retraite, & retournant à Marfeille avec Fidéle, il y trouva heureufement un Navire prêt à mettre à la voile pour Gennes.

Il y fut revoir fes anciens Amis, il renouvella connoiffance, & aïant appris d'eux que Theodofe nonfeulement y étoit encore; mais que par les acquifitions qu'il avoit faites dans le Païs, il fembloit qu'il y eut fixé fa fortune, il voulut fe préfenter à lui comme

____

* *J'ay beaucoup abregé cet endroit.*

Compatriote , quoi que dans son premier voïage il eût negligé de le voir. Il lui rendit visite, & lui parla de la perte de ses enfans avec assûrance de partager sa douleur. A ce triste compliment les yeux de Theodose se remplirent de pleurs , il n'ignoroit pas le rang considerable d'Edmond en Angleterre, il le reçût comme il devoit , il lui rendit sa visite , & leur commerce devint plus intime.

La plaïe d'Edmond n'étoit pas encore fermée , & toutes les fois qu'il parloit du naufrage de Rosalinde elle se rouvroit. Il demeura tout l'Hyver à Gennes dans cet état , cherchant à se distraire dans les Fêtes , les Jeux & les Veilles convenables à son âge.

Le Printems commençoit à ramener de plus beaux jours , lorsque sortant de chez lui avec Fidéle , il fit rencontre d'une espece de Païsan que par sa tête rasée il auroit pris pour un Galerien , s'il eût encore porté aux pieds les chaînes marques de son Esclavage. Ce Païsan tenoit une Lettre à la main , & lui demanda s'il n'étoit pas Anglois. Ayant appris qu'Edmond l'étoit effectivement, il lui dit, "je vous deman-
"de en grace, Seigneur, de m'apprendre à qui s'ad-
"dresse cette Lettre , elle est d'une extrême impor-
"tance. Je ne sçais point lire & n'en entendrois pas la
"suscription , je sçay seulement que celui que je cher-
"che est de Londres , & on m'a envoyé chez vous
"pour m'en informer. "

Edmond prit la lettre & trouva qu'elle étoit pour Theodose. Il demeura interdit lorsqu'au caractere il

reconnut la main de Rosalinde dont il avoit vû quelque fois de l'écriture. Il rentra chez lui, & aïant fait appeller le Païsan dans sa chambre. " Cette lettre, lui
„ dit-il, est pour un homme de mon Païs, & qui
„ plus est mon ami intime ; il n'est pas présentement
„ à Gennes, & tu ne pouvois mieux t'addresser pour
„ la rendre sûrement ; mais il faut que tu m'avouës
„ sans détour, comment, quand & par qui elle est ve-
„ nuë entre tes mains. Un Renegat de Maïorque,
„ répondit le Manant, me l'a donnée à Tunis il n'y
„ a pas deux mois. J'ai été Esclave chez les Turcs,
„ j'avois obtenu ma liberté & j'allois partir ; Ce Re-
„ negat se nomme Dragut, il est en grand crédit au-
„ prez du Dey, il me l'a extrémement recommandée,
„ & à peine suis-je arrivé à Port-Vendre ma Patrie,
„ que je suis venu à Gennes pour exécuter la com-
„ mission. Edmond l'interrogea de nouveau : " Mais
„ ne t'a-t'il point dit de qui elle étoit ? Il ne m'en a
„ rien dit, reprit l'Esclave. Dis-moi au moins, poursui-
„ vit Edmond, si par hazard tu n'aurois appris aucu-
„ nes nouvelles dans la Barbarie d'une jeune fille que
„ l'on nomme Rosalinde, & dont je crois reconnoître
„ les traits ? Elle a trop fait de bruit pour que je n'en
„ sçache rien, repartit l'Esclave. Non seulement ce
„ nom ne m'est pas inconnu, mais je l'ai vûë elle-mê-
„ me, & j'ai quelque connoissance de ses malheurs.
„ Elle est Esclave du Dey qui l'a commise à la garde
„ de sa femme. Elle est dans sa Cour comme une
„ Dame de la premiere distinction, & elle y reçoit

les refpects qui font dûs à une beauté & à une ver- "
tu qui n'ont point de pareilles. Il fe peut faire que "
cette lettre vienne d'elle; le même Dragut qui me "
l'a remife entre les mains, eft celui qui par un ha- "
zard que j'ignore a pris cette belle Captive, & l'a "
donnée au Dey. Depuis ce tems l'entrée de la Cour "
lui a été plus facile, & il a eu quelques entretiens "
avec Rofalinde, qui d'ailleurs eft gardée avec un foin "
extréme. "

Edmond crut en avoir affez appris dans ce premier
entretien. Il renvoïa le Païfan fatisfait par une ample
recompenfe. Il fçut qu'il s'appelloit Quilic, & lui fit
promettre qu'il accourreroit à Gennes au premier ordre pour lui en dire davantage s'il étoit néceffaire. Il
demeura feul livré à la foule des idées qu'une nouvelle fi peu attenduë produifit dans fon efprit. Il n'a-
voit pû apprendre que Rofalinde vivoit encore, fans
reprendre fon amour peut-être avec plus de violence;
mais apprendre qu'elle étoit Efclave lui caufoit une
inquiétude infupportable, & l'animoit d'un défir ardent de lui procurer la liberté. Ce fut à ce projet
qu'il réfolut de tout facrifier. Quels moïens mettre en
ufage pour y réuffir? La raifon lui confeilloit d'aller
trouver Theodofe, & de lui faire part d'un fi grand
évenement; mais l'amour ne prend point confeil de
la raifon, & lui perfuada d'ouvrir lui-même la lettre
en fecret, & de ne partager avec perfonne le mérite
d'un fi grand fervice. Ce ne fut pas fans quelque re-
pugnance qu'il fe porta à une telle indifcretion; mais

enfin la paſſion de déliver ſeul ſa Maîtreſſe fut la plus forte & le détermina après quelque réſiſtance. Il ouvrit la lettre avec un battement de cœur qu'augmentoit le reproche qu'il ſe faiſoit à lui-même, & ce fut dans ce trouble qu'il y lut ces paroles. *

CEtte lettre, † Seigneur, eſt baignée de mes larmes, & c'eſt la douleur qui me la dicte. O Ciel! Quelle nouvelle allez-vous appréndre ? Notre cher Lealde n'eſt plus. Il eſt mort dans les fers, & je vis dans l'Eſclavage. Que dis-je, Veuve infortunée, ma douleur ne me donne-t'elle pas la mort à tous les inſtants ? Conſolez-vous s'il eſt poſſible, votre fils étoit digne de vous. J'oſe dire que je le ſuis moi-même, puiſqu'au milieu des Infideles je lui ai gardé ce qu'il avoit reſpecté & qui ne ſera jamais à d'autres qu'à lui. Au nom de mon Epoux faites tomber mes chaînes à quelque prix que ce puiſſe être. Violente eſt avec moi dans la Cour de Tunis. On m'y traitte avec diſtinction, mais cette faveur cache un deſſein barbare, & je m'eſtimerai heureuſe de le prévenir par mon trépas. Sans Pere, ſans Patrie, ſans Epoux, ſans liberté, vous ſeul me reſtez; ſoiez ſenſible aux malheurs de vôtre fille. ROSALINDE.

De Tunis au mois de Septembre.

* *J'ay retranché de cet endroit.*

† Je n'ay conſervé que le ſens de cette Lettre, qui par les *Concetti* dont elle eſt remplie, eſt inſuportable dans l'Original.

Edmond fut attendri à la lecture d'une lettre si touchante ; mais il ne put apprendre la mort de Léalde & l'innocence de Rosalinde sans sentir l'esperance de retour, & sans se confirmer dans le projet qu'il avoit déja formé de rendre la liberté à sa Maîtresse. Rien ne lui parut plus impossible. Est-il quelque dessein dont ne viennent à bout des mains liberales ? Fidéle lui avoit rapporté d'Angleterre des sommes considerables, il confia son secret à ce Domestique affectionné. Il lui déclara qu'il falloit le suivre seul à Tunis, il ne lui demanda point conseil, il étoit pris de l'amour, mais il le conjura de ne le point abandonner. Il songea que la lettre du Comte d'Essex pour l'Ambassadeur de Constantinople ne lui seroit peut-être pas inutile. Elle pouvoit en la faisant voir lui donner quelque crédit dans Tunis, ou lui procurer une grande assistance, s'il étoit obligé de passer jusques à la Porte.

La grande difficulté étoit dans le moïen de partir ; mais la fortune lui fut assez favorable pour que Fidéle qu'il chargea de ce soin en secret, trouvât un Vaisseau qui devoit mettre à la voile pour Alger & pour Tunis même au commencement du mois d'Avril prochain. Ce Vaisseau suivant l'usage de la République étoit destiné à porter les Députez de l'Ordre de la Mercy pour la redemption des Captifs. Les Passeports assûroient le voïage, la circonstance étoit heureuse pour le projet d'Edmond, aussi ne la laissa-t'il point échapper. Il obtint par le crédit de ses amis une place pour lui comme Paſſager, & le prétexte dont il couvrit un embarquement ſi précipité fut la liberté d'une ſœur qu'il dit avoir été priſe par des Corſaires & conduite en eſclavage à Tunis. Il ajoûta que de Tunis il étoit dans le deſſein de paſſer à Conſtantinople auprès de l'Ambaſſadeur d'Angleterre. Il envoïa enſuite Fidéle à Port-Vendre, & il réuſſit à force de dons & de promeſſes à perſuader à Quilic de s'embarquer avec eux. Cet Homme leur étoit néceſſaire, il connoiſſoit le Païs, & étoit mieux informé que perſonne de l'état de Roſalinde.

Leur ſecret fut inviolablement gardé. Edmond prit congé de ſes amis, & partit n'aïant que Fidéle & Quilic pour toute ſuite. Il emporta beaucoup d'argent & quelques pierreries. Pendant le voïage il inſtruiſit Quilic, qui lui parut un homme adroit & ſûr, de ſon amour pour Roſalinde & de ſes deſſeins pour elle. Il confera avec lui des moïens dont il pourroient ſe ſervir pour lui rendre la liberté. L'avis d'Edmond étoit de ſe faire connoître à Dragut, & de tâcher de le mettre dans leurs interêts. Il le croïoit d'autant plus acceſſible, que c'étoit à lui que Roſalinde avoit confié la lettre dans laquelle elle parloit de ſa rançon; mais Quilic après avoir refléchi ſur cette propoſition la rejetta abſolument. Il avoit ouï dire que le Dey deſtinoit ſon Eſclave au Serrail du Sultan. Dans cette vûë il n'y avoit aucune apparence qu'il conſentît à ſa liberté, il la faiſoit garder au contraire avec toutes les précautions imaginables. Dragut étoit trop avant dans la faveur du Dey, & en avoit reçû trop de graces. Il se pouvoit faire que pour faire plaisir à Rosalinde il se fût chargé de sa lettre, ignorant ce qu'elle contenoit, & que s'il en eût été informé, qu'il eût consenti à la remettre à son beau-pere, mais non pas entre les bras d'un Amant. C'étoit Dragut lui-même qui avoit donné Rosalinde au Dey, & il en avoit été recompensé par d'immenses richesses. Comment imaginer qu'à force d'argent on en pût faire un traître? Tout s'opposoit aux vûës d'Edmond, Quilic proposa les siennes.

Après, dit-il, que j'eus été fait Esclave, le pre- "
mier service auquel je fus employé, fut celui de For- "
çat sur les Galeres de Biserte. Je fus ensuite vendu à un "
Officier du Dey de Tunis qui me fit travailler aux "
Jardins d'une maison de plaisance délicieuse qu'a ce "
Prince au bord de la Mer. J'y ay resté long-tems, "
& pendant mon séjour j'y fis connoissance avec une "
vieille Païsanne nommée Azimeque mere d'un des "
Jardiniers de cette Maison. L'un & l'autre sont Re- "
negats, & n'ont jamais pû faire fortune. On ne "
leur a tenu aucune des promesses par lesquelles on les "
a engagés à l'Apostasie, ils sont pauvres. La Vieille "
s'en est souvent plainte à moy, & m'a fait entrevoir "
un grand désir de la liberté pour son fils & pour "
elle ; c'est une femme avare, cauteleuse, propre à "
tous genres de fourberies, impatiente de son mal- "
heur, & peu inquiéte d'en causer aux autres, pour- "
veu qu'elle en puisse tirer quelque utilité. Osmide "

„ femme du Dey vient fouvent à la Campagne avec fa
„ Cour joüir des plaifirs de la belle faifon. Azimeque
„ la voit , & eft admife quelques fois à l'honneur de
„ l'entretenir. Azimeque fera fans doute informée des
„ deffeins du Dey fur Rofalinde , au moins elle les
„ pourra fçavoir d'Ofmide même à la premiere occa-
„ fion. Elle nous apprendra les mefures que nous de-
„ vons prendre. S'il faut ufer d'artifice ; elle eft maî-
„ treffe dans cet Art ; s'il faut avoir recours à la force
„ elle nous eft neceffaire. Sa maifon eft fur le Rivage
„ près de la Fontaine de la Goulette. Son fils Tygrafpe
„ nous aidera à nous pourvoir d'un Navire bien armé
„ pour nôtre fuite. L'entreprife eft aifée fi Rofalinde
„ y donne fon confentement , & fi elle le refufe elle
„ n'eft pas impoffible. L'or applanit toutes les diffi-
„ cultez.

Edmond fut pénétré de joye d'apprendre les liai-
fons de Quilic avec Azimeque , il approuva l'ufage
qu'il s'en promettoit. Il ne put cependant s'empêcher
d'avoir quelque inquiétude fur le portrait qu'on lui
venoit de faire. Comment fe fier en effet à une femme de ce caractere ? Mais Quilic le raffura bien-tôt :
„ C'eft précifément, lui dit-il , parce qu'elle eft four-
„ be que vous ne devez pas douter qu'elle foit infidéle
„ à fes Maîtres. En les trahiffant elle vous fervira ,
„ mais plus que tout , elle fera fon avantage. Je fçais
„ ce que je peux attendre d'elle & de quel éclat feront
„ vos Diamans à fes yeux.

Il n'en fallut pas davantage pour tranquilifer Edmond, il prit toute confiance dans l'adreſſe de Quilic. Il s'étonna de trouver tant de reſſource dans l'eſprit d'un ſimple Païſan. Il reſolut de s'abandonner à lui, le tems étoit aſſez propice, & n'ayant fait rencontre d'aucuns Corſaires, ils arriverent à la Goulette ou le Vaiſſeau montra ſes Paſſeports, & ils entrerent enſuite dans Tunis. *

Ils feignirent d'être venus pour rachetter des Eſclaves, de même que ceux qui débarquerent avec eux, & ce fut par là que Quilic commença ſes menées. Oſmide étoit à la Campagne avec les Dames de ſa Cour. Il s'y tranſporta par les ordres d'Edmond, & il ne lui fut pas difficile par la parfaite connoiſſance qu'il avoit des lieux de s'y introduire. Il trouva Azimeque, pour ſe la rendre favorable il commença par des promeſſes. La Vieille lui répondit comme il le déſiroit, & ils conclurent que dès le lendemain au matin elle viendroit à la Ville ſous quelque prétexte au Logis d'Edmond, où elle apprendroit ce qu'on éxigeoit d'elle, & la récompenſe qu'elle en devoit attendre. Quilic revint à Tunis, & Azimeque ne manqua de s'y rendre au point du jour. Elle fut préſentée au Comte, qui avant même de lui parler lui donna une Bague de grand prix. †

La Vieille fut étonnée d'une magnificence à laquelle elle ne s'étoit pas attenduë ; jamais elle n'avoit eu tant de biens en ſon pouvoir. Elle s'offrit à tout ce

* *J'ay retranché quelque choſe en cet endroit.*

† *J'ay retranché de cet endroit.*

qu'on voudroit, moins touchée, difoit-elle, du prefent que du mérite de celui qui l'avoit fait. Il n'étoit
rien d'affez grand, d'affez difficile qu'elle n'eût le
courage d'entreprendre pour fon fervice. Edmond
l'inftruifit de fon amour pour Rofalinde, & du deffein qu'il avoit formé de la tirer d'Efclavage. Il lui
dit qu'il n'avoit d'autre vûë que de l'époufer ; la Vieille approuva un fentiment fi honnête, elle ne l'auroit
pas blâmé, s'il en eût eu d'autres, tant elle étoit déja
gagnée par l'éclat de la Bague. *

Ils difcoururent très longuement fur ce qu'il y avoit
à faire. Azimeque rejetta abfolument l'idée de chercher à rachetter Rofalinde, fûre que le Dey ne con-
fentiroit point à fe dépoüiller d'un tréfor fur lequel il
avoit fondé des efperances. Le meilleur lui parut être
de tâcher de perfuader par fon moyen à la belle Efclave de prendre la fuite en lui faifant valoir le prix
de la liberté, le peril où elle étoit expofée, le mérite
d'Edmond & la pureté des intentions d'un Amant fi
rare. Il refolurent de tenter d'abord cette voye, &
que fi elle ne pouvoit réüffir on en viendroit à l'enlevement avec le fecours de Tygrafpe. Qu'il falloit
qu'Azimeque parlât à Rofalinde, qu'elle la difposât
à l'amour d'Edmond & à le voir. Ce parti pris, la
Vieille retourna à la Campagne, & montrant à fon
Fils le don qui lui avoit été fait, elle le difpofa fans
peine à être de la partie.

Le Comte par l'avis d'Azimeque fe rendit le lendemain

* *J'ay retranché de cet endroit.*

demain à la maison du Dey déguisé en Païsan. Tygrafpe le fit entrer dans le Jardin des fleurs avec une Bêche
pour paroître y travailler, l'occasion de voir la beauté
qu'il adoroit ne se fit pas attendre, il la vit, quoique
plus pâle qu'à l'ordinaire & peut-être moins belle. Elle
ne tourna pas ses regards sur lui. Il étoit immobile par
l'attention qu'il avoit à la considerer. L'agitation de son
cœur l'eût découvert si elle l'eût apperçûë, & quoiqu'elle ne l'eût peut-être pas reconnu, parce qu'il étoit
déguisé, & qu'elle ne l'avoit vû que rarement en Angleterre, elle eût au moins soupçonné que des mains si
blanches n'étoient pas accoûtumées à des travaux péni-
bles, & qu'il n'étoit pas là sans dessein. Le feint Jardinier sentit redoubler son amour en ce moment. *

La Vieille cependant comme je l'ay déja dit trouva le moïen de parler à Rosalinde, & fut étonnée de
trouver plus de difficultés qu'elle n'en avoit attendu.
Elle revint plusieurs fois à la charge, mais toûjours en
vain. On promit seulement d'envoyer Violente pour
laquelle il n'y avoit rien de caché. Le désir de découvrir
quel pouvoit être l'Amant inconnu, & s'il étoit envoyé
par Theodose fut la seule cause de cette démarche.

Edmond vit en effet Violente chez Azimeque. Il
lui raconta la naissance de son amour en Angleterre, &
les suites dangereuses de cette passion pour son honneur
& sa vie. Ses voyages, sa douleur, enfin ses desseins
pour la liberté de Rosalinde. † S'il lui parla de sa

* *J'ay retranché des comparaisons ridicules.*

† *J'ay supprimé bien des repetitions inutiles en cet endroit.*

Nobleſſe & de ſes biens, ce ne fut qu'avec modeſtie & en peu de mots ; mais il lui cacha l'indiſcretion qu'il avoit euë d'ouvrir la Lettre. Il l'aſſura que le Ciel touché de ſes maux l'avoit inſtruit par un hazard ineſperé de la mort de Léalde, de la vie & de l'Eſclavage de ce qu'il adoroit ; que ſur le champ il avoit volé pour briſer ſes fers & ſe préſenter à Roſalinde après ce ſervice pour Eſclave, s'il n'étoit pas digne d'être accepté pour Epoux. Il accompagnoit ſes diſcours de priéres & des expreſſions les plus tendres. Violente fut perſuadée de leur ſincerité, & ſi elle ne vit pas couler les larmes d'Edmond, elle vit au moins ſes yeux humides de pleurs.

Elle en fut attendrie, & comment en effet auroit-elle pû réfuſer ſa pitié au ſort d'un Amant ſi généreux & ſi fidéle ? Inſtruite comme elle étoit des ſentimens de ſa Maîtreſſe, elle auroit pû par un ſeul mot anéantir les eſperances du Comte infortuné ; mais elle voulut laiſſer à Roſalinde prononcer le fatal Arrêt, & s'épargner le regret de faire ſeule un malheureux. Elle lui répondit en des termes vagues dont-il avoit plus à craindre qu'à ſe flatter, & remit la déciſion après qu'elle auroit pû conferer avec la belle Captive.

Elle fut lui rendre compte de tout, & elle n'excita dans le cœur de Roſalinde que la compaſſion, & non pas l'amour, par la grandeur du péril de ſon Amant, elle jugea de l'excès avec laquelle elle étoit aimée ; mais elle fut inébranlable dans ſa réſolution. Tant de paſſion la touchoit ſans pouvoir y répondre ;

le reméde lui parut plus dangereux que le mal. Elle défiroit fa liberté ; mais ce n'étoit pas pour reprendre de nouvelles chaînes , & perfuadée qu'un entretien , quoy qu'innocent , ou une négociation , quoy que pure , n'eft jamais en matiere d'amour fans apparence de crime , elle voulut par une courte réponfe , mais déterminée , ôter à Edmond toute efperance , & afsûrer elle même fon repos. Elle prit le parti de lui écrire un Billet. Elle craignit de le confier à Violente même , ce fut à Azimeque qu'elle le remit pour le rendre , il étoit conçû en ces termes.

JE ne peux aimer, Seigneur, & je ne défire point la liberté , un autre que vous a emporté mon cœur dans le Tombeau. Traitée dans cette Cour plus en fille qu'en Efclave , je ne fens point des fers dont le poids eft fi leger. Il ne me refte que de la pitié à vous offrir , & de partager vôtre péril par ma crainte. Souffrez un confeil que ma reconnoiffance me force à vous donner. Eloignez-vous de ce fatal Rivage , partez fans différer. Vous allez vous perdre en cherchant vainement à me fauver. Puiffe le Ciel vous garantir de cette infortune. Partez je ne puis être à vous. ROSALINDE.

Azimeque en rendant ce billet à Edmond crut lui remettre entre les mains les afsûrances de fon bonheur. Quel fut fon étonnement lors qu'elle le vit fe troubler & pâlir en le lifant , elle apprit ce qu'il contenoit , & fur le champ elle confeilla l'enlevement. Tygrafpe fut appellé , on convient de l'heure & du lieu,

& ils fe féparerent pour aller travailler à l'exécution. Le fuccès dépendoit du fecret, le fecret de la diligence, & la diligence de Tygrafpe fur lequel rouloit toute l'entreprife. Ce Jardinier ne trouva rien d'impoffible à fon adreffe & à l'or d'Edmond. Il promit que dans deux jours il fe feroit afsûré d'une Flûte qui prête à partir les attendroit fur le Rivage. Il devoit par le moyen de fa mere introduire le Comte jufques dans la Chambre de Rofalinde qui donnoit fur le Jardin. Ils comptoient l'emporter de force dans une Chaife fur les épaules de deux Efclaves robuftes, la conduire jufques au Vaiffeau, & l'embarquer.

Le Traître fe retira chargé des richeffes & des promeffes d'Edmond, mais il fçavoit bien que tout ce qu'il avoit propofé étoit impratiquable. Le Rivage n'étoit pas fans Gardes, ainfi que l'appartement des Dames. Il n'avoit pas lui même le credit de fuborner tout l'Equipage d'un Vaiffeau, ny fa mere celui de pénétrer jufques dans l'interieur du Serrail. Edmond fut crédule, parce qu'il étoit Amant, & qu'il n'avoit plus d'autre reffource que fon défefpoir. Tygrafpe au lieu de chercher une Flûte fut droit à Tunis. Il fe préfenta devant le Roy, lui déclara toute l'entreprife, & lui promit de lui en livrer les Auteurs dans le moment même qu'il paroîtroit travailler de concert avec eux à l'exécution. Il revint à la Campagne & afsûra que tout étoit préparé. En effet deux Efclaves apporterent la Chaife & fur le milieu de la nuit ils prirent tous le chemin du Palais. Ils en trouverent la premiere Porte ouverte par les soins d'Azimeque, & ils s'avancerent près de l'appartement d'Osmide qui touchoit à celui des Dames. Une porte de fer défendoit l'entrée de ce quartier, elle étoit fermée. Tygraspe donna un coup de sifflet disant qu'il étoit convenu de ce signal pour la faire ouvrir. Elle s'ouvrit, mais il en sortit des Soldats armés qui vinrent attaquer Edmond. Edmond eut recours à son courage & à ses Armes, il para deux coups qui lui furent portés, d'une secousse il renversa un des Soldats & en abbatit ensuite quatre expirans à ses pieds. Cet exemple écarta tous les autres ; mais que sert la valeur contre le nombre ? Vainement il s'ouvrit un passage jusques à la porte par laquelle il étoit entré, elle étoit refermée ; & blessé, accablé, il fut contraint de se rendre.

On le chargea de chaînes par l'ordre du Dey qui s'étoit rendu dans cette maison en secret, & il fut renfermé sous une garde sûre dans une étroite Prison. Fidéle & Quilic qui étoient restés à Tunis pour garder une grosse somme qui lui restoit, eurent le même sort au matin suivant, leur Procès fut fait à la maniere des Maures, c'est-à-dire, avec précipitation. Les richesses furent confisquées, les deux Domestiques condamnés à la Rame & le malheureux Edmond à la mort. Le Dey eut quelques soupçons que Rosalinde étoit d'intelligence, cependant tout parloit pour elle. L'entreprise étoit mal concertée, & il n'étoit presque pas possible qu'elle eût entretenu quelque commerce avec des Etrangers ; mais son Billet qui fut trouvé sur Edmond acheva de justifier son innocence, il fit éclater sa vertu, & la rendit plus chere à ses Maîtres.

Le malheureux Edmond apprit l'Arrêt de sa mort, & que l'exécution n'en étoit différée que jusques à la nuit. Il sçut que la Prison où il étoit devoit être le seul témoin de cet affreux spectacle. Il n'en fut point ébranlé, & plus touché de renoncer à son amour qu'à la vie, il inspira la pitié à ses Gardes mêmes. Il obtint d'eux la permission d'écrire encore une fois à Rosalinde, & ce fut en ces termes.

PUisque Rosalinde ne peut être à moy, je n'ay point de regret à une vie qui ne m'étoit chere que pour la lui consacrer. Ma main eût prévenu celle du Bourreau, après avoir perdu l'esperance de la déliver. Ouï cruelle, je me serois percé le cœur à vos yeux, & vous auriez jugé de mon amour par ce dernier sacrifice. Mais le Ciel en ordonne autrement, souffrez au moins, Madame, que j'emporte dans le Tombeau la gloire d'y descendre pour vous. Heureuse mort, si elle peut être honorée de quelques-unes de vos larmes ! n'êtes vous pas trop inhumaine pour en accorder au déplorable. * EDMOND.

A peine eut-il fini d'écrire qu'on lui remit les fers aux mains. Il demeura enseveli dans une profonde rêverie, qui l'occupa le reste du jour jusques à trois heures de nuit. † Alors les portes de la Prison s'ouvrirent, &

---

* J'ay retranché cette Lettre des trois quarts, Edmond y chante pouille à Rosalinde.

† *J'ay retranché une demie page de cet endroit.*

il vit entrer un Bourreau robuſte & farouche qui d'un bras nerveux & nud juſques au coude portoit un Sabre à deux tranchans. Edmond le regarda ſans frémir, c'étoit le traître Tygraſpe qui s'étoit offert à cet infame employ. Les dépoüilles du Comte dont-il connoiſſoit la richeſſe lui devoient appartenir, il avoit demandé de lui donner la mort, pour qu'elle ne fût pas différée, & dans la crainte qu'il ne vînt à révéler que lui-même & ſa mere avoient commencé à conduire l'intrigue par leurs conſeils.

Edmond le reconnut & s'alluma de colere. Mais les chaînes dont-il étoit chargé en empêcherent les juſtes effets. Il lui tint au moins des diſcours pleins de mépris, & lui lança des regards foudroïans, " Ce " fer répondit l'exécrable Bourreau va répondre à tes " injures, & tes dépoüilles ſeront le Trophée de ma " vengeance. En même tems il commande à deux Sol- " dats qui l'avoient ſuivi d'ôter à l'Infortuné ſes vête- mens, il lui arrache lui-même un Diamant qu'il avoit au doigt & lui fit courber la tête ſur le Billot.

Tygraſpe levoit déja le bras pour frapper lors qu'on entendit une voix crier arrête. Le coup demeura ſuſpendu, & je ſuſpends le fil de mon recit pour prendre un moment de repos. *

* *J'ay retranché de cette fin.*

FIN DU QUATRIE'ME LIVRE.

LA
ROSALINDE
IMITÉE
DE L'ITALIEN.

SECONDE PARTIE.

M. DCC. XXX.

LA ROSALINDE
IMITÉE
DE L'ITALIEN,
LIVRE CINQUIÉME.

LA lettre d'Edmond avoit été renduë à Rosa-linde, elle versa en la lisant un torrent de larmes; mais ces larmes étoient l'effet d'une pitié qu'elle ne put réfuser à un Amant, qui pour sa liberté avoit sacrifié jusques à sa vie. Elle fut géné-reuse sans devenir sensible. Elle alla trouver Osmide & la supplia d'obtenir le pardon du Condamné. Os-mide n'osa lui promettre de s'y emploïer. Edmond avoit offensé la majesté du Trône. Avoir tenté d'en-lever une Prisonniére de cette conséquence & si chere au Dey, avoir forcé le Palais de nuit, tué les Gar-des du Souverain, étoient des crimes dont la mort pa-roissoit être la punition nécessaire. Mais Rosalinde instruite combien le péril étoit pressant, & qu'il fal-loit de grands remédes aux grands maux, fut elle-mê-me chercher Amat. Elle ne le trouva pas, parce que pour prendre l'air & se délasser des fatigues de la Roïauté, il étoit allé se promener au bord de la Mer. Il y demeura plus long-tems qu'à l'ordinaire, & ne re-

T

vint qu'à deux heures de nuit, il entra dans l'Appartement d'Ofmide, la belle Efclave fe jettant à fes genoüils
& les yeux baignez de pleurs, lui addreffa ce difcours.

„ C'eft la feconde fois, Seigneur, que tu me vois
„ à tes pieds. Je t'ay demandé grace pour mon frere, je
„ la demande aujourd'hui pour mon Ennemi. Ne t'en
„ étonnes pas, la Réligion que je fuis m'y oblige. Je
„ connois toute l'énormité du crime pour lequel j'im-
„ plore ta Clémence; mais ce crime n'a eu d'autre
„ motif que l'amour, & jen demande le pardon pour
„ prix de ma fidélité. Si la févérité des Loix le con-
„ damne, ta bonté ne peut-elle rien ? Ne permets pas
„ qu'il foit dit en Angleterre qu'un des plus Grands
„ de ce Roïaume ait perdu la vie dans ces Lieux par
„ la main d'un infame Bourreau en voulant me tirer
„ d'efclavage. Tu t'attendris, je le vois. Eh de gra-
„ ce ! Fais ceder la rigueur de la politique à la dou-
„ ceur qui t'eft naturelle. Satisfais même, fi tu veux,
„ à l'une & à l'autre ; mais que l'éxil foit le feul châ-
„ timent du coupable. Le Ciel n'a pas permis que
„ la premiere faveur que je t'ay demandée ait eu fon
„ effet, ne me refufes pas la feconde; elle me tien-
„ dra lieu de toutes deux enfemble, puifque dans
„ mon ennemi je dois fauver un frere.

Elle fe tut & le Dey qui l'aimoit avec une tendreffe de pere, preffé d'ailleurs par les priéres d'Ofmide qui fe joignit à elle, lui promit la grace, s'il en
étoit encore tems.

Il commanda à fon Capitaine des Gardes de cour-

rir, ou plûtôt de voler à la prifon, & ce Capitaine
y arriva heureufement dans le moment que le farouche Tygrafpe levoit le fer homicide pour abbattre la
Tête du malheureux Edmond. Sa voix arrêta le coup
mortel, & laiffant le Comte dans le Cachot, il en
fit retirer le Bourreau, qui ne fortit qu'en murmu-
rant.

La nouvelle du falut d'Edmond caufa à Rofalinde
une joïe qu'on ne peut exprimer. Elle embraffa de
nouveau les genoüils du Dey, & lui demanda pour
derniere faveur de ne pas faire connoître que ce fût à
fes priéres qu'il eût accordé cette grace. Elle craignoit
qu'elle ne pût être regardée par le Comte comme l'effet d'un retour trop tendre, & elle défiroit qu'il s'é-
loignât au plûtôt des lieux où elle étoit. On avoit
trouvé dans fes Papiers la lettre du Comte d'Effex à
l'Ambaffadeur d'Angleterre à Conftantinople, Amat
en fit le prétexte de fa clémence par complaifance
pour Rofalinde. Il en écrivit à l'un & à l'autre pour
mettre deux hommes auffi confiderables dans fes interêts. Il le fit dire à Edmond, & pour que le pardon
fût plus complet, il lui fit rendre fes deux Domeftiques avec tout ce qui lui appartenoit ; mais il ne voulut lui accorder la liberté qu'au moment qu'il parti-
roit quelque Vaiffeau pour la Porte.

On fit enfuite d'exactes récherches pour découvrir
quels avoient été les complices de l'enlévement, &
ce fut par ces recherches qu'on apprit qu'Azimeque
& Tygrafpe avoient confeillé & conduit l'entreprife.

Le Dey eut horreur de leur double perfidie. Il frémit en pensant que Tygrafpe s'étoit offert d'être le Bourreau de celui qu'il avoit trahi. L'éxil de la mere foüettée dans les ruës de Tunis, & le fupplice du fils suivirent de près la connoiffance de la noirceur de leurs crimes. Tygrafpe après avoir été tenaillé eut la tête coupée du même Sabre qu'il avoit préparé pour abattre celle d'Edmond.

Ainfi le Comte fut vengé dans le moment où il n'attendoit plus que la mort. Ainfi le Dey donna en même tems un éxemple mémorable de clémence en pardonnant un crime d'amour, & d'une jufte rigueur en puniffant un crime atroce; ainfi Rofalinde fit éclater fa gratitude & fon innocence, & par une fageffe fi rare augmenta dans le cœur de fes Maîtres le refpect & l'amour qu'ils avoient déja pour fes vertus.

Dans ces circonftances Amurat Baffa envoyé du Grand-Seigneur Ibrahim vers les Puiffances Barbarefques arriva à Tunis. Le fujet de fon voyage étoit d'engager ces Puiffances de joindre leurs Flottes à la fienne pour déclarer la Guerre à la Chrêtienté. Cette Guerre avoit pour objet principal les Chevaliers de Malthe, & la colére du Sultan étoit caufée par la prife d'un Vaiffeau que les Galéres de la Réligion avoient faite quelques tems auparavant.

Ce Vaiffeau avec un autre plus petit qui lui fervoit d'efcorte, avoit 600. hommes d'Equipage, & étoit commandé par Gelis Aga, auquel l'enfance du Sultan avoit été confiée. Il faifoit route vers la Mecque, &

portoit, outre une infinité de préfens pour le Prophête, la Sultane Favorite avec un fils d'Ibrahim.

Il fut attaqué par les Galéres de Malthe près de Rhodes le 28. Septembre 1644. Le Vaiſſeau d'eſcorte fut coulé à fonds, & l'autre enlevé après un combat mémorable, dans lequel l'Aga périt avec 300. des ſiens, & la Sultane fut priſe priſonniére avec ſes Femmes & ſa ſuite.

La victoire coûta cher aux Vainqueurs, & elle ne leur fut pas utile. Le Général de Malthe fut tué, la Religion perdit une infinité de jeune Nobleſſe, & le Vaiſſeau Turc ayant été envoyé à Malthe, ſe trouva ſi endommagé qu'il coûla à fonds à la vûë de la Sicile, laiſſant à peine aux Chevaliers le tems de ſauver les Priſonniers ſur leurs Galeres. *

Ibrahim n'apprit cette nouvelle qu'avec des tranſports de rage. Il déclara à Malthe une Guerre mortelle, ſe flattant d'en chaſſer auſſi facilement les Défenſeurs qu'il avoit été aiſé de leur enlever autrefois Jeruſalem & Rhodes. Les plus ſages du Divan le détournerent d'une entrepriſe ſi téméraire. Il lui rémontrerent les avantages que l'Ordre de Malthe avoit toûjours eu ſur les Turcs par la valeur, & tournerent ſa colére ſur les Venitiens, quoy qu'il fut en pleine paix avec eux. Ils trouverent des prétextes pour autoriſer la perfidie de ce conſeil. L'Iſle de Candie étoit, diſoient-ils, la rétraite des Corſaires du Ponant, & ſur-tout des Malthois. Les Venitiens en leur donnant azile

____
* *J'ay extrémement abregé cet endroit.*

avoient mérité le courroux de la Porte, & on ne pouvoit prendre un tems plus favorable pour la conquête de cette Ifle, que celui où la Guerre allumée entre la France & l'Efpagne tenoit en fufpens toutes les Puiffances Chrêtiennes de l'Europe.

Ils firent de la conquête de Candie un devoir de Réligion; ils ajoûtoient que la longue Paix dont avoit joüi l'Empire Ottoman, avoit affoibli fes forces, dégarni fes Ports & fes Arcenaux; & leur avis étoit d'amufer la République par quelque Négociation pour ne l'attaquer qu'à l'improvifte, & après avoir pris fes précautions. Le Sultan fe rendit & confentit à diffimuler, mais il ne put par cette politique furprendre la fageffe du *Senat de Venife.* Ce fage Confeil ne donna aucune confiance aux paroles d'un Barbare, & tout étoit prêt pour la défenfe autant que le tems l'avoit pû permettre lors que la trahifon éclata.

Ce fut au commencement du Printems le 1er May 1646. que la Flotte Turque fortit du Port de Conftantinople fous le Commandement de Seleitar Baffa Capitan Général. Elle étoit compofée de 64. Galéres, deux Sultanes & 380. Saïques. Le Général pour continuer fa feinte, fut voir le Bayle * avant fon départ, il l'embraffa en l'afsûrant qu'il ne marchoit point contre fes Maîtres.

Dans le même tems Amurat après avoir fait part au Baffa de Trypoli des ordres du Grand-Seigneur & concerté avec lui les Préparatifs pour une prompte

______
* *Ainfi fe nomme l'Ambaffadeur de Venife à la Porte.*

exécution , vint à Tunis. Amurat étoit Aga des Janiſſaires , c'étoit un homme dans la fleur de ſon âge,
farouche , fin & propre pour la Guerre. Il y avoit peu
de tems qu'il avoit été admis au Divan , & il étoit dans
le ſecret de ſon Maître. Amat le reçut avec le reſpect
qu'exigeoit ſon rang & la qualité d'Envoyé du Sultan.

En peu de jours ils convinrent de toutes les méſu-
res. Le tems ne leur permit pas une longue Négociation. Le Dey emploïa les heures qui ne furent pas données aux affaires à fournir des plaiſirs à Amurat. Oſmide & les Dames de ſa ſuite firent l'ornement des Fêtes ,
Amurat vit Roſalinde , il lui parla galamment en Langue Turque qu'elle avoit appris dépuis ſon Eſclavage.

Mais il ne put la voir ſans reſſentir l'effet ordinaire
de ſa beauté , & il ne l'entendit qu'en devenant paſ-
ſionnément amoureux. Il lui donna une infinité de
loüanges en preſence du Dey , & s'informa de lui
comment elle étoit venuë en ſon pouvoir. Le Dey lui
répondit ſans feinte , & ne craignit point de lui confier qu'il la deſtinoit au Grand-Seigneur. Il voulut
même lui faire connoître le prix du preſent qu'il reſer-
voit à ſa Hauteſſe en l'inſtruiſant des beautez de ſon
ame & de ſes talens. On apporta des Inſtrumens , il
la pria de chanter. Roſalinde obéït , elle s'étoit apperçûë qu'Amurat jettoit ſur elle des regards paſſionnés ,
& ce fut par cette raiſon qu'elle choiſit une Cantate pleine d'invectives contre l'Amour. *

* *Roſalinde dans l'Original chante un Poëme à la loüange de la Virginité ,
ce Poëme tient 6. pages entiéres que j'ay ſupprimées.*

La Cantate étoit longue , & cependant elle fut trouvée trop courte par tous ceux qui l'entendirent. Elle fut univerſellement applaudie , & ces applaudiſ-ſemens furent autant de traits qui percerent le cœur de l'amoureux Amurat. Quoique le ſujet des Vers ne répondît pas à l'état de ſon ame , le ſoin de Roſalinde pour éteindre ſon ardeur naiſſante, ne fit au contraire que l'enflammer. *

Il ne ſongea plus qu'aux moyens d'avoir en ſon pouvoir une beauté ſi rare. D'abord il n'apperçut que des difficultez de toutes parts. Roſalinde étoit ſage, elle étoit chere au Dey & à Oſmide ; elle étoit deſti-née aux plaiſirs d'Ibrahim. Que d'obſtacles inſurmon-tables ? Mais l'amour connoît-il les obſtacles ? Il ren-dit le Turc aſſez téméraire pour s'offrir à Amat d'être lui même le conducteur de ſon Eſclave, & de la pré-ſenter en ſon nom, s'il vouloit lui. faire l'honneur de la lui confier ſous les yeux de quelque vieille Doüaigne. Amat s'en excuſa avec politeſſe ; il répondit qu'aïant réſolu d'aller en perſonne à l'entrepriſe de Candie , il étoit dans le deſſein de paſſer enſuite à la Porte pour voir Ibrahim , & lui faire ſa Cour par ſon préſent.

Cette réponſe rendit vaines en peu de mots toutes les eſperances du perfide , mais ſon amour lui reſta.

Il avoit appris l'avanture d'Edmond qu'il excuſoit au fonds de ſon cœur. Le Roy avoit ſauvé la vie à ce coupable en faveur de l'Ambaſſadeur d'Angleterre, & il attendoit une occaſion pour l'envoyer à Conſtan-tinople.

* *J'ay retranché de cet endroit.*

tinople. Amurat connoiſſoit l'Ambaſſadeur, & il étoit même de ſes Amis. Il propoſa de ſe charger du Comte, & de l'embarquer ſur une Flûte qu'il devoit expedier d'Alger où il alloit, en Candie, & enſuite à la Porte pour y rendre compte de ſa Négociation en Barbarie. Sa vûë étoit de s'inſtruire par Edmond de la condition de Roſalinde, & de chercher quelque moïen favorable à ſes déſirs amoureux. Amat qui ne demandoit pas mieux que de ſe défaire d'Edmond & de ſes Valets qui lui étoient ſuſpects, conſentit volontiers à ſon départ. Amurat ſortit de Tunis avec ſon Rival, après avoir tout réglé juſques au jour que la Flotte de Tunis mettroit à la voile. Il partit, & emporta les feux que Roſalinde avoit allumés innocemment dans ſon cœur.

Il eut avec Edmond dans leur route de longs entretiens ſur les avantures & la naiſſance de la belle Eſclave, & il ne fut pas aſſez le maître de ſon amour pour n'en pas laiſſer échapper quelque étincelle. Cette connoiſſance rendit le Comte plus retenu ſur les éloges qu'il faiſoit de ſa Maîtreſſe ; il évitoit même d'en parler autant que la bienſéance & le reſpect le lui permettoient, dans la crainte d'augmenter la paſſion d'Amurat, ou de faire éclater les tranſports de ſa propre jalouſie. Amurat au contraire n'eut aucune défiance, & ne craignit pas d'apprendre à Edmond que c'étoit à Roſalinde qu'il étoit redevable de la vie & de la liberté. Il ralluma dans ſon Rival par cette imprudence le feu de ſes premieres eſpérances que les horreurs d'une mort si prochaine avoient presque entierement éteint. Edmond rendu par une nouvelle si inesperée à toute son ardeur, résolut de passer à Constantinople, & ne désespera pas qu'avec le crédit de son Oncle & l'autorité de l'Ambassadeur, il ne pût enfin rendre libre & posseder ce qu'il aimoit.

Ils arriverent à Alger, d'où Amurat après quelques jours de Négociation avec le Roy, dépêcha son Brigantin en Candie sous la conduite d'un Capitaine, auquel il recommanda un soin particulier d'Edmond. Lui même demeura pour avancer par sa présence l'envoy du secours qu'il avoit obtenu.

Amat faisoit les mêmes préparatifs à Tunis, & persistoit dans le dessein de conduire ses forces. Mais avant de quitter ses Etats, il voulut marier le Prince Machmet son fils aîné. Pendant son sejour à Tripoly il avoit vû la Fille du Bacha qu'il avoit chargé du Commandement de cette place. Elle étoit belle, elle lui plut, & il résolut de fixer son choix sur elle. Il s'étoit bien apperçû que ce mariage étoit l'objet de l'ambition du Bacha; mais que cet Officier n'osoit par respect élever ses régards jusques au Thrône. Ce respect servit encore à le confirmer dans le projet qu'il avoit formé, & il prit pour l'accomplir le peu de jours qui lui restoient avant son départ.

Le Prince Machmet n'avoit de goût que pour les exercices Militaires & les amusemens de l'esprit. Ce ne fut qu'avec répugnance qu'il se vit assujettir au joug du mariage; mais il fallut obéïr après des représentations aussi respectueuses qu'inutiles, & il partit pour Tripoly avec un Cortége digne d'un Souverain. Le Bacha le reçut avec la joye & la vénération convenables. Les Nôces furent célébrées avec magnificence, & immédiatement après le Prince avec sa nouvelle Epouse reprit le chemin de Tunis. Le Bacha voulut les accompagner non-seulement pour ne pas se séparer si-tôt de sa Fille, mais encore pour rendre graces à son Maître, & l'entretenir sur l'Armement de la Flotte.

A leur arrivée le Dey embrassa sa belle-fille, & le Bacha dont il venoit de combler les esperances. Le jour fixé pour son départ approchoit, il voulut que jusques à ce moment il ne fût question que de Fêtes. Il rassembla sa Cour, & ce ne fut que Festins, que Danses & que spectacles dignes de sa grandeur & de sa joïe.

Le premier jour fut destiné au Banquet Roïal. Il fut donné dans la grande cour du Palais que l'on avoit couverte exprès, & dont les murs étoient tendus de superbes tapisseries, ouvrages des femmes de Babylone. Les pavillons des Vaisseaux pris sur les Ennemis formoient le platfonds de ce Salon immense, & les armes des Vaincus rassemblées en trophée en faisoient les ornemens. Les tables furent chargées des mêts les plus exquis. Les liqueurs les plus délicieuses furent présentées à tous les Conviez. Ils sembloit que toutes les parties du Monde eussent été épuisées de ce qu'elles ont d'excellent & de rare, & que l'Arabie eût envoyé pour hommages ses Parfums les plus agréables. *

_____
* *J'ay ôté de cette description toute l'éxageration Italienne.*

Le Dey, Ofmide, Machmet, la belle Eudore & le Bacha fon pere étoient à une table féparée. Les principales Dames, les Courtifans & les Perfonnages confiderables dans l'Etat en rempliffoient une infinité d'autres. L'allegreffe étoit générale.

Mais le jeune Prince & fa nouvelle époufe à côté l'un de l'autre, fentoient des mouvemens bien differens. * La belle Eudore charmée de fon mari, ne voïoit que lui au milieu d'un fi grand fpectacle. Machmet au contraire quoiqu'à la fleur de fon âge, paroiffoit inquiet & rêveur, & s'il répondoit aux careffes de la fille du Bacha, il étoit aifé de voir que ce rétour contraint n'étoit l'effet que du devoir & de la réconnoiffance. Il étoit occupé d'autres foins.

La belle Eudore s'apperçût des froideurs de fon Epoux. Amour tout aveugle qu'il eft, eft plus clairvoïant qu'Argus. Mais elle fe flatta que fon filence étoit caufé par fon refpect. Elle aimoit trop pour ne pas efperer d'être aimée. †

La fin du repas fut le commencement d'un Bal. On y danfa toutes fortes de Danfes. La jeuneffe étoit au comble de la joye, les Spectateurs admiroient. Que de plaifirs pour les Amants ! Au milieu de ce Bal pour furprendre par une agréable variété, vingt-quatre jeunes Hommes vêtus légerement d'habits cramoifi & argent, & armés d'Armes & de Boucliers à l'antique, formé-

---

* *J'ay extrêmement abregé cet endroit, l'Original y prévient toute l'aventure de Machmet qui fe trouvera par la fuite, je crois en dire affez.*

† *J'ay mis en 4. lignes ce que l'Original dit en plus de 15.*

rent, lors qu'on s'y attendoit le moins, un Ballet par
lequel ils repréfenterent les divers mouvemens de la
Guerre. Ils frappoient en cadance de leurs Epées fur
leurs Boucliers, & féparés en deux Troupes, tantôt
Vaincus, tantôt Vainqueurs, ils rappelloient avec
grace l'image des Combats. Ceux-cy fermes dans leurs
rangs, foûtenoient les attaques de plufieurs Pelotons
qui cherchoient à les entâmer ; les autres par une fuite feinte, attiroient leurs Ennemis dans une Embufca-
de. Celui-cy demandoit la vie, & cet autre fembloit
la donner. Enfin cette efpece de Pyrrhique finit par
des Saults légers. Six des Combattans portés fur les
épaules de fix autres repréfenterent un Rampart garni
de Défenfeurs : ce Rampart fut attaqué par la feconde
Troupe formée en Phalange, & tout difparut. *

La nuit furvint, & le feu de mille Lumieres rendit le jour. Les Conviés pafferent dans les apparte-
mens du Palais, où on leur fervit toutes fortes de rafraîchiffemens. †

Rofalinde étoit du nombre des Dames qui fervirent
Ofmide à cette Fête. Les Nôces de Machmet lui ra-
pellerent le fouvenir des fiennes avec Léalde & de fes
malheurs. Pleine de ces triftes idées elle étoit infenfible à tous ces plaifirs, & les yeux fixes fur la Terre
elle ne daignoit pas même les honorer de fes regards,

---

* *J'ay extrêmement changé cet endroit, qui n'eft pas reconnoiffable.*

† *J'ay retranché deux pages entiéres d'une nouvelle Fête dans les Appar-
temens, il furvient trois Trouppes de Lacedemoniens, Enfans, Jeunes & Vieux
qui chantent une Morale auffi ennuieufe que ridicule.*

lors que l'entrée des Combattans excita fa curiofité par la nouveauté du Spectacle. Quel fut fon étonnement, lorfque parmi les Danfeurs elle en vit un * qui par la taille, la démarche & les traits reffembloit à fon Epoux ? Elle refta immobile par excès de furprife, elle fut faifie d'un friffon qu'elle ne connoiffoit pas, elle voïoit & croïoit ne voir pas affez.

Le jeune Homme vêtu comme nous l'avons dit de Cramoifi & Argent, avoit les bras & les jambes nuës. Sa tête étoit rafée à l'exception d'un Toupet de beaux cheveux blonds qui lui tomboit fur les épaules, rattaché par un Ruban de même couleur que fon habit. Un colier léger d'argent étoit la feule marque qu'il fût Efclave. Elle ne vit point en lui ces couleurs vives, cet éclat de jeuneffe, ce feu dans les yeux qui caracterifoient dans fon cœur l'Image prétieufe qu'elle y confervoit ; cependant à certains geftes, à certains mouvemens elle fentoit fon cœur treffaillir. Elle ne crut pas voir Léalde, elle étoit trop fûre de fa mort, mais elle en voyoit trop auffi pour ne pas fonger à lui.

Elle prit cette émotion pour un effet de fon imagination toûjours remplie de l'idée d'un Epoux fi cher. Elle fe perfuada qu'un fouvenir fi tendre s'étoit renouvellé plus vivement par le fpectacle du bonheur d'un autre ; elle voulut fe défendre le plaifir de regarder ; mais fes yeux refuferent de lui obéïr. Une puiffance inconnuë les tournoit malgré elle fur l'Efclave. Elle

* *Dans l'Original ce Danfeur eft parmi les jeunes Lacedemoniens.*

l'obferve encore, elle l'admire, elle s'apperçoit elle même qu'il la confidere avec émotion, leurs regards fe rencontrent, ils foûpirent.

Helas ! dit-elle en elle-même, quelle apparition me " féduit ? Où fuis-je ? Eft-ce un fonge ? Ombre de " mon Epoux venez-vous adoucir les rigueurs de mon " Efclavage ? Penfez-vous encore à moy ? Elle vou- " lut le voir encore, il difparut.

La nuit étoit au milieu de fa courfe lors qu'on conduifit les Epoux au lit nuptial. Rofalinde après avoir fervi fa Maîtreffe fe retira dans fa Chambre. Elle étoit agitée & confia à Violente la caufe de fon trouble. Elle éprouvoit le tourment le plus cruel de l'incertitude. Elle fe flattoit, elle défefperoit à tous les inftans; elle croïoit, elle réfufoit de croire ; elle défiroit, elle craignoit de défirer. Violente ne douta pas qu'elle ne fe fût trop livrée aux Images trompeufes que fon imagination avoit pû lui préfenter. Elle lui confeilla de les diffiper par le fommeil, mais en vain ; Rofalinde ne confentit à prendre quelque repos, qu'après qu'elle lui eut promis d'être attentive elle-même le lendemain, & de chercher par toutes fortes de foins à s'informer quel pouvoit être l'Efclave.

Les Fêtes recommencerent avec l'Aurore, & elles furent encore plus magnifiques. Rofalinde préfentoit ordinairemeut la Coupe à Ofmide. Elle porta vainement par tout fes régards, ils ne rencontrerent point l'objet qui lui avoit rappellé un fouvenir fi tendre. Les tables étant deffervies, le refte du jour fut emploïé à danser comme la veille ; mais la nuit tomboit à peine, qu'au bruit d'une douce simphonie on vit entrer un Char de Triomphe sur lequel étoient assis la Fortune & l'Amour. Trente jeunes Amours armez de flêches & de carquois servoient de cortége à ce Char superbe ; ils portoient chacun un flambeau, & la richesse de leurs habillemens répondoit à la grandeur des deux Divinités dont ils formoient la Cour. Douze Guerriers vêtus à la maniére antique d'Affrique étoient enchaînez aux côtez du Char, ils représentoient les Héros de cette partie du Monde, sur lesquels l'amour avoit fait le plus éclater sa puissance. Toute cette Pompe s'arrêta au milieu de la grande cour du Palais en face des Princes, & fut le sujet d'un Ballet orné de danses & de chants sur le mariage que l'on célébroit. Ce Ballet fut exécuté avec une précision admirable. *

Parmi les douze Guerriers Rosalinde reconnut encore le jeune homme qui lui avoit déja causé tant d'inquiétude. Elle le vit avec les mêmes émotions ; elle s'apperçût qu'elle produisoit sur lui les mêmes effets, & qu'il ne pouvoit détourner ses regards. Leurs yeux se parlerent , & ce langage muët étoit éloquent & tendre. ,, Helas ! vouloit dire Rosalinde , si Léalde ,, est dans le Tombeau , qui es-tu toy qui viens trou- ,, bler mon repos par une si parfaite ressemblance ? Et ,, si tu es mon Epoux , que tardes-tu à te faire con- ,, noître ? Pourquoy différer ma félicité ? Pourquoy

augmenter

* *J'ay retranché deux pages des Vers du Ballet.*

augmenter les rigueurs de mon efclavage ? „ Elle étoit dans une profonde rêverie lorfque ces paroles chantées par les deux Divinitez frapperent fes oreilles.

> *Amants ne verfez plus de larmes ,*
> *Oubliez vos malheurs , formez d'heureux défirs ,*
> *Et pour afsûrer vos plaifirs ,*
> *La Fortune & l'Amour vont unir tous leurs charmes.*

Rofalinde crut entendre une voix du Ciel qui lui annonçoit la fin de fes peines. Mais lorfqu'elle vint à penfer que fi l'efclave étoit Léalde , il n'auroit pas différé de fe faire connoître , & que Léalde étoit certainement au nombre des Morts , elle fentit évanoüir en un inftant toutes fes efpérances. Cette refléxion lui arracha un profond foûpir , l'Efclave y répondit par un autre ; elle l'apperçut qui portoit ailleurs fes pas , comme s'il eût craint de la voir , & elle demeura enfevelie plus que jamais dans les doutes qui l'agitoient fi cruellement.

Elle prit l'intervalle du divertiffement qui venoit de finir , & du fouper qui alloit commencer pour fe retirer un moment dans fa Chambre avec Violente. Violente comme nous l'avons déja dit , regardoit comme autant de chiméres les inquiétudes de Rofalinde ; elle n'avoit prefque pas daigné s'informer , & elle n'avoit rien découvert. Mais Rofalinde , en lui faifant part de ce qu'elle venoit de voir encore , redoubla d'inftances auprès d'elle. “ Va , lui dit-elle , ma chere

„ Violente , cherche à découvrir ce jeune Homme qui
„ fous un habit d'efclave cache certainement un état
„ au-deffus du commun. Il le faut aborder & lui par-
„ ler. Je veux fçavoir fi c'eft une illufion qui m'a dé-
„ çûë , ou fi la vérité s'eft offerte à mes yeux. Tire
„ moy du doute infupportable où je fuis.

Violente la quitta pour lui obéïr , & feignant quelque commiffion , elle fut dans un endroit où tous les
Efclaves étoient raffemblés pour les aprêts du refte de
la Fête. Elle en vit un vêtu en Guerrier , armé à l'antique , comme lui avoit dit Rofalinde, & qu'à d'autres indices elle crut reconnoître pour celui qu'elle
cherchoit. Elle l'entendit appeller par fon nom , & ce
nom lui parut être celui de Léalde; enfin elle ne doutoit prefque plus que ce ne fût lui-même , lorfque
s'approchant & le regardant avec plus d'attention, elle
apperçut une phyfionomie qui ne lui étoit pas inconnuë , & qui fans être celle de Léalde lui reffembloit
infiniment. L'âge & la ftature étoient à peu près les
mêmes , elle crut que fon habillement , fa tête rafée
& fes malheurs avoient produit ce changement ; elle
voulut s'en éclaircir , & l'abordant avec politeffe :
„ Beau jeune Homme , lui dit-elle , quelque fimpa-
„ thie m'attache à vous ; je crois vous avoir déja vû ,
„ puiffe le Ciel remplir tous vos défirs & vous rendre
„ la liberté ; je le défire autant que vous même , & fi
„ ce n'eft point une indifcretion de ma part , je vous
„ prie de m'informer de vôtre fort. L'Efclave reçut ce
compliment avec grace , il la remercia , & lui répondit.

Gennes eſt ma Patrie, & vous voïez le plus mal- "
heureux de tous les hommes. J'en partis il y a deux "
ans avec une femme que je venois d'épouſer ; nous "
allions à Rome , où la ſituation de mes affaires m'o- "
bligeoit d'établir le ſiége de ma fortune , lors qu'à "
la vûë de Sienne , la Félouque ſur laquelle nous "
étions embarqués fut attaquée par une Galiote Tur- "
que à la fin du jour. Nous prîmes le parti de donner "
à terre , & de confier nôtre ſalut à la fuite ; mais "
Doriſbe (ainſi ſe nomme mon épouſe) perdit bien- "
tôt haleine , & devint la proïe des Corſaires qui la "
pourſuivoient, aïant débarqué comme nous. Témoin "
de cet évenement funeſte , quoique déja hors d'in- "
ſulte moi-même , je retournai au Rivage , & hauſ- "
ſant les bras & la voix vers les Barbares qui déja s'é- "
toient rembarqués , je les priay de m'emmener avec "
eux , puis qu'après la perte de mon épouſe, je comp- "
tois pour rien ma liberté. Ils m'entendirent & vin- "
rent me chercher, nous fûmes conduits à Tunis , & "
vendus à une jeune Veuve. Ma tendreſſe pour ma "
Femme , & l'exemple d'une fidélité ſi rare produiſi- "
rent dans nôtre Maîtreſſe la compaſſion, & elle en "
fut ſi touchée que retenant Doriſbe ſeule avec elle , "
elle me permit de faire un voyage dans ma Patrie "
pour y raſſembler de quoy païer nôtre Rançon , je "
partis, & je revenois , lorſque le même jour de l'an- "
née précedente , & preſque dans le même lieu , je "
fus fait eſclave une ſeconde fois par des Tripolins "
qui m'enleverent le prix de nôtre liberté que je ra- "

„ portois. Le fort me fit tomber entre les mains du
„ Bacha. J'eus le bonheur de lui plaire , & il me mit
„ au rang des Domeſtiques qui approchent le plus
„ près de ſa perſonne. Cependant j'étois accablé de
„ douleur de n'avoir pû rejoindre Doriſbe , comme je
„ l'avois promis. Mon Maître en a été attendri. A
„ peine ſommes-nous arrivez en cette Ville qu'il a fait
„ ſa premiére affaire de payer la Rançon de ma Femme
„ & la mienne, & il eſt dans le deſſein de nous ra-
„ mener l'un & l'autre à Tripoly. Nôtre liberté eſt
„ l'objet de nos déſirs ; mais elle eſt bien éloignée,
„ parce que mon ſervice plaît au Bacha. Ainſi ma fi-
„ délité , & l'affection qu'il a pour moy , ſont préſen-
„ tement la cauſe de nos malheurs. Voilà , Madame, le
„ compte que vous avez déſiré de mes Avantures,
„ vous me faites déſirer ma délivrance pour vous of-
„ frir mes ſervices, je ne ſuis qu'un eſclave, mais vous
„ pouvez en diſpoſer.

Le jeune homme avoit à peine commencé à parler
que Violente reconnut combien les eſpérances de Roſalinde étoient vaines. Elle ne voulut pas cependant
l'interrompre pour ne pas paroître ſe dédire , elle ſen-
toit même un mouvement ſecret , qui la forçoit à
le voir & à l'écouter avec plaiſir. Elle prit part à ſa
douleur ; elle loüa la généroſité de ſes ſentimens, &
le remercia de ſes offres de ſervice. Elle alloit ſe retirer , mais ſe reſſouvenant qu'il avoit répondu au nom
de Léalde , il lui reſta encore quelque doute qu'il ne
déguisât ſon nom & ſa naiſſance ſous une Hiſtoire

fuppofée. Le ton de fa voix & fa phyfionomie fembloient détruire entierement ce foupçon , cependant
elle voulut l'éclaircir. Elle apprit qu'il fe nommoit
Léandre, & que la reffemblance des deux noms avoit
caufé l'équivoque. Plus elle parloit au jeune homme ,
plus elle fentoit en elle un fonds de tendreffe qui lui
avoit été inconnu jufques alors. Elle fe rappelloit fes
traits fans pouvoir les reconnoître , & en tout, cet objet ne lui étoit pas nouveau. Enfin elle fe reffouvint
qu'elle avoit un frere à Gennes, & que ce frere avoit
un fils unique que l'on appelloit Léandre. Elle s'informa plus particuliérement de l'efclave , du furnom de
fa famille & du nom de fon pere : c'étoit fon neveu,
ils s'embrafferent avec une joïe qu'on ne peut exprimer , & ne fe féparerent qu'en promettant de fe revoir inceffamment.

Rofalinde fut obligée de retourner près d'Ofmide
pour la fervir, & fon étonnement redoubla lorfqu'elle revit fon efclave auprès du Bacha dans la même
fonction. Elle le confidera plus attentivement qu'elle
n'avoit fait encore , & elle demeura plus perfuadée
que jamais, que cet efclave étoit Léalde lui-même.

Le fouper fini , elle revint chez elle , & elle y
trouva Violente. Il feroit bien difficile de peindre la
fituation de cette fidéle Nourrice. Ce n'étoit ni de la
joïe ni de la douleur, & c'étoit tout enfemble. Rofalinde apprit la méprife , & fi Violente en la lui racon-
tant, lui faifoit connoître fon erreur, elle tâcha d'adoucir la vérité par l'efperance que la rencontre de fon

néveu pouvoit faire naître. Rosalinde fut accablée ; cependant elle n'étoit pas encore convaincuë. Elle se rappelloit l'air, le port & les traits de celui qui avoit attiré ses regards. Leurs yeux s'étoient rencontrés ; il avoit répondu à ses soûpirs par des soûpirs ; l'agitation de son cœur avoit paru sur son visage ; tout lui disoit que c'étoit son Amant. Mais d'un autre côté comment se défier de Violente ? Comment douter de son zéle ? Comment ne pas la croire après des assûrances précises de ce qui venoit de lui arriver ? Elle étoit plus incertaine qu'elle n'avoit encore été.

La nuit s'avançoit, & par son silence invitoit tout le monde au repos. Tout dormit hors Rosalinde. Ce ne fut qu'au lever de l'Aurore qu'un léger sommeil s'empara malgré elle de ses sens, elle eut un songe.

Elle crut être au bord de la Mer. Léalde en sortit plus beau & plus aimable que jamais, il lui tendoit les bras & l'attiroit doucement à lui ; mais à peine lui eut-elle donné la main qu'un monstre l'enleva à son époux. Il la conduisit vers les rivages où se leve l'Aurore, & la renferma dans une étroite prison au milieu des flots. Léalde accourut à son secours & vint la délivrer. Un Dauphin les porta ensuite l'un & l'autre aux Isles fortunées ; ils y joüissoient d'un bonheur sans égal, lorsqu'un Griffon aîlé attaqua Léalde, & voulut avec son bec & ses ongles lui déchirer le cœur. Un Cigne plus blanc que la neige vint prendre aussitôt sa défense. A la douce harmonie de son chant le

Griffon prit la fuite, les plaïes de Léalde furent refer-
mées, & il ne leur resta de leurs malheurs que le simple souvenir. Rosalinde s'éveilla pleine de joïe & d'esperance. *

Ce sentiment n'étoit pas fondé sur la foy qu'elle
donnoit à ces vaines images; mais son ame étoit encore remplie des impressions qu'elle avoit reçûës pendant son sommeil, & quoique tout semblât lui défendre de se flatter, il ne lui étoit pas possible de renoncer à une félicité que ses yeux lui avoient annoncée.

Elle se leva, & fit part à Violente de son songe,
dont malgré toute sa raison elle étoit occupée. Elle
lui ordonna de se trouver au festin de ce jour qui
devoit être le dernier des réjoüissances, & de joindre ses regards aux siens. Violente promit tout ce
qu'elle voulut pour la satisfaire sans se soucier de rien
exécuter. Elle admiroit l'extravagance des Amans qui
sur la foy d'une chimére se promettent l'impossible,
veulent faire sortir les morts de leurs tombeaux, &
arracher sa proïe à la Mer avare.

Les fêtes recommencerent. Rosalinde à son ordinaire se trouva au banquet roïal pour présenter la Coupe à Osmide. L'Esclave y étoit encore, il étoit plus
prez d'elle, & leurs yeux se rencontrerent mille fois.
Plus elle le regardoit, plus elle croïoit reconnnoître
Léalde changé par sa douleur. Envain elle se rappelloit le rapport de Violente, une force inconnuë em-

* *J'ay abregé ce songe, Léalde & Rosalinde montent sur une Montagne,*
& s'envolent aux Cieux, ce reste de songe annonce des choses que je retran-
cheray à la fin.

pêchoit en elle l'usage de sa raison. Elle versa quelques larmes involontaires, elle s'en apperçut & tourna la tête pour les essuïer. Mais quelque court que
fût ce mouvement, il lui cachoit l'Esclave, & c'étoit
un supplice que ne le point voir. Rouge de sa foiblesse, elle le chercha encore, elle le vit ; ses yeux
étoient humides de pleurs prêts à s'échapper ; il lui
fit adroitement une révérence, & craignant d'être apperçû, il se retira.

Il passa dans un appartement, & il trouva Léandre
esclave du Bacha comme lui, dans une conversation très
intime avec Violente. Il la reconnut sur le champ, il
avoit attendu ce moment avec une extrême impatience.
Il vit qu'ils se retiroient à l'écart, il les suivit, & la prenant par le bras. „ Est-ce toy, ma chere Violente ? lui
dit-il.

Il étoit si changé depuis leur séparation que Violente demeura interdite. Mais le son de sa voix & l'attention avec laquelle elle l'éxamina leverent bien-tôt
tous les doutes. „ Que vois-je ? O Ciel ! s'écria-t'elle.
„ Quoi Léalde est-ce vous ? Quoi vous vivez encore ?
„ D'où venez-vous ? Que vous nous avez coûté de
„ pleurs. Ouï je suis Léalde, répondit-il, si Rosalinde
„ peut être encore à moi ; mais si le sort pour jamais
„ nous sépare, tu ne vois plus qu'une ombre erran-
„ te, joüet infortuné de la misére & de la douleur.

Il en auroit dit davantage, s'ils n'eussent été interrompus par une foule d'Esclaves. Pour éviter la multitude, ils se retirerent dans un petit jardin de plein-pied

à

à l'appartement, où ils ne pouvoient craindre d'être distraits ni découverts. Violente les suivit, elle admiroit la bijarrerie de la ressemblance des habits, de la taille, même des noms qui l'avoient jettée dans l'erreur, sans qu'aucune de ces vrai-semblances eût pû chasser la vérité de l'esprit de Rosalinde.

Lorsqu'ils furent dans le Jardin. " Eh bien ! ma chere Violente, lui dit Léalde, quelle nouvelle de " Rosalinde vas-tu me donner ? Comment a-t'elle é- " chappé aux horreurs de la mort qui l'environnoit " sur le sable brûlant des Déserts ? Quel Dieu lui a " rendu la vie ? La fortune dans ce climat barbare " continuë-t'elle à la persécuter ? M'a-t'elle gardé la " foi qu'elle m'a promise ? L'absence ne m'a-t'elle " point effacé de son cœur ? Plût à Dieu qu'il eût con- " servé mon image aussi chérement, que le mien con- " serve la sienne. "

Violente pleuroit de tendresse, elle lui prit la main, & la serrant avec transport, elle lui répondit : " Léalde " mon fils, vous me demandez si Rosalinde vous aime " encore ! Admirez plûtôt que les horreurs de la mort, " que la mort même, n'aïent pu affoiblir sa tendresse " pour vous. La seule Rosalinde au monde étoit capa- " ble de cet excès de constance, & le Ciel vous la con- " serve avec toute son innocence & tout son amour. " Elle a cru vous perdre pour jamais, mais elle n'a pas " cessé un instant d'être à vous. Elle a mêlé le Cyprès " avec le Myrthe, & vous avez toûjours vécû en elle, " quoiqu'elle ait pleuré, & pleure encore vôtre trepas. "

„ Je ne dis rien que depuis deux jours vous n'ayez pû
„ voir vous-même. Elle a cru vous reconnoître, moi
„ feule innocemment je l'ay détournée d'en prendre
„ l'efperance.

Elle lui rendit compte enfuite de la méprife où l'a-
voit jetté la reffemblance de l'autre Efclave qu'elle
avoit reconnu pour fon neveu. " Mais vous, mon
„ cher Léalde, ajoûta-t'elle, comment êtes-vous
„ encore au nombre des Vivans? Qui vous a con-
„ duit dans ce Païs? Le tems & le lieu où nous fom-
„ mes, répondit Léalde, ne me permettent pas de
„ vous inftruire préfentement de mes avantures.
„ Apprenez feulement, que depuis deux jours j'ai vû
„ Rofalinde, mais que pour de grandes confidérations,
„ qui me forcent encore dans ce moment à vous quit-
„ ter, je n'ai pas jugé à propos de me faire connoî-
„ tre. Retrouvez-vous ce foir dans ce même jardin,
„ vous fçaurez mon fort, & vous me ferez part du
„ vôtre. Gardez-vous de paroître fçavoir qui je fuis,
„ & que tout autre que ma chere Rofalinde l'ignore.
„ Je ne me confierai à perfonne qu'à vôtre Neveu.
„ Adieu Violente, retournez auprès de ce que j'ay
„ de plus cher au monde. Nos malheurs font prêts à
„ finir.

Elle fe retira à cet ordre, & fut trouver Rofalinde, qui aux dernieres inquiétudes de l'Efclave ne doutoit prefque plus que ce ne fût Léalde. Mais quel
excès de joïe ne reffentit-elle pas lorfqu'elle reçut la
confirmation d'un évenement fi inefperé? Son ame

abbatuë réprit des forces nouvelles, ſes eſperances étoient comblées. Elle étoit hors d'elle-même, & les momens qui différoient le plaiſir de ſe retrouver unie à ſon Epoux, lui parurent des ſiécles. *

Ce jour, comme je l'ay déja dit, étoit le dernier des réjouïſſances pour le mariage du Prince Machmet, & comme le dernier il fut célébré avec plus de pompe. Le repas fut ſuivi d'une fête marine, dont les Nôces de Neptune avec Amphitrite furent le ſujet. C'étoit une eſpece d'Opera orné de machines & de danſes; on n'avoit point vû en Affrique de ſpectacle pareil. Les Peuples des environs accoururent à cette nouveauté; toute la Ville étoit en mouvement & en joïe.

Violente ſur le ſoir ne manqua pas au rendez-vous dans le jardin. Elle y trouva Léalde qui lui dit en l'abordant : " Nous ſerions dans un grand péril ſi " on nous voïoit enſemble. " Il lui donna une lettre. Que Roſalinde, ajoûta-t'il, exécute ponctuellement " ce que je lui mande. Réſolution, courage & ſilence. " Il diſparut à ces mots. Violente rejoignit la belle Eſclave qui l'attendoit avec impatience. Elle lui remit la lettre. Roſalinde l'ouvrit d'une main tremblante, & y trouva ce qui ſuit.

*L*E Ciel† *n'a pas permis que mes yeux fuſſent fermés ſans vous revoir encore. Deux années, belle Ro-*

---

* *J'ay retranché une demie page en cet endroit. Roſalinde prend des ſcrupules ſur le vœu qu'elle a fait, comme ſi ce vœu n'étoit pas conditionnel, & le vœu étant déjà rétranché, les ſcrupules le doivent être.*

† *J'ay retranché quelque choſe de cette lettre.*

salinde, se sont écoulées, depuis qu'en cherchant à vous sauver, j'ay perdu ma liberté. Je vous laissay mourante dans un désert ardent, & je n'ay pas douté de vôtre trepas. Sans vous je ne pouvois vivre. On me crut mort, & comme tel les flots de la Mer me furent donnez pour tombeau. Je vous instruirai moi-même par quels moïens le Ciel me conserva la vie, & comment esclave du Bacha je suis parvenu au rang de ceux qu'il honore de sa confiance. Jugez seulement par mon changement de la rigueur de mon sort depuis que je vous ay perduë. Je respire enfin, puisque j'ay eu le bonheur de vous voir. Dès ce premier moment j'ay mis tout en œuvre pour nôtre liberté, & j'espere y parvenir. Il a fallu feindre de ne vous pas connoître; Qu'il en a coûté à mon cœur? J'ay appris que vôtre beauté étoit destinée aux plaisirs d'un Barbare, j'en fremis, & ce dessein est prêt à être exécuté. Le Dey doit partir dans deux jours avec sa Flote, mon Maître compte de me ramener à Tripoly, & nous serions de nouveau séparés pour jamais! Il faut prévenir leur départ par nôtre fuite. Il semble que le Ciel soit d'accord avec nous. Dragut qui vous a conduite à Tunis, m'a instruit de tout ce qui vous regarde; je me gouverne par ses conseils, & il doit nous suivre lui-même sur la Flûte qu'il commande. Léandre néveu de Violente & sa femme Dorisbe s'attachent à nôtre fortune. J'ay des armes, de l'argent & quelques esclaves Chrétiens déterminés à risquer leur vie pour sortir des Fers, & à la perdre pour moy. Il n'est plus question que du secret & de la *promptitude dans l'exécution. Tout est prêt pour l'entreprise, puisse le Ciel la rendre heureuse. L'heure sera la troisiéme après le coucher du Soleil. Les Barbares accourus au spectacle seront alors trop occupez, pour prendre garde à nous. Feignez quelque indisposition pour vous dispenser de servir Osmide. Je trouverai quelque prétexte pour m'éloigner du Bacha. Trouvez-vous avec Violente à la porte du Palais qui mene à la Mer. J'y seray, belle Rosalinde. Ne craignez rien. Quel bonheur de nous voir! Adieu.*

A peine Rosalinde & Violente eurent-elles lû cette Lettre qu'elles rassemblerent avec promptitude ce qui leur étoit nécessaire. Rosalinde fit dire qu'elle étoit malade, & se renferma dans sa Chambre en attendant le moment marqué. Elle étoit agitée tour à tour par la crainte & l'esperance.

Violente fut à la découverte. Elle vit commencer le spectacle, & à peine le Prologue étoit-il fini qu'elle revint trouver sa Fille, l'exhorta à prendre courage, & lui donnant la main la conduisit à la porte du Palais.

Elles y trouverent Léalde, Léandre & Dorisbe avec quelques Chrêtiens armés. Tout leur fut si favorable que sans être découverts, & sans trouver le moindre obstacle, ils parvinrent au Rivage, & s'embarquerent sur le Vaisseau de Dragut qui les attendoit. Les Ancres furent levées, ils étoient déja sortis du Port avant que l'on eût connoissance de leur évasion. En vain le Dey & le Bacha envoyerent après

eux deux Galeres avec les meilleures Chiourmes , elles revinrent fans les avoir rencontrés.

Les fugitifs prirent leur route vers l'Ifle de Maïorque patrie de Dragut ou Gufman. Leur projet étoit
de joüir de quelques jours de repos dans la Capitale.
Dragut brûloit d'impatience d'abjurer le Mahometif-
me , & de rentrer dans le fein de l'Eglife. Il leur promit qu'il n'auroit pas plûtôt appaifé par ce devoir les
remords dont-il étoit déchiré , qu'il fe rembarqueroit
avec eux pour Gennes. Ils eurent bien-tôt perdu de
vûë le Rivage de Biferte , & fe croïant en fûreté , ils
ne fongerent plus qu'à leur félicité. Ils s'inftruifirent de
leurs avantures. Il eft plus aifé d'imaginer leur fatif-
faction que de l'écrire.

Léalde & Rofalinde regardoient leur réünion comme un fonge après une fi longue féparation. Ils s'é-
toient pleurés comme morts , & ils craignoient que le
bonheur de fe revoir ne fût l'effet de l'impofture de
leurs fens. Léalde avoit déja appris de Dragut (que
je ne nommerai à l'avenir que Gufman) tout ce qui
étoit arrivé à Rofalinde ; mais Rofalinde ignoroit encore quel avoit été le fort de Léalde pendant fon abfence , elle le pria de lui faire part des accidens d'une
vie à laquelle elle prenoit un interêt fi tendre , il lui
obéït , & fe tournant vers Gufman.

„ Vous devez vous reffouvenir , lui dit-il , de l'état
„ où vous me laifsâtes lorfqu'allant avec vous retirer
„ du défert ce que j'ai de plus cher au monde , je fus
„ fait efclave par des Algériens ; mais ce que vous vî-

tes de ma douleur, n'étoit rien en comparaison de ce "
que je reſſentis lorſque la Galére où j'étois s'éloigna "
du Rivage, & m'arracha à toutes mes eſperances. "
Je reffuſai toute nourriture, & ne pris aucun re- "
pos. En peu de jours mes forces m'abandonnerent, "
j'étois prêt d'expirer. On ne peut concevoir la du- "
reté avec laquelle je fus traité par les Barbares, ils "
m'enleverent le peu de bijoux qui m'étoit reſté après "
nôtre nauffrage, & ils me laiſſerent ſur une paillaſſe "
avec un peu de biſcuit moiſi & un ſceau d'eau puante. "
Enfin un matin que faute d'aliment, & par l'excès "
de mon affliction je perdis connoiſſance, ils me cru- "
rent mort & me jetterent à la Mer. "

La fraîcheur de l'eau me fit revenir, & j'appellai "
à mon ſecours ; mais la Galére voguoit à toutes ra- "
mes & étoit déja aſſez loin. Les Corſaires ne m'en- "
tendirent pas, ou feignirent de ne me pas entendre. "
Le Ciel m'écouta. Je vis un écüeil près de moy, & "
j'employai le reſte de mes forces pour y monter ; j'y "
parvins. Infirme, ſeul, ſans ſecours, affligé, ſur un "
Rocher au milieu des Flots, je ſouhaittai cent fois "
la mort à laquelle je venois d'échapper ; & en effet, "
belle Roſalinde pouvois-je déſirer une vie que je de- "
vois paſſer ſans vous ? Je demeurai tout le reſte du "
jour ſur le Rocher. Sur le ſoir j'apperçus les Galéres "
de Tunis, je levai les bras & demandai qu'on me "
vînt prendre. Le Bacha y étoit lui même, & il en- "
voya une Chaloupe pour me recevoir. Je l'inſtrui- "
ſis de mes malheurs, il en fut attendri, il me con- "

„ fola & m'engagea à prendre quelque nourriture.
„ Ma fanté revint en peu de jours , mais non pas ma
„ gayeté naturelle. Je plus cependant au Bacha, je ne
„ fçais comment dans la profonde triftesse où j'étois
„ plongé. Il ne fouffrit pas qu'on me remît à la Ra-
„ me , ni qu'on me chargeât de fers. Je n'eus à por-
„ ter que le Collier que vous m'avez vû pour toute
„ marque de mon Efclavage , & il m'admit au rang
„ de fes plus intimes confidens.

„ Jaloux de me conferver , il ne me permettoit
„ jamais de m'éloigner de lui pour long-tems. Toû-
„ jours occupé à fon fervice , tout commerce avec les
„ étrangers m'étoit interdit , & je n'aurois eu aucune
„ nouvelle de vous , ma chere Rofalinde , fi le Ciel en
„ ordonnant le mariage du Prince Machmet avec Eu-
„ dore , n'eût infpiré à mon Maître le deffein de condui-
„ re lui-même fa fille à Tunis. Je ne fuis pas plûtôt
„ arrivé dans cette Cour que le bruit de vôtre beauté
„ & de vôtre vertu eft parvenu jufques à moy. J'ay
„ refifté d'abord à l'efperance que ce fût vous même.
„ Je vous ay vûë , ô Ciel quel moment ! Je ferois
„ mort de l'excès de ma joye , fi la certitude que j'eus
„ en même tems que vous étiez deftinée au Sultan
„ n'eût moderé mes tranfports. Je pris dans le même
„ inftant la réfolution de vous délivrer ou de périr.
„ Je ne me fis point connoître à vous, pour me cacher
„ à tous les autres. Je diffimulai pour mieux conduire
„ mes projets , & plus d'une fois je me fuis fouftrait à
„ vos regards avec une violence que je ne peux expri-

mer.

mer. Léandre a été le premier auquel je me suis ou- "
vert, Guſman a conduit le reſte, & nous lui de- "
vons la vie & la liberté. "

Voilà belle Roſalinde l'hiſtoire de mes malheurs. "
Puiſſe nôtre ſort changer de face, & que les maux "
que vous venez d'entendre ſoient les derniers que "
nous aïons à ſouffrir. "

Le récit de Léalde fut pendant quelque tems la matiére de la converſation générale. Cependant le Vaiſſeau fendoit les Flots avec un vent favorable, lorſqu'ils découvrirent une Armée navale qui faiſoit route au Levant. Ils voulurent vainement en éviter la
rencontre. On les envoïa reconnoître, & il fallut
amener le Pavillon. C'étoit la Flotte d'Alger qui alloit
en Candie en exécution des ordres du Grand-Seigneur,
qu'Amurat ſon Envoïé avoit porté dans toute la Barbarie. Amurat étoit lui-même ſur cette Flotte, &
ayant appris que le Vaiſſeau de Tunis étoit commandé
par le Renegat Dragut, & qu'il portoit quelques jeunes gens armés, & trois Femmes dont une étoit d'u-
ne beauté merveilleuſe, il les fit tous paſſer ſur ſon
bord. Il reconnut Roſalinde dont l'image étoit gravée
trop profondément dans ſon ame. Le barbare fut
tranſporté de joye, mais il eut l'art de la diſſimuler.
Il interrogea Dragut, & lui demanda d'où il étoit
parti, & par quelle raiſon il le trouvoit dans ces
Mers. Dragut lui répondit qu'il étoit ſorti de Tunis
la nuit précédente, qu'il alloit par les ordres du Dey
ſur les Côtes des Puiſſances Chrétiennes pour eſpier

Z

leurs mouvemens dans les circonſtances de la Guerre, & que ſon Maître lui avoit commandé de le venir rejoindre dans deux mois en Candie & même plûtôt, s'il le pouvoit.

Pour rendre cette réponſe plus apparente, Dragut ajoûta, que le Dey avoit cru faire ſa Cour au Grand-Seigneur par cette précaution, & qu'il l'avoit chargé de cette commiſſion par préference, parce que ſçachant parler Italien & Eſpagnol, il étoit plus à portée d'établir des correſpondances, & d'être inſtruit ; que quoi qu'étranger il avoit rendu à ſon Maître des ſervices qui ne lui permettoient pas de ſoupçonner ſa fidélité, qu'il en avoit d'ailleurs laiſſé pour garands à Tunis ſa femme, ſa maiſon & ſes richeſſes. Que pour mieux tromper les Chrêtiens, ſon deſſein étoit de feindre de revenir parmi eux avec ceux qui étoient à ſa ſuite, & particulierement les trois belles Eſclaves dont-il comptoit ſe ſervir utilement.

Amurat auroit été trompé par ce diſcours adroit, s'il n'eut fait refléxion qu'il étoit contre la vrai-ſemblance que le Dey eût confié ſon ſecret à des femmes, & qu'il eût voulu ſe ſéparer d'une Eſclave ſur laquelle il fondoit de grands projets. Il rêva quelques momens, & répondant à Dragut.

„ Renegat, lui dit-il, je crois reconnoître l'impoſ-
„ ture ſur ton front, & ce voyage, que tu feins par-
„ mi les Chrêtiens, n'a que trop l'air d'une déſertion
„ réelle. Je devrois envoyer à Tunis pour m'en éclair-
„ cir, & punir par ta mort un menſonge impudent ;

mais il faudroit m’arrêter dans ma courſe , & l’im- “
portance du ſecours que je conduis ne me le permet “
pas. J’aime mieux te croire que de riſquer de man- “
quer au ſervice de Sa Hauteſſe. “

Léalde reſpira à ce diſcours , Roſalinde reprit des
couleurs , & tous les autres ſentirent le calme de retour dans leur ame. Dragut ſe proſterna devant Amurat en lui renouvellant mille proteſtations de ſincérité ; mais que cette joïe fut courte lors qu’Amurat
continua de parler !

Il eſt certain que ces trois femmes peuvent plûtôt “
nuire à tes deſſeins que te ſervir. Je les veux garder “
pour gages de ta foy , & tu peux compter que ſi “
tu reviens dans deux mois , comme tu l’aſſûres , “
elles te feront renduës telles que tu me les remets. Mais “
ſi tu n’es qu’un perfide , je jure par le Prophête que le “
terme que je te laiſſe ſera celui de leur vie ; elles pé- “
riront victimes de ta trahiſon , rien ne me fera chan- “
ger , tu peux partir à cette condition. “

Nos Amans demeurerent immobiles à ces paroles
foudroïantes. Les regards de Léalde & de Roſalinde
ſe rencontrerent. Ils crurent entendre l’Arrêt de leur
mort. En vain Léalde s’offrit-il de demeurer priſon-
nier au lieu de la belle Eſclave , ou au moins de l’accompagner , en vain Léandre demanda-t’il la même
grace , en vain Dragut ſe jetta-t’il aux pieds du Barbare , rien ne put émouvoir le farouche Amurat. Il ne
daigna pas même les entendre , & les quittant avec
mépris il leur ordonna de partir ſur le champ , s’ils ne

vouloient éprouver fa colére. Il fallut obéïr, Amurat continua fa route.

Que deviendra l'infortuné Léalde? Comment pourra-t'il vivre fans Rofalinde ? Il ne lui refte aucune efperance de la revoir. * Ils regardoient triftement la Flotte d'Alger qui s'éloignoit & emportoit tout ce qu'ils avoient de plus cher. Enfin Gufman comme le plus avancé en âge prit la parole, „ ne défefperons „ point mes chers amis, s'écria-t'il. Nôtre défefpoir „ peut-il être utile à ces belles captives ? Suivons nô- „ tre route, & que nôtre courage nous ferve à foû- „ tenir & à furmonter nos malheurs. †

Tous fe joignirent pour confoler Léalde & Léandre : il feroit impoffible de peindre leur douleur. Cependant après quelques momens l'efperance fit fur leur cœur fon effet ordinaire, & ils fe trouverent au moins en état de prendre un parti. Ils éxaminerent tout, & la réfolution générale fut de paffer en Italie, de s'y informer des fuccès de la Guerre en Candie, pour trouver quelque prétexte d'y aller, & de périr s'ils ne pouvoient récouvrer les Captives. Gufman promit de ne les abandonner jamais quelque que fût leur fortune. Dans ce deffein ils aborderent à Maïorque. ¶

* *J'ay retranché de cette exclamation.*

† *Cet endroit eft abregé de près de deux pages, Léalde fait des jeremiades Italiennes, & dit à fon cœur ce que j'ay mis dans la bouche de Dragut.*

¶ *J'ay retranché quelques lignes inutiles.*

FIN DU CINQUIE'ME LIVRE.

LA ROSALINDE

IMITÉE

DE L'ITALIEN,

LIVRE SIXIÉME.

LE barbare Amurat se crut au comble de la félicité lorsqu'il vit Rosalinde en sa puissance. Il mit d'abord en usage toutes sortes de bons traittemens, ses discours étoient pleins d'interêt pour elle, & par cette douceur affectée il espera de s'ouvrir le chemin de son cœur. Mais Rosalinde se trouvant de nouveau séparée de son cher Léalde, & esclave une seconde fois, méprisoit sa vie, & n'écoutoit aucune consolation. Elle frémissoit d'horreur de se voir entre les mains d'Amurat qui n'avoit que des passions violentes, & qui ne lui avoit que trop fait connoître celle qu'elle avoit fait naître dans son ame à Tunis. Elle étoit au désespoir, & ses yeux versoient de torrens de larmes. Le Turc n'ignoroit pas l'extrême confiance que la belle Esclave avoit pour Violente ; il s'imagina qu'elle pouvoit lui être utile, & il lui découvrit en secret son amour. Il s'abaissa jusques à la priere pour l'engager à le servir dans ses transports, il offrit de devenir époux légitime, & ses

offres furent accompagnées des promeſſes les plus ſé-
duiſantes.

Violente n'étoit pas ſuſceptible d'être tentée. Elle
prétexta ſes refus ſur ce que le Dey ſon maître avoit
deſtiné Roſalinde aux plaiſirs du Sultan, & par cette
conſideration elle tâcha de guerir l'Aga des Janiſſaires
d'un amour dont-elle lui repréſenta les conſéquences.
Mais les difficultés ont-elles le pouvoir de rebuter les
Amans ? Elles ne font au contraire qu'allumer leurs
déſirs en les irritant, il en fut ainſi d'Amurat. Reſolu
de ſe ſatisfaire, & dépoüillant une douceur dont-il
connut bien-tôt qu'il ne devoit rien eſperer, il reprit ſa ferocité naturelle ; il menaça d'en venir à la
violence, & d'enlever par la force ce qu'on ne voudroit pas accorder à ſon amour. Il jura par le Prophête
de faire ſon Eſclave & ſa Concubine, de celle qu'il
avoit deſtinée à l'honneur de recevoir ſa main ſi elle lui
réſiſtoit plus long-tems, & dans ſa fureur il déclara
qu'il feroit étrangler Violente ſi dans ce même jour elle
ne diſpoſoit ſa fille à contenter ſa brutalité.

Roſalinde n'auroit pas héſité à ſacrifier mille fois
ſa vie plûtôt que de ſe livrer à un Barbare, & la gé-
néreuſe Violente la ſoûtenoit dans ces ſentimens. Le
terme étoit court ; la fidéle Nourrice ſentit que c'é-
toit porter la fureur d'Amurat aux derniers excès que
de le contredire abſolument ; l'artifice lui parut permis pour la défenſe de la vertu, elle demanda un moment d'entretien avec ſa fille pour la perſuader.

En lui portant cette affreuſe nouvelle, elle la remplit d'effroy. Elles ne firent ufage du temps qu'il leur fut permis d'être enfemble que pour implorer le fecours du Ciel. Enfin il fallut retourner vers l'Amant furieux, & la réponfe de Violente fut, qu'elle auroit efperé de faire confentir Rofalinde aux défirs d'Amurat, s'ils euffent été moins précipités ; que la belle Efclave étoit trop affligée de fa nouvelle féparation d'avec fon frere, & de fa captivité, pour ne pas craindre qu'elle fe portât au défefpoir fi on la preffoit plus vivement, & que trois jours au moins étoient néceffaires pour la déterminer à des fentimens plus doux.

Elle ne demanda pas un plus long délay, parce qu'en effet elle l'auroit demandé en vain. Ce ne fut qu'avec peine qu'elle l'obtint, & fous la condition que pendant ce même tems Rofalinde n'éviteroit point la préfence du Turc, & que par fa vûë elle adouciroit l'ennui de fon impatience. Quelque dure que fût cette loy, il fallut s'y foûmettre.

Ainfi Rofalinde toûjours en préfence de Dorifbe & de Violente fe vit dans la néceffité de chercher à plaire à l'Amant le plus odieux. Il falloit l'adoucir ; elle y travailla ; mais ce fut fans baffeffe, & au milieu des fers, elle fçut conferver une noble fierté. Elle fe ménagea avec tant de délicateffe, que fans lui laiffer prendre trop d'efperance qui eût entretenu fon amour, elle ne le jetta point auffi dans un défefpoir qui l'eût porté jufques à la rage. Les momens qu'elle ne donnoit point à Amurat étoient donnez aux foûpirs & aux larmes.

Le troisiéme jour étoit prêt d'expirer, sans qu'il eût pu s'appercevoir d'aucun changement dans Rosalinde. Il crut entrevoir au contraire qu'elle consentiroit plûtôt à mourir qu'à le contenter. * Il fit appeller Violente. " Ta Fille se trompe, lui dit-il, si elle ima-
„ gine que mon intention soit de lui faire outrage;
„ ma main n'est pas à dédaigner, & en s'unissant à
„ moi, elle s'afsûre un appui dans ses infortunes. Le
„ tems approche où j'ai droit de demander une répon-
„ se. Songes à la préparer à me prendre demain ma-
„ tin pour époux, ou prépares toy, toi-même, au plus
„ affreux supplice. „ A ces mots il se retira.

La nuit se passa à pleurer entre les trois affligées. Enfin le Ciel sembla leur inspirer le parti qu'elles avoient à prendre. Violente dez le point du jour entra dans la chambre du Bassa, & se jettant à ses pieds les yeux remplis de larmes. " Seigneur, lui dit-elle,
„ je t'amene ta victime, si tu es insensible à la pitié.
„ Mais si tu es aussi généreux que grand, suspens pour
„ quelques momens tes désirs & ton courroux. Je vi-
„ vrai, tu seras content, & Rosalinde sera heureu-
„ se. J'ay tout tenté pour la porter à te satisfaire,
„ elle a méprisé mes larmes, elle a resisté même à la
„ frayeur de la mort. J'ay fait enfin cette nuit un
„ dernier effort, il n'a pas été inutile. Elle se donne-
„ ra à toy ; mais la Loy que nous suivons éxige des
„ Vierges qui se marient un jour de préparations, je

viens

---

* J'ay retranché cinq pages de cet endroit, Amurat fait chanter Rosalinde, qui par une Chanson mysterieuse fait entendre qu'elle préferoit la mort à son dès-honneur. Le barbare s'en offense, & envoye chercher Violente.

viens te le demander. Ce n'eſt qu'un jour , & ſi tu "
l'aimes comme tu le dis , tu ne peux lui refuſer un "
délay qui la mettra avec ſatisfaction dans tes bras. "
Autrement tu peux me livrer aux tourmens ; Je "
mourray , mais ſa mort ſuivra de près la mienne "
plûtôt que de te rendre heureux. Choiſis. Le terme "
eſt court , la promeſſe eſt infaillible , l'effet en eſt "
ſûr. "

La fidéle Nourrice ne parloit que pour gagner du
tems ; le Baſſa ne pouvoit s'y méprendre ; mais il
étoit plus amoureux encore que violent. Ce fut avec
une peine extrême qu'il conſentit à différer ſes plaiſirs,
& avec ſerment que ce jour ſeroit le dernier qu'il ac-
corderoit.

Il ne vit point Roſalinde pendant les vingt-quatre
heures ; elle s'enferma avec ſes compagnes ſous prétexte des cérémonies qu'elle avoit à remplir. Le jour
expiroit ſans qu'elles euſſent encore pris aucune réſolution. Roſalinde tira Violente à l'écart , & lui parla
en ces termes.

Ne crois pas , ma chere Violente , que la crain- "
te du trépas ait aucun pouvoir ſur mon ame. Dans "
l'état déplorable où je ſuis , l'éxemple des Lucréces "
& des Sophronies n'a rien d'affreux pour moy. Mais "
la Loy du vray Dieu n'a pas mis nôtre vie en nos "
mains , & quoy qu'elle nous ſoit moins chere que "
nôtre honneur , il ne nous eſt pas permis de nous "
donner à nous-mêmes la mort pour le conſerver. Il "
n'en eſt pas de même des appas dont il lui a plû de "

„ nous embellir. Ces appas ont été jufques à préfent
„ un préfent bien funefte pour moy , & j'ay le cou-
„ rage d'y renoncer pour fauver mon innocence. Don-
„ nes-moy donc un fer brûlant ma chére Violente,
„ que je détruife cette beauté qui a porté des feux fi
„ infolens dans le cœur du barbare Amurat. Ven-
„ geons-nous , en le privant d'un bien dont il attend
„ la poffeffion avec tant d'impatience , fans ceffer d'ê-
„ tre, je ne feray plus pour lui. Periffent des charmes
„ criminels , puifqu'ils produifent des effets fi funef-
„ tes. *

Violente frémit d'une réfolution fi magnanime,
mais elle ne l'approuva pas.

„ † Vôtre courage vous abufe ma fille , répondit-
„ elle, ces attraits que vous voulez détruire font-ils à
„ vous ? Ne font-ils pas à Léalde , & pouvez-vous
„ en difpofer fans fon confentement ? Vous offenfez
„ le ferment qui vous donne à lui. Laiffez au Ciel le
„ foin de vôtre fort , fiez-vous à fes décrets fuprêmes,
„ & ne doutez pas de fa puiffance. Rofalinde , c'eft le
„ feul parti ; je vous plains , & je vous admire.

* J'ay changé totalement ce difcours de Rofalinde qui tient trois pages dans
l'Original. Elle fait de grandes difgreffions fur les exemples des Femmes qui
ont préferé la mort à leur dés-honneur, & elle ne fe détermine que fur
l'exemple de Religieufes prêtes à être violées dans le fac d'une Ville. Elle en
conte longuement l'Hiftoire, & n'a pas le mérite d'imaginer le parti qu'elle
prend. Je crois avoir annobli cet endroit en l'abregeant. Tout en eft prefque
de moy.

† J'ay encore retranché de cette réponfe. Violente veut perfuader à Rofalinde qu'elle ne fera point déshonnorée fi Amurat la viole , pourveu qu'elle n'y
confente pas. Ce quiétifme eft paffablement ridicule.

Déja le jour commençoit à paroître. Oh miracle ! Amurat qui pendant toute la nuit ne s'étoit occupé que de l'idée des plaisirs qu'il défiroit avec tant d'emportement, se trouva le lendemain attaqué d'une fiévre violente. Le mal étoit perilleux dans sa naissance, il fut suivi d'accidens qui firent craindre pour la vie du Bassa, & il étoit encore en danger lorsqu'ils arriverent en Candie.*

A peine eurent-ils pris terre que la maladie sembla donner quelque relâche, mais la fiévre subsistoit toûjours, & si Amurat devint plus moderé, cet adoucissement n'étoit dû qu'à sa foiblesse. Ils apprirent que le Capitan Général Selictar Aga s'étoit campé sous la Canée après avoir enlevé le Fort de Saint Théodore. On leur raconta l'action mémorable à jamais de Biaggio Juliani natif d'Istrie, qui en défendant le Fort s'étoit fait sauter plûtôt que de le rendre, & avoit envelopé quatre mille Turcs dans sa perte. Amurat vit par lui-même avec quelle valeur les Venitiens défendoient leurs Ramparts, & parce que sa maladie ne lui permettoit pas de sortir, le Général & Isay Assan Bassa d'Albanie & Beglierby de Romanie vinrent dans sa Tente. Ils y tinrent un conseil de Guerre dont le resultat fut, de pousser plus vivement le Siége avec le secours d'Alger & les Trouppes qu'on attendoit tous les jours de Constantinople, d'Egypte, de Tripoly & de Tunis.

---

* *J'ay encore retranché une page & demie. Rosalinde ne sçachant plus que faire va trouver le Bassa, elle lui fait toutes sortes de coquetteries & obtient contre toute vraisemblance un nouveau délay d'un jour. Je crois avoir bien fait de supprimer ces impertinences.*

Mais Amurat étoit moins inquiet du fuccès de la Guerre que de celui de fon amour. Sa langueur augmentoit tous les jours, & cependant fes défirs fembloient prendre des forces nouvelles. Il ne goûtoit aucun repos. *

Enfin la fiévre venant à fe calmer, il ne fut plus le maître de refifter à la violence de la paffion dont il étoit agité. Il fit venir devant lui les trois Efclaves, Dorifbe & Violente furent bien-tôt renvoyées, & Rofalinde fe trouva feule avec lui. Il eut d'abord recours pour la faire confentir à le fatisfaire aux foumiffions, aux promeffes, aux larmes mêmes, & à tout ce que l'amour peut infpirer de plus tendre; mais Rofalinde l'écoutant avec mépris, n'en fut pas plus émûë que l'eft un Rocher battu de la tempête. Il n'en fallut pas davantage pour porter le barbare jufques à la fureur, & ramaffant le peu de forces que fa maladie lui avoit laiffé, il voulut fe faifir de fon Efclave. Rofalinde fe voyant réduite à cette extrêmité devint courageufe au milieu du péril, elle s'arracha des bras du témeraire pleine d'une intrepidité au-deffus de fon fexe, elle tira un Poignard qu'elle tenoit caché, & d'une voix hardie, " ce fer, dit-elle, va te percer le cœur fi „ tu ofes m'approcher ; Barbare Scythe, Tyran in- „ digne, apprends à refpecter ma nobleffe, toute ef- „ clave que je fuis. † A ces mots elle remplit la Tente de fes cris, & continua de fe défendre.

* *J'ay retranché bien des* Concetti *en cet endroit.*

† *J'ay changé quelque chofe.*

Les Domeſtiques d'Amurat accoururent au bruit. Honteux de ſe voir ſurpris, étonné du courage de Roſalinde, le farouche Turc paſſa en un inſtant de l'amour à la haine. Il ordonna qu'elle fût chargée de fers avec ſes deux compagnes, & que la nuit d'après on leur coupât la tête ; mais il voulut colorer cette barbarie par un prétexte, & intereſſer juſques à la juſtice même dans un ordre ſi ſanguinaire.

Le terme de deux mois qu'il avoit preſcrit à Dragut pour ſon retour & pour la vie des trois Eſclaves, étoit prêt de finir ; il feignit d'être forcé par ſon ſerment à ſacrifier malgré lui ces trois Victimes. Il crut trouver dans cette raiſon de quoi ſe mettre à couvert contre les reproches du Sultan & du Dey ; mais effectivement l'amour lui-même fut l'auteur du prétexte. Il s'en falloit encore un jour que le délay ne fut rempli ; Amurat affecta de ſe faire un ſcrupule de violer pour ſi peu de tems ſon ſerment, la mort de Roſalinde fut différée de ce jour, & ce ne fut que le lendemain que le fatal Arrêt en fut confirmé, faute par Dragut & Léalde de s'être repréſentez.

Ils étoient arrivez, comme nous l'avons dit, dans l'Iſle de Maïorque, & Dragut s'étant fait reconnoître dans la Capitale à ſa famille pour Guſman, en avoit été cherement reçû. Le premier devoir qu'il y remplit fut d'abjurer en pleurant aux pieds des Autels l'impieté de ſon Apoſtaſie, & de ſe reconcilier avec l'Egliſe. *

* *J'ay ſuprimé quelque choſe en cet endroit.*

Léalde fatigué d'une longue navigation, & accablé par l'excès de fa douleur, ne fut pas plûtôt dans la Ville qu'il tomba dangereufement malade. Guſman ne le laiſſa manquer d'aucun ſecours; mais que ſervent les ſecours, lorſqu'il manque celui de l'eſpérance ? Le terme de deux mois preſcrit pour la liberté ou la mort de Roſalinde étoit bien court, le malheureux Amant ne prenoit aucun repos, chaque jour étoit un nouveau ſujet d'affliction, & les Medecins voïoient avec étonnement le mal augmenter malgré les remédes. Guſman ne pouvoit quitter ſon Ami, Léandre auſſi intereſſé par l'amour & par l'amitié, & moins utile à Maïorque, offrit de faire ſeul ce qu'ils avoient réſolu d'exécuter tous trois enſemble.

Sa propoſition fut acceptée, & ils conclurent qu'il s'embarqueroit ſur un Vaiſſeau venu nouvellement de Carthagene, & qui dans deux jours devoit prendre la route d'Italie. Qu'il ſe tranſporteroit à Gennes pour chercher Theodoſe, & l'inſtruire de leurs avantures; que par ſon moïen & ſes conſeils il tâcheroit d'apprendre quelques nouvelles dont ils puſſent informer Amurat, ſans porter aucun préjudice aux interêts de la Chrétienté. Que de Gennes il paſſeroit à Meſſine avec des lettres de recommandation de Théodoſe pour Ormando noble Meſſinois leur parent & plus encore leur ami, & qu'il falloit qu'il y fût rendu avant le 1ᵉʳ d'Août, s'il étoit poſſible. Léalde & Guſman comptoient d'y paſſer eux-mêmes en droiture dans le même tems & peut-être plûtôt. Ces meſures étoient juſtes, le délay preſcrit par Amurat ne finiſſoit qu'au 25. du même mois, & du 1ᵉʳ au 25. ils avoient autant de tems qu'il leur en falloit pour joindre l'Armée des Turcs en Candie ſur la Flûte de Dragut. Leandre partit avec une lettre de Léalde pour ſon pere. *

Son départ procura à ſes amis quelque conſolation par la confiance qu'ils avoient en ſon zéle. Mais le Malade n'en reçut aucun ſoulagement; la fiévre au contraire s'obſtina & devint continuë, & elle ſubſiſtoit encore à la fin de Juillet. Léalde outré de douleur voulut abſolument partir quoiqu'il ne fût pas encore rétabli. Dragut y conſentit par néceſſité. La Flûte fut armée, elle arbora le Pavillon Chrétien; mais elle en conſerva de Turcs pour le beſoin.

Il ne leur fallut que peu de tems pour ſe rendre à Meſſine, le vent leur fut favorable. Cependant quelque diligence qu'ils puſſent faire il étoit le 4. d'Août. Ils allerent chez Ormando, & n'y trouvant point Leandre, Léalde fut obligé de ſe faire connoître pour parent. Ormando les reçut avec l'accuëil le plus aimable. Il s'intereſſa dans leurs malheurs, & leur fit offre de tout ce qui dépendoit de lui. Ils parlerent de leur voïage de Candie, il les aida de ſes conſeils & les pourvut d'un Pilote expérimenté dans la navigation de ces Mers. Léalde brûloit d'impatience de ſe rembarquer, un jour leur étoit précieux, & il ne voulut pas l'accorder aux inſtances d'Ormando qui le vouloit retenir. †

* *J'ay abregé cet endroit.*

† *J'ay retranché quelque choſe.*

Ils, partirent fur la même Flûte. Leur Navigation fut heureufe pendant les premiers jours; mais prefque fur la fin de leur courfe, ils effuïerent une grande tempête qui leur fit perdre leur route, & les obligea de s'abandonner à la furie des flots.

Le calme revint & leur permit de reconnoître qu'ils étoient à la vûë de Rhodes. Ce fut une néceffité de débarquer pour radouber le Navire qui avoit été endommagé par l'orage. Il ne leur fut pas difficile de paffer pour Barbarefques. La langue Maure leur étoit familiere, la conftruction du Vaiffeau aidoit cette feinte, & d'ailleurs dans le tems qu'ils mettoient pied à terre, Dragut fut reconnu par un Habitant de l'Ifle nommé Blumazar qu'il avoit vû à Tunis, & avec lequel il avoit lié une étroite amitié. Ce Rhodien courut à leur rencontre, & tranfporté de joïe, il ne leur permit pas de prendre de logement ailleurs que chez lui.

Dragut avoit affez éprouvé la fidélité de Blumazar pour avoir en lui toute confiance, & ne lui cachant que ce qui concernoit fon changement de Réligion, il ne craignit point de lui découvrir que le fujet de leur voïage étoit de tirer les trois captives des mains d'Amurat, & que Rofalinde étoit l'époufe & l'amante de Léalde. Il lui demanda fon affiftance & fes confeils. Le Rhodien leur promit de les fervir dans leurs projets. Il leur apprit que l'Armée étoit toute entiere occupée au Siége de la Canée qu'elle preffoit avec la derniere vigueur, & qu'ils y trouveroient

certainement

certainement Amurat. Son avis fut qu'ils devoient s'embarquer tous les deux feuls fur des Vaiffeaux qui mettroient à la voile la nuit fuivante pour porter des vivres au Camp, & laiffer leur Flûte avec fon équipage, parce que s'ils la menoient, on ne manqueroit pas de s'en emparer pour le fervice du Siége. Il s'engagea de les récommander à un des Capitaines qui étoit fon ami intime, & qui non feulement leur procureroit dans la traverfée toute forte de commoditez, mais même leur faciliteroit les moyens de ramener les trois Captives fur les Vaiffeaux de charge, qui de Rhodes en Candie alloient & revenoient continuellement pour les munitions. Enfin il leur dit qu'à leur retour ils trouveroient la Flûte radoubée par fes foins & en état de les repaffer à Tunis, comme ils lui avoient fait entendre que c'étoit leur deffein.

Ils fe rendirent d'autant plus volontiers à cet avis, que la Flûte ne pouvoit de quelques jours être reparée, & que les deux mois étoient déja expirés du jour précedent. Léalde s'abandonnoit prefque au défefpoir; mais Gufman le confoloit en l'affûrant qu'Amurat n'avoit eu en vûë que de les épouvanter. Il n'en étoit pas moins inquiet au fonds de fon ame. Il avoit trop eu de commerce avec les Barbares, pour ne pas fçavoir qu'ils font auffi ponctuels à remplir leurs fermens qu'ils font cruels à les faire. Ils s'embarquerent le même foir fur le Vaiffeau que commandoit l'ami de Blumazar, ils lui furent extrêmement recommandés, & vers les deux heures de nuit l'Ancre fut levée. Léalde pour goûter le frais, & plus encore pour chercher la folitude & ne s'entretenir que de fes ennuis, fe mit fur l'arriére près du Gouvernail.

Occupé uniquement du péril de Rofalinde dépuis l'expiration du terme prefcrit par Amurat, il étoit abîmé dans la triftefle la plus profonde, lorfqu'au fortir du Port & côtoyant une petite Ifle peu éloignée du Rivage, & fur laquelle on voïoit les reftes d'une ancienne Tour magnifique, au milieu du filence de la nuit, ces fons douloureux vinrent frapper fes oreilles.

„ O Léalde, Léalde, Rofalinde fe meurt, & tu ne „ peux recevoir fes derniers foûpirs. Elle meurt de dou- „ leur d'être féparée de toy. Cher Léalde nous ne „ vous verrons plus. *

Frappé par ces lugubres accens, Léalde fortit en furfault de fa rêverie; mais il ne prit ce qu'il venoit d'entendre que pour un prodige qui lui annonçoit la mort de Rofalinde. Il crut que fon ombre infortunée le fuivoit, & peu s'en fallut qu'il ne fe précipitât dans la Mer ayant perdu tout fentiment. Le Pilote le retint, & Gufman étant accouru, à force de foins on le rendit à la vie. Ce ne fut qu'en foûpirant qu'il reprit fes efprits. Gufman inftruit de l'excès de fa douleur, n'attribuoit cet accident qu'à l'illufion d'une imagination prévenuë par la crainte, mais le Pilote fans avoir retenu des noms aufquels il ne prenoit aucun intérêt, afsûra avoir entendu la même voix. Il

---

* *Cecy eft en Vers dans l'Original.*

n'en fallut pas davantage pour confirmer le malheureux Amant dans ses allarmes. Toûjours les mêmes
sons frappoient ses oreilles & redoubloient sa terreur,
& il eut besoin de tous les efforts de son courage
pour être susceptible de quelque consolation.

Cependant le Vaisseau s'éloignoit avec un vent favorable, & les porta en très peu de tems en Candie
au Camp des Turcs. Ils ne différérent pas d'un instant à chercher la Tente d'Amurat, l'audiance leur
fut accordée, & Dragut lui parla en ces termes.

Tu vois Dragut esclave du Dey de Tunis. Je pa- "
rois grand Bassa à tes pieds avant de me montrer à "
mon Maître. J'obéïs à tes ordres en venant t'instrui- "
re de mes découvertes, & je te demande l'exécu- "
tion de ta parole par la restitution des Esclaves que "
tu m'as enlevées dépuis deux mois pour gage de ma "
fidélité. "

Amurat ne lui répondit pas d'abord, & le tirant
à l'écart lui ordonna seulement de lui rendre compte
de son voïage. Gusman rassemblant tout ce qu'il
avoit appris à Maïorque, à Messine & à Rhodes,
lui dit que les Flottes de France & d'Espagne étoient
prêtes à sortir des Ports de ces deux Royaumes. Son
dessein étoit d'épouvanter les Turcs par cette nouvelle, & l'interêt de la Chrétienté lui fit cacher que
ces grands armemens étoient pour les affaires d'Italie. Il ajoûta que les Venitiens préparoient aussi leurs
forces maritimes, que les Hollandois leur fournissoient des Vaisseaux, qu'il n'épargnoient point la dé-

penſe , & que tous les Princes d'Italie entroient dans leur querelle. Que toute l'Europe étoit en négociation, que les Vaiſſeaux du Pape partoient déja pour ſe join- dre à l'Eſcadre de Malthe , enfin il entra juſques dans le détail du nombre de Voiles & de Troupes que chaque Puiſſance pouvoit mettre en Mer. *

Pendant le récit de Guſman le Baſſa par un ſigne de tête montroit quelque fois qu'il n'en faiſoit que peu de cas. Léalde étudioit avec attention juſques au moindre geſte. Le Barbare marqua ouvertement combien il mépriſoit ce qu'il venoit d'entendre par cette réponſe.

„ Tu ne rapportes rien Dragut qui ſoit ignoré du „ moindre de nos Janiſſaires , & tu mériterois plûtôt „ punition que récompenſe d'un voïage ſi infructueux. „ Je ne laiſſerois pas cependant de te rendre tes Eſcla- „ ves , s'il étoit en mon pouvoir de te ſatisfaire. Tu „ dois ſçavoir avec quelle fidélité les Turcs exécutent „ leur parole. Reſſouviens toy du terme que j'ay preſ- „ crit à ton retour & à leur vie. J'ay été plus éxact „ que toy. Le dernier jour expiré je leur ay fait tran- „ cher la tête , ainſi l'ordonnoient la Loy du Prophê- „ te & la rigueur de mon ſerment. Imputes-toy leur „ mort & ta pareſſe , & reprends tout ce qui me reſ- „ te à te reſtituer. A ces mots il ſortit & leur fit déli- „ vrer des habits enſanglantés & une partie des hardes „ des trois infortunées.

Guſman frémit à cet objet barbare. Quel coup de

* J'ay abregé cet endroit.

foudre pour Léalde ? Je n'entreprends point d'exprimer sa douleur, que mon Lecteur en juge s'il sçait aimer. Je diray seulement que le discours d'Amurat ne s'accordoit que trop bien avec les cris que Léalde avoit entendus. *

Mais Gusman craignant encore la fureur du Bassa, ne voulut pas s'arrêter plus long-tems dans un lieu si funeste, & faisant un paquet des restes sanglans des trois déplorables victimes, il enleva lui-même son malheureux ami & le porta dans le Vaisseau, qui reprit bien-tôt la route à Rhodes.

Ce ne fut qu'en entrant dans le Port que Léalde revint à lui. Il demanda à voir encore les preuves de son infortune, & les arrosant de ses larmes, il en arracha des yeux des Barbares qui en étoient témoins. †

La nouvelle de la cruauté d'Amurat se répandit dans le Camp des Turcs, elle parvint jusques à Edmond. Nous l'avons laissé passant de Tunis à Alger. D'Alger le Bassa l'avoit envoyé, comme il l'avoit promis, en Candie avec ordre de l'attendre, il y étoit encore demandant avec instance d'être conduit à Constantinople. Amurat ne nioit pas de s'y être engagé, mais il ne se soucioit pas de tenir sa parole. Il l'amusoit chaque jour par une espérance prochaine. Il avoit reconnu le Comte pour son Rival, & si d'un côté la jalousie l'engageoit à se défaire d'un homme

_____

* *J'ay retranché près d'une page d'exclamations Italiennes.*

† *J'ay changé jusques au sens en cet endroit.*

qu'il haïſſoit, de l'autre la crainte que ſon ſecret ne fût découvert à la Porte, l'obligeoit à différer. Ainſi Edmond étoit dans les mêmes lieux que Roſalinde ſans le ſçavoir par les ſoins du Baſſa qui réüſſit à cacher le tréſor qu'il avoit enlevé. *

Il apprit la nouvelle affreuſe de la mort de ce qu'il aimoit. Quelques mépris qu'il eût eſſuïé il en fut abbatu ; mais l'amour privé d'eſpérance perdit bien-tôt toute ſa force dans ſon cœur, & n'y laiſſa qu'une douleur inexprimable. Son voïage à Conſtantinople n'eut plus d'objet, & le trepas étant ſans reméde, il réſolut de retourner dans le Ponant par la premiere occaſion favorable. Il ne vit plus Amurat, & dédaigna de s'addreſſer à lui pour ſon retour. Le ſeul nom de ce Barbare le faiſoit frémir d'horreur. †

Un Vaiſſeau léger dépêché de la Porte par l'Ambaſſadeur de France au Roy ſon Maître, lui offrit bientôt le moïen de repaſſer à Marſeille avec ſûreté. Le Capitaine conſentit à le recevoir avec Fidéle & Quilic ſes deux Domeſtiques, il s'embarqua. Jamais Navigation ne fut moins troublée, & portez par les vents propices, ils arrivérent heureuſement en Provence.

Edmond n'y demeura que quelques jours. Il étoit dans le deſſein de retourner à Gennes, pour y joüir d'un Ciel dont il avoit déjà éprouvé les faveurs, & ſe repoſer des rigueurs que la cruauté des Turcs lui

---

* *Dans l'Original Edmond ſçait qu'il eſt près de Roſalinde, & ne fait rien pour la délivrer.*

† *J'ay retranché quelque choſe de cet endroit.*

avoit fait éprouver. L'argent commençoit à lui manquer. Il dépêcha Fidéle à Paris & enfuite à Londres
pour lui faire de nouvelles remifes, s'informer de l'état
de fes affaires, & du tems où il pourroit efperer fon
rappel. Fidéle prit la pofte pour Paris, Edmond fe
rembarqua pour paffer à Gennes.

Le tems étoit parfaitement beau lorfque le Comte
partit; mais à peine fut-il à la vûë de Monaco, qu'il
fut affailli par une tempête foudaine. Tout l'art des
Matelots devint inutile, la Côte étoit pleine d'écuëils,
le Pilote aïant abandonné le Gouvernail, la Felouque
fut fracaffée, tout périt. *

Un feul échappa à la fureur des Ondes, ce fut Edmond. Ainfi l'ordonna la Providence divine qui prenoit foin de fon falut. Il s'étoit faifi d'une partie du
Mâts qu'un coup de Mer avoit rompu, & faifant ufage de fes forces & de fon courage, il fe foûtenoit en
nageant fur les flots qui avoient conjuré fa perte. L'aube du jour parut & offrit à fes yeux un fpectacle qui
fit couler fes larmes. C'étoit le cadavre de l'infortuné
Quilic qui flottoit encore près de lui. A cet horrible
afpect il perdit prefque fa fermeté & fa vigueur. Environné du Ciel & de la Mer, fans appercevoir la terre d'aucun côté, il n'attendoit plus que la mort, lorfque le fouvenir des graces du Ciel dans les périls aufquels il avoit échappé, & les remords des erreurs de
l'Héréfie dans laquelle il avoit vêcu, vinrent frapper

____

* *J'ay mis en ce peu de mots deux pages de defcription d'une Tempête, il
y en a déja une dans le III. Livre.*

ſon ame. L'exemple des Vertus de Roſalinde & l'éclat de la vérité à laquelle rien ne peut réſiſter, avoient déjà fait naître ces remords ; mais emporté par les mouvemens d'une paſſion plus forte en lui que toute réflexion, la lumiére l'avoit ébloüi ſans l'éclairer, & il l'avoit vûë, ſans daigner la ſuivre. Le moment de la grace étoit arrivé, il ne fut pas plûtot venu qu'il ſentit renaître ſes forces ; la Mer ſembloit le porter, il reſpira & vit enfin le rivage. Il en étoit cependant encore très éloigné, un flot l'y jetta hors d'haleine & ſans apparence de vie. *

Ce rivage étoit le lieu délicieux que forme la Riviere de Gennes. La Providence y avoit conduit un vénérable Religieux. C'étoit le Pere Egide † Capucin de la Maiſon des Marquis de Clavezan, qui ſuivant les mouvemens de ſa pieté, alloit répandre dans les Villages voiſins la ſemence de la parole divine. Il s'arrêta pour examiner le cadavre du Comte que la Mer venoit de rendre à la Terre. Il fut extrémement ſurpris, lorſqu'au battement du cœur, il connut qu'il vivoit encore ; mais que les eſprits étoient prêts à l'abandonner. Plein de charité & de zéle il chercha à le réchauffer en le couvrant de ſes propres vêtemens, il le retourna pour le rappeller à la vie par le mouvement. Son Compagnon courut au Monaſtere pour faire venir du ſecours.

Le

* *J'ay abregé & changé cet endroit, j'y ay ajoûté que l'exemple de Roſalinde contribua aux remors d'Edmond.*

† *J'ay traduit* Egidio *par* Egide, *le mot de* Gilles *étoit trop ridicule dans nôtre Langue.*

Le Pere Raphaël, ainfi fe nommoit le Compagnon, vola & ramena avec lui plufieurs perfonnes. L'infortuné Edmond n'avoit point encore répondu aux queftions du Pere Egide; mais il avoit ouvert les yeux, & par fes regards mourans, il fembloit qu'il implorât l'affiftance qu'on lui donnoit fi généreufement. *

On s'apperçut qu'il étoit abfolument gonflé par l'eau falée qu'il avoit bûë, & que l'abondance de cette eau étoit prête à l'étouffer. Le premier reméde qu'on lui fit, fut de le mettre dans une pofition où il fût obligé de la rendre. Elle fortit en effet, & à mefure il étoit foulagé; il commença à dire quelques mots interrompus. Le Pere Egide fans perdre de tems le fit tranfporter au Convent le plus doucement qu'il fut poffible, & il y fut mis chaudement dans une chambre deftinée pour les Etrangers. On appella les Medecins du Lieu; en un mot il n'eft aucune forte de foins que l'on ne prît pour fa confervation. Le vénerable Réligieux ne l'abandonna pas d'un moment jufqu'à ce qu'il eût recouvert la parole, & il étoit auffi inquiet des befoins de fon ame, que de ceux de fa fanté.

Edmond fut attendri par des attentions fi charitables. Sa reconnoiffance ne lui permit pas de cacher au Pere Egide & fa condition & fes malheurs. Ce bon Pere fe fentit émû de compaffion en voïant à quel état un homme de ce rang fe trouvoit reduit par les caprices de la fortune.

* *Cet endroit eft très abregé.*

C c

* Mais il fremit en apprenant que le Comte, pour lequel il avoit pris un attachement si tendre étoit infecté du poison de l'Hérésie qu'il avoit succé avec le lait. Il s'enflamma du désir de lui faire connoître ses erreurs & de lui rendre doublement la vie. Edmond y étoit déja si disposé qu'il n'avoit plus besoin que d'être affermi contre les préjugez funestes de l'enfance. Le Pere Egide profita de ces heureuses dispositions, il lui fit voir dans le cours de ses avantures la main de Dieu qui l'avoit conduit dans les périls pour le préparer à sa conversion, & qui ne l'en avoit tiré que pour le rendre au port du salut. Edmond admira avec soûmission les décrets de la Toute-Puissance, il reconnut par tout le bras divin qui l'avoit soûtenu. Il eut encore quelques combats ; mais enfin la vérité triompha du mensonge, & il se prépara par les instructions les plus solides à faire une abjuration publique.

Edmond étoit un homme trop considerable, pour que cette cérémonie ne se fît pas avec éclat, & son exemple étoit trop important pour négliger de le rendre solemnel. Il désira que ce fût dans l'Eglise Cathedrale de Vintimille. Il écrivit à Gennes à ses amis pour les prier de lui fournir des secours en attendant que Fidéle fût de retour d'Angleterre. Cependant il étoit

---

** Tout cet endroit jusqu'à l'Histoire d'Adelaïs & Alerame est si abregé & changé, qu'en un peu plus d'une page j'en ay mis 15. de mon Original. Je n'ay conservé que le sens & retranché tous les Sermons du Pere Egide & tous les doutes d'Edmond qui m'ont paru peu convenables dans un Roman. Par ce retranchement & ceux que j'ay faits précedemment, ce livre devient si court que j'ay cru devoir y joindre une partie du suivant pour le rendre d'une longueur raisonnable.*

encore dans le lit, & le Pere Egide aïant été obligé de le quitter pour quelque tems pour vacquer aux foins de la cérémonie édifiante de fa Converfion, le Pere Raphaël le remplaça par fes affiduités.

Ce Religieux avoit infiniment d'efprit, Edmond trouva des charmes dans fa converfation, & en parlant avec lui ne ceffoit de fe loüer du Pere Egide. Il le pria un jour de l'inftruire de la naiffance de fon bienfacteur, ne pouvant imaginer, difoit-il, que des fentimens fi nobles & fi généreux fe puffent rencontrer dans un homme né dans la lie du Peuple.

Vous ne vous trompez pas, répondit le Pere Ra- "
phaël. Le Pere Egide eft d'une naiffance fi illuftre "
qu'il eft peu de familles en Italie qui puiffent aller de "
pair avec la fienne. Il eft frere du Marquis de Cla- "
vezan, & l'hiftoire de l'origine de cette Maifon qui "
a produit les Ducs de Saxe en Allemagne, & les "
Marquis de Montferrat en Italie, eft fi célébre, que "
peut-être ne l'ignorez-vous pas. J'avoüe franchement, "
dit Edmond, que je l'ignore, & que vous me feriez "
un veritable plaifir de m'en inftruire. * Je ne diffé- "
rerai pas de vous fatisfaire, reprit le Pere Raphaël, "
fi vous êtes en état de m'entendre, le tems me le "
permet, & je fuis charmé de cette occafion de vous "
amufer pendant quelques inftans. " Edmond le remercia & lui prêta une oreille attentive.

* Icy finit le fixiéme Livre de mon original, ce qui fuit eft du 7.

HISTOIRE D'ADELAIS ET D'ALERAME.

L'Empire d'Occident ravagé par les Barbares étoit sur le penchant de sa ruine, lorsque dans le neuviéme siécle la Providence qui gouverne les Monarchies voulut le relever, en mettant la Couronne sur la tête d'Otthon deuxiéme du nom. Ce Prince ministre des Decrets du Ciel, chassa tous ses ennemis de ses Etats, il les força par ses armes de lui demander la paix, il rétablit les Villes encore fumantes du sang de leurs Citoyens & du feu de la guerre, & pendant 37. ans du plus beau regne, fit douter s'il étoit plus grand par sa justice que par ses armes. Mille vertus le faisoient aimer, mille victoires le firent craindre. Le Hongrois effraïé sortit de la Germanie qu'il désoloit depuis si long-tems. Le Bohemien vaincu se soûmit à sa clemence, & l'Esclavon demanda des fers. Il dompta les Rebelles, & passant en Italie défit Beranger qui en usurpoit l'Empire; il purgea cette partie de l'Europe des Sarrazins & des Grecs; il remit le calme dans Rome & ramena la tranquillité dans toute l'Allemagne. Chaque guerre fut pour lui une nouvelle moisson de gloire, & il comptoit autant de triomphes que de combats. Ce Heros mérita le nom de grand avec justice. Le Ciel combla sa félicité par la naissance d'une fille qu'il nomma Adelaïs, & qui fut le chef-d'œuvre des vertus & de la beauté. Elle étoit née avant le couronnement de son pere, elle crut à l'ombre de ses lauriers, & dans le rang où elle étoit élevée, elle attira sur elle les regards de l'Univers.

La Cour de l'Empereur raſſembloit tout ce qu'il y avoit de Princes & de jeunes Chevaliers illuſtres dans l'Europe ; ils venoient apprendre le métier de la guerre ſous un ſi grand Maître. Mais dans cette Cour magnifique Alerame Duc de Saxe ne trouvoit point d'égal. Il étoit dans la fleur de ſa jeuneſſe & d'une beauté merveilleuſe, & les graces de la beauté n'énervoient point en lui le feu d'une valeur extraordinaire. Dans les cercles, dans les exercices Alerame emportoit toûjours le prix de l'eſprit ou des talens. Perſonne ne manioit un Cheval avec plus de juſteſſe, perſonne ne lançoit un dard avec plus d'addreſſe & de force ; en un mot, il étoit les délices des Dames, l'objet de l'envie de ſes égaux, le favori de l'Empereur, l'admiration de tous ſes Sujets.

A tant de qualitez ſi rares, ſe joignoit une grandeur d'ame ſans pareille. Il aima Adelaïs, & Adelaïs qui juſques alors avoit mépriſé la conquête d'une foule d'amans couronnez ne pût ſe défendre de l'aimer. Elle l'aima malgré la diſtance du rang qui devoit les ſéparer, amour ne connoît point la loy chimerique de l'égalité. Ils diſſimulerent pendant quelques tems leur paſſion mutuelle, mais comment échaper aux regards d'une Cour attentive ? Amour ſe céle par tout lorſqu'il n'eſt qu'un enfant, il devient bien-tôt un géant que rien ne peut cacher. Le bruit de leur intelligence fut d'abord le ſecret public de tous les courtiſans ; il parvint enfin juſques à l'Empereur qui en fut inſtruit le dernier.

Otthon entra en fureur à cette nouvelle. Il avoit destiné sa fille à des partis dignes de la majesté de son Thrône; Mais tout irrité qu'il étoit de l'imprudence d'*Adelaïs* & de la témérité d'*Alerame*, il ne voulut point faire d'éclat. Le secret est le reméde des matieres d'honneur, & la punition de la faute ne pouvoit que rendre la faute publique. Il ne s'étoit rien passé qui pût offenser la délicatesse; *Alerame* n'étoit qu'un sujet, mais un sujet trop grand pour être méprisé; c'étoit un Prince, un Guerrier magnanime qui avoit rendu à l'Empire des services importans. L'Empereur cacha son dépit en attendant que le tems lui fournît des prétextes pour couper par la racine une union qui lui étoit odieuse. Ces prétextes ne se firent pas attendre, il n'en manque jamais aux Souverains. *Alerame* fut éxilé pour jamais de la Cour, & la Princesse par raison de santé fut renfermée dans une maison dé plaisance délicieuse & étroitement gardée, ainsi les deux amans furent separez.

Mais il n'est que trop vrai que l'absence n'a pas le pouvoir de guérir des blessures de l'amour, ou que du moins elle ne guérit que celles qui ne sont pas assez profondes pour pénétrer jusqu'au cœur. Le Cerf cherche en vain par la fuite à éviter le flèche qu'il emporte dans le flanc, il irrite son mal en fuïant au lieu de le soulager.*

Adelaïs loin de son amant étoit plongée dans la plus affreuse tristesse. Quelque agréable que fût le lieu de sa retraite, c'étoit une prison, puisqu'elle n'y voyoit point

* J'ai retranché quelques reflexions inutiles en cet endroit.

Alerame. Elle étoit insensible à tous les plaisirs qu'on cherchoit à lui procurer, elle étoit malheureuse.

Alerame de son côté pour éviter la colére de l'Empereur, dont il n'ignoroit pas le véritable sujet, voiagea pendant deux ans comme un simple Chevalier inconnu dans les Païs étrangers. Il remplit tous les lieux où il passoit des prodiges de sa valeur ; mais si la crainte le tenoit éloigné, il étoit incessamment rappellé par l'amour. Il revint enfin parce qu'il ne put resister davantage, & sous un déguisement il faisoit tous les jours le tour du Château qui renfermoit son Adelaïs. Sans espérance d'y pénétrer, il ne lui étoit pas possible de s'arracher de la vuë des murs qui la déroboient à ses regards. Admirez la folie des amans, ils risquent jusqu'à leur vie pour acquerir un bien auquel ils ne peuvent parvenir.

Edmond se reconnut à cette reflexion & soûpira, mais ce soûpir fut l'effet d'un répentir sincére & non la suite de son amour. Le Pere Raphaël continua. *

Alerame fut reconnu, sa vie eût été en peril, si le Ciel touché de l'innocence de son amour n'eût pris soin de sa conservation. Un jeune Berger l'instruisit par hazard qu'on vouloit le surprendre. Les momens étoient chers, il fallut se retirer. Peu auparavant son départ Adelaïs avoit été instruite de la vie errrante qu'il menoit au tour de sa prison, & si elle avoit été ravie de son retour, elle étoit continuellement troublée du danger auquel il s'exposoit. Elle prit une résolution hardie,

* J'ai abrégé cet endroit, la narration étoit interrompuë par trop de reflexions.

& se confiant à un de ses Ecuyers, homme d'experience, & sur la fidélité duquel elle pouvoit compter, elle l'envoya suivre les traces de son amant fugitif.

L'Ecuyer joignit Alerame sur les confins de la Saxe, & l'ayant abordé dans un lieu écarté, il lui remit une Lettre de la Princesse. Elle lui ordonnoit pour tout le pouvoir qu'elle avoit sur lui de s'éloigner encore, & de conserver une vie à laquelle la sienne étoit inseparablement attachée, & l'assûrant d'une constance éternelle, elle lui promettoit de n'etre jamais à un autre, si elle ne pouvoit être à lui. Elle le prioit de lui indiquer un endroit sûr où elle pût l'aller joindre sous un habit déguisé, & accompagnèe seulement de son fidéle Ecuyer & d'une seule de ses femmes. Elle espéroit que l'amour lui serviroit de guide pour tromper la vigilance de ses gardes, & surmonter tous les obstacles.

Alerame fut étonné du courage d'une Princesse élevée dans la molesse de la Cour, & il jugea par sa résolution de l'excès avec lequel il étoit aimé. Il frémit du danger auquel elle alloit s'exposer; mais amour est aveugle & ses Sujets le sont comme lui. Il renvoia l'Ecuyer avec une réponse, dans laquelle il marquoit le jour & le lieu. Il désignoit les chemins écartés qu'il falloit suivre, & promettoit de venir lui-même à la rencontre pour détourner ou partager le péril.

A peine Adelaïs eut-elle reçû la réponse, qu'elle mit tout en œuvre pour l'exécution de ses desseins. Elle rassembla tout ce qu'elle put de Bijoux & de Pierreries, & au jour convenu par un stratagême dont elle avoit

assûré

aſsûré le ſuccès à force de liberalités , elle ſortit du Château à travers de ſes Gardes , déguiſée en Païſanne avec
les deux ſeules perſonnes qui devoient la ſuivre.

Elle précipita ſes pas juſques à un endroit où elle ſe
traveſtit en homme , & trouva des Chevaux qu'elle
y avoit fait préparer. Elle prit enſuite la route marquée par Alerame ; mais inquiéte d'être pourſuivie ,
elle s'égara dans une grande Forêt extrêmement épaiſſe. Elle fit vainement pluſieurs tours juſques à la nuit
pour tâcher de ſe réconnoître ; l'obſcurité & ſa terreur
augmenterent à un tel excès qu'il fallut deſcendre de
Cheval , & ſe coucher au pied d'un arbre pour attendre le retour du jour & ſe remettre en chemin.

Elle appelloit le ſommeil à ſon ſecours ſur un lit trop
dur pour ſa délicateſſe , lorſqu'un bruit de Chevaux &
quelques voix confuſes ſe firent entendre. C'étoit une
troupe de Voleurs de grand-chemin , qui venoient partager un butin qu'ils avoient fait près de là , & qui
s'étoient retirez dans le Fort.

La Princeſſe & ſes deux ſuivans demeurerent trou-
blez à la vûë du péril. La fuite étoit impoſſible , elle
les eût découverts. Ils prirent le parti de demeurer immobiles ſans faire aucun bruit , & d'attendre l'évenement ; mais leurs Chevaux les trahirent par leurs hen-
niſſemens. Les Voleurs accoururent , & trouvant trois perſonnes , qu'à leurs habits ils prirent pour des Chevaliers , ils
les attaquerent. L'Ecuyer & la Confidente demeurerent
morts ſur la place dans ce combat ſi inégal , & Adelaïs
elle-même fut laiſſée comme telle couverte de bleſſures.

Les Voleurs les auroient dépoüillés, ſi la quantité d'or & de pierreries qu'ils leur trouverent ne les eût étonnez. Ils ne douterent pas que leurs coups ne fuſſent tombés ſur des perſonnes importantes ; la crainte d'être bien-tôt pourſuivis, & l'Aurore qui commençoit à paroître les obligerent à ſe retirer avec promptitude pour ſe mettre en ſûreté, & partager entr'eux au plûtôt une ſi riche proye.

Cependant Alerame accompagné de quelques-uns de ſes plus fidéles Vaſſaux s'étoit avancé au-devant de la Princeſſe, & ne l'ayant point trouvée le jour précedent au rendez-vous, il ſe douta qu'elle s'étoit égarée ſans ſoupçonner rien de plus funeſte. Il y avoit apparence qu'elle ſeroit entrée dans la Forêt, il ſépara ſa ſuite en pluſieurs pelotons pour la chercher.

Ils coururent une partie de la nuit, & le hazard les raſſembla au point du jour dans le lieu même du combat. Alerame apperçut les trois corps couchés à terre pleins de ſang, & Adelaïs expirante entre ſes deux Domeſtiques déja morts. L'infortunée reconnut ſon Amant, & avec une voix débile lui raconta ſa déplorable avanture.

A ce ſpectacle horrible, à cette déſaſtreuſe nouvelle qui pourroit exprimer l'état d'Alerame ? Le déſir de la vengeance lui conſerva la vie. ſes yeux ſe remplirent de fureur, il jura la mort des Aſſaſſins, & d'en faire un exemple digne de ſon courroux. Il apprit qu'il n'y avoit que quelques inſtans qu'ils s'étoient retirez, il laiſſa deux des ſiens pour prendre ſoin d'Adelaïs, &

courut à toute bride après les Scelerats. Il les joignit bien-tôt , & la victoire entr'eux & lui ne fut pas douteuse : tous passerent par le fils de sa redoutable épée , & il revint presque sur le champ aux pieds d'A-delaïs.

Mais la douleur succeda immédiatement dans son cœur à la vengeance qu'il venoit de satisfaire. Adelaïs n'étoit pas en état de soûtenir un voyage. Alerame se rappella d'avoir vû dans la Forêt un Hermite qui éxerçoit sa charité envers les pauvres Habitans des Bois & leur servoit de Pasteur. Il porta lui-même le plus doucement qu'il put la Princesse à l'Hermitage. Il sa-lua l'Hermite qui le reconnut pour l'avoir vû une in-finité de fois. Le bon Vieillard avoit quelque connois-sance de la Chirurgie & des Simples dont la Forêt étoit remplie. Il visita les playes d'Adelaïs , & n'en ayant trouvé aucune mortelle il promit de la guerir en peu de jours.

Cette promesse rendit la vie au Duc , qui cachant également à l'Hermite & à ses Gens la condition de la Malade , leur dit que c'étoit une Dame d'un rang fort inférieur au sien , & dans laquelle il ne consideroit que la beauté & la vertu. Il ajoûta qu'il en étoit passion-nément amoureux , & qu'il avoit résolu de l'épouser. Il la nomma Alassie , & leur recommanda le plus pro-fond secret. Ensuite ne retenant de sa suite que deux Ecuyers fidéles & d'une valeur éprouvée , il renvoya le reste. En peu de jours l'Hermite tint ce qu'il avoit promis , la prétenduë Alassie se trouva guerie de ses bleſſures, mais la préſence de ſon Amant y contribua preſque autant que les remédes. *

Auſſi-tôt qu'elle fut rétablie, ils demanderent au vénérable Vieillard de les unir par le mariage, il ſe rendit à leurs déſirs & les deux Amans devinrent époux. La cérémonie de leurs nôces ſe fit ſans aucune pompe. La ſatisfaction ſuppléa à la magnificence, & ſous le chaume près de ſon cher Alerame, Adelaïs ſe crut plus heureuſe, que d'être ſans lui au milieu d'un Palais & d'une ſuperbe Cour.

Eh que ſervent en effet les grandeurs & la pompe, lorſque le cœur n'eſt pas content! Le bonheur du ſimple Chaſſeur qui par ſes fatigues eſt parvenu à une proye déſirée, eſt auſſi grand que celui d'un Conquerant qui par ſes travaux a ſoumis la Place la plus importante, & la Bergere croit devoir à un aſſortiment de Roſes & de Violettes, autant de parure & de graces, qu'une Dame de la Cour en emprunte des Perles & des Diamans.

Il n'y avoit pas encore trois jours qu'ils goûtoient les plaiſirs tranquilles de l'Hymenée, lorſque l'Hermite qui étoit allé voir quelque malade dans les environs, revint en courant & hors d'haleine. Avant de leur en expliquer la cauſe, il pria le Duc & ſa Femme de le ſuivre ſans perdre un inſtant avec leurs Domeſtiques, & tout ce qui leur appartenoit. Ils obéirent, & marchans ſur ſes traces ſans faire aucun bruit, ils arrive-rent au pied d'un Rocher qui s'élevoit au milieu de la

* J'ay retranché quelques lignes en cet endroit.

Forêt. Il les fit entrer dans une Grotte dont l'accès étoit caché par des Buiſſons & très étroit. Cet antre n'e-toit connu que du vénérable Vieillard, il s'élargiſſoit à meſure que l'on avançoit, & de tems en tems les ouvertures de la Roche y laiſſoient entrer quelque jour. C'étoit dans ce lieu ignoré que le Sàint homme ſe reti-roit, lorſqu'il vouloit prier & s'addonner à la contempla-tion des choſes céleſtes ; on n'y voyoit d'autres meubles qu'une Croix, une Diſcipline, & une Pierre deſtinée également à la pénitence & au repos.*

Auſſi-tôt qu'il les eut conduits dans cet azile, il ſe tourna vers Alerame, & lui dit, que l'Empereur ve-noit de faire publier contre lui le plus rigoureux Edit qui eût encore paru. Son crime n'y étoit point expliqué, mais il étoit déclaré de lèze Majeſté & digne de mille morts. Toutes les Troupes étoient en campagne pour le chercher, & les Gouverneurs des Provinces avoient reçû des ordres ſecrets pour faire d'éxactes perquiſitions pour le ſurprendre & l'arrêter avec ſes complices. Il ajoû-ta qu'un des Détachemens employez à ſa récherche avoit eu quelque vent de ſa retraite dans l'Hermi-tage de la Forêt, & en avoit pris le chemin. Qu'en ayant été inſtruit, il étoit accouru & les avoit conduit dans cette Caverne, où il pouvoit leur répondre qu'il ne ſeroient jamais découverts ; qu'il leur conſeilloit d'y attendre la fin de l'orage, pour prendre enſuite un par-ti convenable aux circonſtances des tems. A peine eut-

---

* J'ay retranché en cet endroit une comparaiſon du bonheur des Ca-pucins avec celui des Courtiſans.

il fini de parler qu'après leur avoir promis de les revoir le plus souvent qu'il lui seroit possible, il retourna
à son Hermitage éxaminer ce qui se passeroit.

Les deux Amans imaginerent bien aisément, que
dans le moment où l'Empereur avoit été instruit de la
fuite de sa fille, il n'avoit pas douté qu'elle fût au
pouvoir d'Alerame, & qu'il s'étoit enflammé de colére ; mais ils n'avoient pas jugé leur péril ni si grand,
ni si prochain, & ils en ressentirent de mortelles allarmes.

Cependant l'Hermite étoit retourné à son habitation ;
il l'avoit trouvée environnée & remplie de gens armés
qui y resterent tout le jour & toute la nuit suivante.
Ils visiterent par tout non seulement dans l'Hermitage,
mais encore dans les Chaumieres d'alentour, & leur
recherche ayant été vaine, ils tournerent ailleurs leurs
pas.

Ils apprirent au Saint Homme que des Armées entieres étoient répandües dans tout l'Empire pour découvrir le ravisseur d'Adelaïs. Que l'Empereur avoit envoyé des Courriers à tous les Princes ses Alliez ou
Vassaux, pour leur demander d'arrêter la Princesse ou
son amant ; que pour plus grande seureté chaque Courrier étoit chargé de leurs portraits : que morts ou vifs
Otthon étoit resolu de les avoir, & qu'il avoit même
mis la tête d'Alerame à un très-grand prix.

L'Hermite fut porter sur le champ ces affreuses nouvelles à Alerame. Ce Prince ne songeoit qu'au danger
d'Adelaïs. Il ne lui fut plus possible de cacher qu'Alas-

sie étoit la Princesse. Ils agiterent ensemble le parti qu'ils avoient à prendre. L'avis d'Alerame fut qu'Adelaïs allât se jetter aux pieds de son pere, & que par ses larmes elle tâchât d'obtenir son pardon, en accusant son époux de sa fuite. Que les deux Ecuyers cherchassent leur seureté en se retirant secrettement chez eux. Que pour lui errant & inconnu il iroit chercher par le monde les avantures, & que s'il périssoit, du moins il n'entraîneroit point par ce moyen la perte de ce qu'il aimoit avec la sienne.

Adelaïs étoit trop généreuse pour se rendre à cet avis. Elle protesta que puisqu'Alerame étoit son époux, elle ne l'abandonneroit jamais ; qu'elle partageroit ses malheurs, & qu'elle avoit trop d'amour, de fidélité & de courage pour ne vouloir le suivre que dans la fortune. Alerame entreprit en vain de repliquer, en lui représentant les périls qu'elle alloit courir, & l'inégalité de ses forces aux fatigues qu'il faudroit essuïer ; rien ne put ébranler la constante Adelaïs.

Les deux fidéles Ecuyers offrirent d'accompagner par tout leurs Maîtres, & de verser pour eux jusqu'à la derniere goute de leur sang ; mais il étoit trop dangereux de marcher en si grand nombre. Enfin il fut resolu qu'Alerame & son épouse, seuls & travestis en Villageois, les cheveux coupez, & après avoir par quelque artifice alteré la blancheur de leur tein, contrefaisant de leur mieux la grossiereté rustique, s'éloigneroient & prendroient le chemin que leur inspireroit la Providence.

L'exécution suivit de près la réſolution. L'Hermite leur fournit les habits & tout ce qui leur étoit neceſſaire. Ils ne garderent de leurs Pierreries que ce qu'il y avoit de plus précieux & de moins incommode pour le voyage, & deſtinerent le reſte à des œuvres pieuſes dont l'Hermite fut chargé & à la recompenſe des deux Ecuyers.

Ils ſortirent de la grotte dans l'équipage que je viens de dire, en recommandant à l'Hermite de prier pour eux, & aux Saxons de leur garder un ſecret inviolable. Le Saint homme reprit le chemin de ſon Hermitage, les deux Saxons celui de leur patrie, & les deux époux le premier que leur offrit le hazard.

Ils marcherent pendant pluſieurs jours ſur les terres de l'Empire, cherchans toûjours les lieux les plus reculés & les moins fréquentés, & prenans des noms ſupoſez, qu'ils étoient obligez, très-ſouvent de changer. Leurs journées étoient courtes par la délicateſſe d'Adelaïs, qui les forçoit à s'arrêter en beaucoup d'endroits, & par tout ils entendoient parler des ordres ſévéres qui avoient été donnez contr'eux, & de la diligence avec laquelle ils étoient pourſuivis. Le Ciel leur fut cependant aſſez favorable pour qu'ils ne fuſſent point reconnus, & ils parvinrent au Tirol, où ils ſe trouverent en ſûreté. Mais la fortune qui ſembloit les avoir ſervis juſques là, les abandonna tout à coup. On s'apperçut dans une Hôtellerie où ils s'étoient retirez, que quoiqu'ils affectaſſent une extréme pauvreté, ils avoient cependant avec eux des richeſſes conſiderables. Elles

brillerent

brillerent quelque foin qu'ils priffent de les cacher.

Ils fuivoient le lendemain matin leur route vers l'Italie, lorfque dans une Vallée ils furent attaqués par une troupe de Voleurs embufqués, qui leur enleverent tout ce qu'ils avoient, les dépoüillerent & les réduifirent à la néceffité de mendier leur fubfiftance. * Mais le malheur qui les perfécutoit n'eut point le pouvoir d'abattre leur courage. La fille du plus grand Potentat du monde, fugitive, accablée de fatigues, réduite à l'aumône, foûtint tant d'infortunes avec conftance. Leur amour étoit leur confolation mutuelle.

Leur voyage fut de trois mois entiers, il eft aifé d'en concevoir les peines & les difgraces. Chaque jour redoubloit l'horreur de leur fituation. Ils n'entroient que rarement dans les Villes, la crainte les fuivoit par tout. Enfin ils arriverent dans cette chaîne de Montagnes qui fépare le Piémont de la Ligurie.

La laffitude ne leur permit pas de pénétrer plus avant, ils choifirent ces Rochers pour leur rétraite; ce lieu folitaire & prefque auffi inacceffible qu'affreux, leur parut propre pour cacher leur grandeur, & fe fouftraire aux foudres de l'Empereur irrité.

Ils s'établirent d'abord fur les bords du Tanaro affez près d'un Château ruïné que l'on appelloit Pierredigne, & dont il reftoit quelques veftiges & une Citerne affez entière; mais craignant encore d'être découverts, ou peut-être parce que cet aZile étoit trop éloigné des fecours de la vie, ils prirent quelque tems après le

* J'ay abregé cet endroit.

parti de le quitter, & de se transporter dans d'autres Montagnes qui les mettoient plus à portée de la Ville de Savone. Une Forêt abandonnée par la difficulté d'y parvenir les fixa dans ce lieu. Ils y bâtirent une Cabane, & travaillerent à faire du Charbon qu'ils vendoient dans les Villages d'alentour pour gagner leur vie. Quel employ pour de si illustres malheureux ! Mais il étoit nécessaire. Il fallut même mendier pendant quelque tems, pour rassembler de quoy achetter des ferremens, la Forêt leur fournit le reste.

Alerame étoit dans la fleur d'une jeunesse extrêmement robuste, la Princesse quoiqu'élevée dans la molesse de son rang, étoit cependant d'une complexion assez forte, & les fatigues qu'elle venoit d'essuyer l'avoient endurcie au travail. Ils firent une assez grande provision de Marchandises ; Alerame portoit dabord lui-même son Charbon dans les lieux voisins, mais l'œconomie avec laquelle ils vécurent, les mit ensuite en état d'achetter deux Bêtes de somme avec lesquelles il alla jusques à Savone, par des chemins qu'il découvrit ou qu'il pratiqua au travers des Rochers.

Ces Amans, dignes des Palais & des premiers Thrônes de l'Univers, passerent seize années entiéres dans leur affreux Désert. L'Amour y demeura avec eux & adoucit leurs peines. Sept enfans mâles furent les fruits de leur Hymenée, la nature épuisa sur ces enfans les graces du corps & de l'esprit, & une éducation plus convenable à leur naissance qu'en leurs malheurs, embellit en eux les présens de la nature.

Le lait d'une mere née pour le Sceptre tranſmit dans leurs cœurs des inclinations vrayement Royales, elle eut ſoin de leur enfance, & lorſqu'ils ſe trouverent dans l'âge de la raiſon, leur pere leur ouvrit les routes de toutes les vertus. Il employoit à leur inſtruction les heures que la fatigue le forçoit de donner au repos. Il n'en fallut pas davantage à des ames ſi heureuſement nées ; ces enfans crûrent, & devinrent chaque jour en croiſſant la conſolation des deux Epoux. Leur premier exercice fut celui de la Chaſſe. Leur force & leur adreſſe étoient ſans égales, ſoit à lancer le Dard, ſoit à manier l'Arc & décocher la Flèche ; les Bêtes fauves dont la Forêt étoit remplie, firent le premier eſſay de leur valeur, & cette valeur amenoit l'abondance dans la frugalité de la Cabane.

L'aîné, qui ſe nommoit Guillaume, eut à peine atteint l'âge de la jeuneſſe vigoureuſe, qu'il ne voulut plus permettre que ſon pere s'expoſât à la peine journaliére d'aller vendre ſon Charbon à la Ville. Il ſe chargea de cet employ & de pluſieurs autres pour le ſoulager. Mais l'uſage de la Ville l'inſtruiſit de ce qu'il ignoroit. Il apprit à déſirer, & ſes déſirs ſe portoient toûjours à des choſes convenables aux ſentimens de nobleſſe que la nature avoit mis en lui. Il emploïoit le prix de ce qu'il avoit vendu, à achetter tantôt une Epée, tantôt un Bouclier & une Cuiraſſe ; le ménage ſouffroit de cette eſpéce de diſſipation, & ſouvent le neceſſaire manquoit pour l'inutile.

Il en fut repris pluſieurs fois par ſes parens qui fu-

rent enfin obligés de se servir de l'autorité pour arrêter ce désordre ; mais la nature fut plus forte en lui
que l'obéïssance. Un jour enfin il ne put résister à l'envie d'avoir une Arbaleste & un Chien dressé, &
pour les avoir il fallut vendre non-seulement le Charbon, mais encore un des Mulets. Adelaïs & Alerame manquoient de Pain, ils s'emporterent & il prit
la fuite. Le second & le troisiéme de ses freres le rem-
placerent avec ordre d'être plus sages dans leurs goûts.
Il est vray qu'ils pourvûrent avec plus de soin aux besoins de la maison, leurs inclinations étoient cependant
les mêmes, & il y paroissoit bien par l'usage qu'ils faisoient du superflu. L'exemple du premier avoit trop
coûté à la tendresse du pere & de la mere, pour qu'ils
ne craignissent pas de marquer à ceux-cy tout leur ressentiment.

Cependant l'aîné fuïant la Montagne, s'étoit embarqué à Savone sur un petit Bâtiment qui faisoit
voile vers Rome. Il y avoit peu de tems que l'Empereur Otthon étoit descendu par le Trentin en Italie à
la tête de cinquante mille hommes. Il avoit vaincu
Beranger qui en étoit le Tyran, & ensuite passant
jusques à Rome il en avoit chassé les Rébelles qui sui-
voient le parti de l'Antipape, & remis Leon VIII.
dans la possession paisible de la Chaire de Saint Pierre.
Ce fut à peu près dans le même tems que Guillaume
arriva à Rome. Il prit parti dans les Troupes de son
ayeul sans le connoître pour tel, & son courage le
distingua bien-tôt. De simple Picquier il devint En-

seigne, & *passant par tous les grades par quelque action d'éclat, il parvint en moins de rien à une Compagnie d'hommes d'armes, & à la faveur intime de l'Empereur même. La finesse de sa bravoure, la beauté de sa physionomie, la douceur de ses mœurs, & sur-tout les ressorts inconnus de la sympathie l'éleverent à cette fortune. Otthon partit de Rome & passa par la Toscane, où il reçut les Ambassadeurs de Nicephore Empereur d'Orient, ensuite ne s'éloignant point des Côtes de la Mer il vint à Savone. Ce fut là que Guillaume lui apprit que son pere & sa mere étoient Allemands de naissance, & la vie misérable qu'ils menoient sur la Montagne. Il lui demanda un congé de quelques jours pour les aller voir. L'Empereur à cette demande sentit naître sa curiosité, il voulut sçavoir dans quelle partie de son Empire les parens de son Favori avoient reçû le jour, & par quelle raison ils avoient quitté leur Patrie, pour venir s'établir dans les Rochers de la Ligurie.*

Guillaume ne put le satisfaire, parce que lui même ignoroit toutes ces circonstances. Il lui dit seulement qu'il étoit l'aîné de sept freres, que son pere & sa mere se nommoient Antrise & Alassie, & qu'il n'avoit aucune connoissance de leur condition; que plusieurs fois il les avoit prié de lui en faire part, mais toûjours vainement, & qu'enfin tout ce qu'il en pouvoit déviner à leur maniere de vivre, à leur air & à leurs vertus, étoit que certainement la fortune n'avoit pas répondu à la noblesse de leur naissance, & que ce pouvoient être d'Illuſtres Malheureux.

L'Empereur devint rêveur à ce diſcours, & combinant l'âge de Guillaume avec le tems de la fuite de ſa fille, raſſemblant toutes les circonſtances, il lui vint dans l'eſprit qu'Adelaïs & Alerame pourroient s'être cachez, ſous des noms ſupoſés, & avoir donné le jour à ſon Favori. Il le regarda avec une attention extraordinaire & crut trouver en lui quelque reſſemblance avec la Princeſſe. La nature parla, il ſentit dans ſon cœur un mouvement qui l'entraînoit à aimer Guillaume. C'en étoit trop pour ne pas chercher à s'éclaircir. Il lui permit d'aller ſur la Montagne, mais ſous la condition qu'il le feroit ſuivre par un de ſes Courtiſans, couſin d'Alerame, & qui le reconnoîtroit aiſément.

Ils partirent, & Guillaume ignorant le motif des inquiétudes de l'Empereur, n'avoit d'autre objet dans ſon voïage, que de ſe jetter aux pieds de ſes pere & mere, de les embraſſer après une longue abſence, d'obtenir d'eux le pardon de ſa legéreté à les abandonner, & enfin de ſubvenir à leurs beſoins en partageant avec eux les graces de ſon Maître.

Le bruit de leurs Chevaux à leur arrivée fit ſortir Adelaïs & Alerame de leur Cabane, & Alerame ne parut pas plûtôt, que tout brûlé qu'il etoit par le Soleil, & couvert d'habits groſſiers, il fut reconnu par ſon Couſin, qui l'apellant par ſon nom courut à lui les bras ouverts. Le Héros deguiſé fut pénétré de douleur de ſe voir découvert ; il vouloit continuer à feindre, mais appercevant Guillaume richement vêtu, il

en conçut quelque espérance, & cessant une dissimula-
tion qu'il ne pouvoit plus soûtenir, il implora de son
parent pour Adelaïs & leurs enfans une protection
qu'il ne demandoit pas pour lui-même. Elle lui fut aisément promise, tout parloit en sa faveur. La voix
du sang s'étoit déja fait entendre dans le cœur d'Otthon
en faveur de Guillaume inconnu ; comment ne pas
espérer le même effet pour d'autres malheureux qui ne
lui devoient pas être moins chers ? *

Les deux aînés des freres après Guillaume arriverent presque dans le même moment du travail, &
Alerame avec Adelaïs ayant conduit l'envoyé d'Otthon dans leur Chaumiere, lui présenterent le reste de
leur famille infortunée. La noblesse de ces enfans perçoit à travers les haillons dont ils étoient couverts,
& leur air de grandeur étoit seul suffisant pour les faire reconnoître.

Le Courtisan apprit en peu de mots par Alerame
tout ce qui leur étoit arrivé dépuis le moment de leur
fuite, & il ne put retenir ses larmes à ce recit. Ce
ne fut que dans ce moment que Guillaume & ses freres furent instruits du mystere dé leur naissance, qui
jusques-là avoit été enseveli dans le secret de la Montagne. Ils se prosternerent devant les auteurs de leurs
jours, & leurs rendirent les respects qu'ils leur devoient & comme Peres & comme Princes. Alerame
& Adelaïs les réleverent en les embrassant, tous les

---

* J'ay annobli cet endroit, Alerame dans l'Original demande grace
assez lâchement.

yeux étoient humides de pleurs. Enfin après une scene si tendre & si touchante l'Envoyé d'Otthon leur déclara qu'il falloit venir se présenter devant l'Empereur, il les rassura, & ils se mirent tous en marche.

A leur arrivée on les fit entrer dans une maison voisine du Palais, & qui avoit été marquée pour l'Evêque d'Albe qui étoit venu faire sa Cour. Le Cousin d'Alerame pria ce Prelat vénérable de se rendre avec lui aux pieds du Thrône, & de joindre ses priéres aux siennes auprès de l'Empereur en faveur de sa fille & de son gendre, qui n'avoient que trop été punis par de si longs malheurs. L'Evêque plein de zéle y consentit avec joye, & laissant la famille agitée par la crainte & l'espérance, ils coururent ensemble au Palais porter à Otthon une nouvelle si grande & si extraordinaire.

Le récit du Courtisan & les discours du Prélat trouverent le cœur magnanime de l'Empereur sensible à la pitié, & disposé à la clémence. Son ressentiment étoit affoibli par le tems, & avoit fait place à la tendresse paternelle. Il pardonna volontiers comme Roy, une erreur de jeunesse & d'amour qu'il excusoit comme pere; mais en pardonnant il voulut au moins éprouver le courage de sa fille, & il la fit venir seule devant lui avec Guillaume. Elle se prosterna & baisant avec respect le bas de la pourpre Imperiale, elle demanda grace avec humilité.

L'Empereur s'attendrit à cette vûë, & si Adelaïs avoit eu la hardiesse de porter ses regards sur lui, elle auroit lû sur son visage les mouvemens de son ame. Mais reprenant malgré lui en un instant la sévérité du Thrône, il la fit relever, & lui déclara qu'il n'oublieroit point sa faute, & qu'il ne la regarderoit jamais comme sa fille, que sous la condition de renoncer à Alerame; qu'à ce prix il lui rendroit sa tendresse & son rang, & qu'il étoit inutile de parler en faveur d'un séducteur, contre lequel il ne vouloit cependant exercer d'autre justice qu'en l'éxilant pour jamais de son Empire.

La malheureuse Adelaïs crut entendre l'Arrêt de sa mort, & versa un torrent de larmes. Sa constance ne fut pas cependant ébranlée, & regardant son pere avec des yeux pleins de douleur, elle répondit que puisque le mariage l'avoit unie à Alerame par des liens indissolubles, elle préfereroit de partager sa misére à vivre au milieu du luxe & du faste de la Cour.

Le pere applaudissoit en secret aux sentimens généreux de sa fille; mais continuant de feindre pour voir jusques à quel point elle étoit fidéle, il parut s'irriter, il menaça. L'horreur d'une étroite Prison, ny la crainte de toute sa vengeance ne purent faire changer Adelaïs. Il fit signe à ses Gardes de s'approcher pour se saisir d'elle, Guillaume recula de quelque pas, & mettant la main sur la garde de son épee, s'écria que sa mere étoit libre, qu'il perceroit le cœur à tout téméraire qui oseroit l'outrager, & qu'il alloit sacrifier sa vie pour la défense d'une si juste cause.

Ff

*Le courage de Guillaume & la nobleſſe de ſa témé-
rité charmerent de telle ſorte l'Empereur , qu'il ne
lui fut plus poſſible de ſe cacher davantage. Tant d'a-
mour, tant de foy , tant de conſtance firent taire la
Majeſté offenſée , pour ne laiſſer parler que la nature
attendrie. Il deſcendit de ſon Thrône en tendant les
bras à ſa fille , & à ſon petit-fils , & faiſant venir
Alerame & ſes autres enfans , il ne pouvoit aſſez les
voir & les embraſſer.*

*Le Courtiſan étonné voyoit en ſilence ſon Maître
s'abaiſſer à de ſemblables careſſes pour des gens d'un
rang ſi bas ; mais la nouvelle d'un évenement ſi ſin-
gulier s'étant bien-tôt répanduë dans la Ville & dans
toutes les Provinces voiſines , changea en un inſtant la
ſurpriſe en admiration.*

*Les deux époux & leurs enfans furent revêtus d'ha-
bits convenables à la grandeur de leur état , ils reçûrent les complimens de la Cour & de l'Armée , leur
retour fut célébré à Savone par des Tournois & des
Fêtes magnifiques , toute l'Italie y accourut ; & Adelaïs & Alerame, exemple mémorable des caprices de la
fortune & de l'amour , en furent le plus grand ornement.*

*Otthon après avoir rétabli la tranquilité dans l'I-
talie & pacifié les querelles de differens Princes , ſongea à ſon retour en Germanie. Avant de quitter Savone il voulut par de grands préſens mettre ſon gendre
& ſa fille dans l'état de ſplendeur convenable à leur
naiſſance , & leur faire oublier leurs malheurs paſſez*

dans le sein de l'abondance. Ils désirerent de fixer leur
fortune dans les mêmes lieux ausquels ils avoient confié leur misére. Il leur donna une grande partie du
Païs arrosé par la Riviére qui de Savone descend à
l'Occident ; la Ville d'Albe, Patrie de Proculus Empereur Romain, devint le lieu de leur résidence, &
on voit encore aujourd'huy auprés de cette Ville un endroit délicieux qu'Adelaïs avoit choisi pour maison de
plaisance, & qui conserve le nom d'Alassie qu'elle
avoit porté dans le cours de ses disgraces.

Il investit Alerame de sept Marquisats considerables pour faire le partage de ses sept fils après lui. Guillaume comme l'aîné eut le Montferrat, ceux de Ceva,
Pouzzolles, de Bosco, de Salluces, de Carette &
d'Ancise échûrent à ses freres. Cette donation fut con-
firmée par l'Empereur par un acte public donné à Ra-
vennes le 22. Mars 967. & par ce même acte il y
ajoûta les Villes d'Aquy, d'Asty, de Turin, de Ver-
ceil & les Territoires de Parme, de Cremone & de
Bergame avec leurs dépendances.

La branche des Marquis de Montferrat a produit
un Empereur de Constantinople & des Rois de Jeru-
salem & de Thessalie. Elle s'est éteinte en la personne
de Jean fils de Beatrix Infante d'Espagne. Celle des
Marquis de Clavezan descend en ligne directe du troisiéme fils d'Alerame & d'Adelaïs, elle a été fertile
en grands Personnages. Leurs établissemens étoient immenses ; mais quoique leurs biens soient encore très considerables, ils ont eté de beaucoup diminuez par les

Guerres & les dons qu'ils ont fait à la Republique de Gennes qu'ils ont choifi pour leur fejour. *

C'eft de cette branche que font iffus le Marquis Nicolas & le Pere Egide fon frere. Ce vénérable Religieux après avoir paffé par les premieres Charges de la Republique, & donné des preuves admirables de fa valeur dans les combats, a préferé la retraite de nôtre Ordre aux grandeurs deftinées à une naiffance illuftre foutenuë par un mérite éminent, & nous fait admirer tous les jours l'obéiffance la plus humble dans un homme né pour commander, & qui a effayé de l'autorité. †

Ainfi le Pere Raphaël finit l'Hiftoire intéreffante d'Alerame & d'Adelaïs. Edmond qui l'avoit écouté avec une extrême attention, ne trouvoit point de termes pour lui exprimer la fatisfaction qu'il avoit reçûë par ce recit. Au bout de quelques jours le Comte fe trouva en état de fortir de fon lit, & de recevoir les vifites de fes Amis & de la Nobleffe de Gennes qui l'accompagnerent enfuite à Vintimille, où le Pere Egide & le Marquis fon frere le reçurent avec amitié & magnificence.

Le lendemain de fon arrivée au matin toute l'Eglife de Vintimille fe trouva fuperbement parée par les foins du Marquis; elle étoit remplie de Spectateurs accourus de toutes parts à une cérémonie fi édifiante.

---

* Cet endroit eft extrêmement abregé.

† Cet endroit quoique changé eft repris de ce que j'ay retranché de la fin du fixiéme Livre de mon Original.

Edmond prosterné sur un tapis aux pieds de l'Evêque ,
abjura d'une voix haute & intelligible toutes ses erreurs, & fit sa Profession de Foi en récitant le Sym-
bole. Ensuite s'étant levé il mit la main sur la garde
de son épée , & fit serment d'un air héroïque de défendre au prix de tout son sang les véritez infailli-
bles de la Foi sous l'obéïssance de la Sainte Eglise Ro-
maine. Aussi-tôt le bruit des Chœurs de musique se
fit entendre pour rendre graces à Dieu , & tout le
Peuple applaudit par ses acclamations au nouveau Pro-
selyte qu'il reconduisit en triomphe jusques chez lui.

J'épargne au Lecteur le récit des fêtes qui suivirent cette auguste cérémonie. Edmond plein du repos
que donne la vérité ne se sépara du Pere Egide &
de son frere qu'avec des larmes, & repassa à Gennes avec ceux qui avoient honoré son abjuration par
leur présence. *

Il y trouva Fidéle de retour avec de grosses sommes d'argent. Les nouvelles qu'il rapportoit étoient
que la Guerre civile déchiroit toûjours l'Angleterre.
Que le Roy battu de toutes parts s'étoit trouvé
reduit à la dure nécessité de se livrer aux Ecossois,
qui avoient feint de vouloir le défendre contre le Parlement, & qui sous ce prétexte le retenoient en effet
prisonnier pour tirer meilleur parti des Anglois. Que
les progrès de Fairfax avoient été étonnans, & qu'à
Atorenthon près d'Excester il avoit donné le dernier

---

* *Pendant le retour d'Edmond à Gennes il s'entretient avec ceux qui l'ac-*
compagnent, des principales Maisons de la République & d'Italie. Cela
donne lieu à 15. pages de Genéalogie qui n'étoient bonnes qu'à retrancher.

coup au Parti des Roïaliſtes. Fidéle remit à ſon Maître des lettres du Comte d'Eſſex qui lui donnoit avis
qu'enfin le Parlement avoit reconnu ſon innocence,
& que les Partiſans de Chriſaure étoient confondus.
Il lui conſeilloit de revenir dans ſa Patrie reprendre
des emplois convenables à ſa naiſſance, & s'y marier avec une jeune & belle héritiere d'un rang égal
au ſien.

Edmond étoit occupé de projets bien différents.
Mais je me ſuis arrêté trop long-tems en Italie, il
eſt tems de repaſſer dans le Levant ou de grands évenemens m'appellent. Retournons près de Léalde à
Rhodes où nous l'avons laiſſé avec Guſman. *

* *Dans l'Original Edmond, après avoir reçû par Fidéle la nouvelle de ſa
juſtification par le Parlement, prend le parti de ſe faire Moine. Il va à
Rome obtenir des Diſpenſes, & ſe retire au Collége des Anglois pour ſe préparer à ſa Profeſſion. J'en veux faire autre choſe qu'un Moine. Et j'ay retranché tout cela pour y ſuppléer par la ſuite.*

FIN DU SIXIE'ME LIVRE.

LA ROSALINDE

IMITÉE

DE L'ITALIEN,

LIVRE SEPTIÈME.

LEALDE * & Gusman de retour à Rhodes raconterent à Blumazar le malheureux succès de leur voyage, & la mort de l'infortunée Rosalinde. La Flûte étoit radoubée, ils brûloient d'impatience d'abandonner pour jamais les mers & les climats funestes du Levant; mais les vents contraires s'opposerent à leur départ, & ils furent forcez de rester chez leur Ami, qui partageant leur douleur ne les abandonnoit pas d'un moment. Blumazar cherchoit à les distraire en les entretenant des singularités du Païs.

Un jour qu'ils se promenoient par la Ville, ils firent rencontre d'une espece de Bohemienne, qui quoique dans un âge avancé, avoit conservé un air prévenant, & dont l'habit quoique bizarre étoit cependant plus magnifique que ne le sont ordinairement ceux des gens de cette profession vagabonde. Elle aborda Léal-

* *Tout ce qui suit jusqu'à ce que j'en avertisse est encore du 7ᵉ Livre de mon Original. J'ai retranché de cet endroit deux pages de détail du Païs que conte Blumazar.*

de, le pria de lui montrer fa main, & l'afsûra qu'a-
près l'avoir examinée, elle auroit des chofes importantes à lui revéler tant fur le paffé que pour l'avenir.
Il la refufa d'abord méprifant de femblables difcours;
mais Blumazar l'aïant afsûré qu'il fe trouvoit quelques
fois de ces fortes d'Avanturieres qui avoient des con-
noiffances, il s'arrêta par complaifance & non par
crédulité. La Bohemienne regarda les Aftres fixément
pendant quelque tems, enfuite obfervant les Signes
qu'elle voyoit.

„ * Jeune Etranger, dit-elle, tout annonce en
„ toy un Amant malheureux. Cependant tu aimes &
„ tu es aimé. Ta maîtreffe t'a donné fon cœur & fa
„ foy, mais ton mariage a été éclairé par des Flam-
„ beaux funébres. Tes malheurs m'attendriffent. Je
„ te vois éxilé de ta Patrie, errant fur les flots fans
„ connoître de Port, le fort te jette fur des Terres in-
„ connuës, tu foûpires, tu es fait Efclave, tu péris.
„ En veux-tu davantage ? Songes à ma récompenfe,
„ & dans quelque lieu retiré je te diray de meilleures
„ nouvelles aufquelles tu es bien-éloigné de t'atten-
„ dre.

Léalde tomba dans l'excès de la furprife à ce difcours. Comment une Vagabonde dans un lieu fi étranger pouvoit-elle lire dans la deftinée d'un Inconnu,
qui ne faifoit que d'arriver ? Il demanda à fes amis
la permiffion de l'entretenir en particulier, & fe retirant à l'écart dans la même ruë, il la conjura d'a-

chever

* *Tout cet endroit eft une chanfon que chante la Bohemienne.*

chever, quoi qu’il n’efperât rien d’agréable dépuis la mort de ce qu’il aimoit , & voulut lui donner une Bague de grand prix. La Dévinereffe réfufa le prefent en l’affurant qu’elle attendoit de lui de plus grandes preuves de reconnoiffance , & qu’elle vouloit auparavant les mériter. Léalde lui repartit qu’elle pouvoit mettre le prix à fes fervices , & elle continua à lui parler de la forte.

J’ay fuivi l’ufage de mes pareilles en vous abor- “ dant avec leurs façons ordinaires , & je ne l’ay fait “ que pour vous arrêter , & couvrir mieux le def- “ fein qui m’amene ; mais ce que j’ay à vous annon- “ cer eft trop effentiel pour continuer ce badinage. Vô- “ tre Epoufe a déja pleuré vôtre mort , & vous a re- “ vû vivant , la même fatisfaction vous eft refervée. “ Ceffez de gémir de fa perte, elle vit , & j’entre- “ prends de vous la rendre. “

Non , répondit Léalde , je ne croiray jamais que “ vôtre Art puiffe rapeller les morts à la vie. Il eft “ vray , reprit la Bohemienne , je n’ay point le pou- “ voir de reffufciter les morts , mais Rofalinde n’eft “ point dans le Tombeau , quoy qu’elle y foit renfer- “ mée. Ceffez, s’écria Léalde , ceffez cruelle cet Enig- “ me , ou du moins expliquez-en le fens. Ce n’eft “ point dans une ruë qu’on découvre des fécrets fi “ importans, repartit-elle , allez chez vous , je vous “ fuis , & vous apprendrez de moy ce que vous dé- “ firez avec une fi jufte impatience. Soïez déja sûr “ que par mon moyen vous ferez bientôt réüni à “

„ celle que vous adorez , & préparez vous à tenir ce
„ que vous m'avez promis.

    * Léalde fentoit renaître l'allegreffe dans fon cœur ,
mais il doutoit encore & croïoit rêver. Plein de troubles il mêna la Dévinereffe à la maifon de Blumazar,
il s'enferma avec elle & lui prêta une oreille attentive.

    „ Léalde , lui dit-elle , vous êtes fans doute étonné
„ de voir que je fçais vôtre nom , & que je n'ignore
„ aucunes de vos avantures. Vous l'attribuez peut-être
„ aux effets de mon Art , & vous vous trompez. Il
„ eft vrai que dans ma jeuneffe Zingis ma mere fa-
„ meufe enchantereffe m'inftruifit de tous les fecrets
„ de la Magie. Alexandrie m'a vû naître , je m'ap-
„ pelle Celiffe & mon nom eft célébre dans tout l'O-
„ rient. J'ai été Magicienne je l'avoüe , je ne le fuis
„ plus , & vous êtes intéreffé à fçavoir pourquoi j'ai
„ ceffé de l'être.

    „ Le Bacha de Bofnanie m'a conduit à Conftanti-
„ nople. Il vouloit m'emploïer au fuccès de l'entre-
„ prife de Candie. Il comptoit par le fecours de mon
„ Art prévoir l'évenement des combats , & foûlever à
„ fon gré les tempêtes contre les Chrétiens. A peine
„ fûmes-nous à la Canée , qu'Amurat Aga des Janif-
„ faires & Ami intime du Baffa demanda à m'entre-
„ tenir ; je me rendis à fes ordres , & je le trouvai ma-
„ lade de corps & d'efprit. Il me dit qu'une fiévre
„ lente & fans fin détruifoit fa fanté ; mais qu'un

---

    * *J'ay retranché de cet endroit.*

amour fans efpérance déchiroit violemment fon ame. "
Que fans fecours du côté des Medecins, il n'atten- "
doit aucun retour de fa Maîtreffe; que cette Maî- "
treffe étoit une Efclave qu'il avoit en fon pouvoir, "
& qui fe nommoit Rofalinde; qu'il vouloit lui don- "
ner la main, & que plûtôt que de l'accepter, elle "
étoit réfoluë de fe donner la mort. "

Promeffes, foûpirs, careffes, ménaces, tout lui "
avoit été inutile. La fiévre en diminuant fes forces "
avoit un peu rallenti fa fureur. Cependant il en étoit "
venu à la violence, & cet emportement ne l'avoit "
pas rendu plus heureux. Rofalinde s'étoit défenduë "
par des efforts prodigieux, & tirant un poignard ca- "
ché, elle lui auroit donné la mort, s'il eût entre- "
pris de pourfuivre. Des mépris fi outrageans avoient "
changé l'amour du Baffa en une haine implacable, "
il avoit condamné fon Efclave au fupplice. Cet Ar- "
rêt terrible auroit été exécuté, fi l'amour à fon tour "
ne fût revenu chaffer la haine; mais comme le Bar- "
bare avoit prétexté fes ordres fanguinaires d'une ap- "
parence de juftice, il craignit de fe démentir aux "
yeux de toute l'Armée, & pour en éviter le repro- "
che, il fit courir le bruit du trépas de fa Maîtreffe. "
Confumé par des défirs fans efpérance la mort le "
menaçoit lui-même. Dans l'extrêmité à laquelle il "
étoit reduit, il avoit réfolu de porter la brutalité à "
un excès contre lequel la réfiftance eût été inutile, "
& il n'attendoit que la fin de fon mal pour fe fatis- "
faire. Cependant il vouloit avoir encore pour la der- "

„ niere fois recours à des moïens plus doux. Il n'igno-
„ roit pas que des plaifirs dûs à la violence irritent une
„ ame amoureufe plûtôt que de la foulager. Je lui pro-
„ mis le fecours de mon Art, & j'ofai l'afsûrer que
„ non feulement il feroit aimé ; mais que j'obligerois
„ Rofalinde à venir implorer fa pitié. J'avois fait tant
„ d'expériences de mon pouvoir, que je ne craignis
„ point de prendre cet engagement.

Léalde interrompit Celiffe. Il fremiffoit, & lui demanda avec impatience fi le Baffa avoit été fatisfait.
Mais Celiffe le pria d'attendre la fin de fon récit, &
de modérer fon inquiétude.

„ Je me préparai, continua-t'elle, à tenir ma pa-
„ role, & vers le milieu d'une nuit obfcure je me re-
„ tirai feule dans la chambre la plus fecrette d'un Vaif-
„ feau. Là, échevelée & nuë, tenant d'une main le
„ livre de mes conjurations, & de l'autre ma baguette
„ redoutable, je fis un cercle & prononçai des paro-
„ les abominables. Je tirai du fang de mon bras avec
„ un poignard, j'en traçai des caractéres, & du refte
„ j'en arrofai mon cercle magique avec un rameau de
„ Laurier. Je fis enfuite avec une compofition une
„ figure reffemblante autant qu'il me fut poffible
„ à Rofalinde ; une branche de Myrte lui ceignoit
„ la tête, & par une fuite de mots que je n'enten-
„ dois pas moi-même, j'attirai fur la figure un nouvel
„ enchantement ; je la perçai depuis la tête jufques
„ aux pieds d'une aiguille d'acier, & enfin paffant
„ dans le cercle j'appellai l'Efprit que par mes fecrets

je m'étois rendu familier. A la premiere & à la se- "
conde invocation il réfusa de se montrer ; mais à "
la troisiéme forcé par mon opiniâtreté il parut sous "
la figure difforme d'un Ethiopien plein de honte & "
timide. Je l'adorai, tel étoit le pacte qui m'engageoit "
à lui. Je voulus suivant l'usage lui remettre la figu- "
re, afin que sans la consumer dans le feu il lui en fît "
très long-tems sentir l'ardeur, & que tant que cette "
ardeur dureroit, Rosalinde ressentît pour le Bassa les "
flammes de l'amour, comme je l'avois éprouvé une "
infinité de fois. L'Ethiopien se retira & garda le si- "
lence. J'emploïai tout ce que la Magie a de plus "
fort pour le contraindre à s'expliquer ; il me répon- "
dit que tous mes soins étoient vains, que ni lui, ni "
même toutes les Puissances de l'Enfer ne pouvoient "
rien contre Rosalinde, parce qu'elle étoit Chrétien- "
ne, & que le Ciel protegeoit ses vertus : à ces "
mots il jetta des heurlemens horribles, & s'enfuit "
dans les ténébres dont il étoit sorti. " *

Je demeurai interdite d'une avanture qui ne m'é- "
toit pas encore arrivée, un raïon de lumiere m'éclai- "
ra tout à coup. Je fis réflexion que ces Esprits aus- "
quels j'avois rendu un culte si détestable étoient bien "
impuissans, puisqu'il ne leur étoit pas permis de "
disposer du cœur d'une simple fille, & je connus tou- "

***

* *Dans l'Original le Diable répond que la Reine des Roses protége Rosa-*
linde ; la Reine des Roses est la sainte Vierge. Il est ensuite expliqué que ce
nom de Reine des Roses lui est donné par allusion à Rosalinde, & au Ro-
saire. Je crois avoir bien fait de retrancher ces puerilitez, & tout ce qui
les amene.

„ te la foibleſſe des Enfers. Perſuadée de ces véritez,
„ & pleine d'un courage que j'attribuai à la grace, je
„ repris mes vêtemens, je briſai mon cercle & mes
„ caracteres, je caſſai la Figure & je la jettai dans la
„ Mer avec ma Baguette, enfin je détruiſis les en-
„ chantemens que j'avois préparez, & le jour commen-
„ çoit à peine à luire lorſque je me retirai dans l'ap-
„ partement qui ſervoit de Priſon à Roſalinde & à
„ deux autres Dames. Je la tirai à l'écart, je lui ap-
„ pris les derniers projets d'Amurat contre elle & les
„ vaines tentatives que je venois de faire pour les ſe-
„ conder. Je lui dis que j'étois déterminée à embraſ-
„ ſer la Réligion Chrêtienne, & je lui promis de la
„ délivrer des perſécutions inſolentes d'un Barbare.
„ Roſalinde demeura quelque tems à refléchir. Elle
„ craignoit l'artifice, mais me voyant tombée à ſes
„ genoüils toute en larmes la ſincérité de mon ré-
„ pentir diſſipa ſes ſoupçons. Je lui demandai mille
„ fois pardon des excès ou je m'étois abandonnée
„ contre ſon honneur. Elle me réleva avec bonté,
„ nous convînmes entre nous d'une étroite intelligen-
„ ce, & elle m'inſtruiſit des premiéres véritez du
„ Chriſtianiſme dont j'avois déja eu une légére con-
„ noiſſance par ſimple curioſité. Je fus ſur le champ
„ trouver le Baſſa, & je lui dis que j'avois découvert
„ par les ſecrets de mon Art qu'il ne devoit pas eſ-
„ pérer de guérir avant de s'être remis en Mer avec
„ les trois Eſclaves. Que Roſalinde ſeroit ſon épou-
„ ſe & répondroit à ſon amour, mais qu'il falloit

attendre la fin de l'expédition de Candie, & que "
ce n'étoit que dans Conftantinople qu'il pouvoit "
efpérer d'être heureux. J'ajoûtai une infinité de "
circonftances pour donner plus d'apparence à mes "
difcours, je gagnai fa confiance, & fous prétexte "
de fervir Amurat, il me fut permis de voir Rofa- "
linde, & d'apprendre d'elle vos amours & vos "
avantures. "

Je ne joüis pas long-tems de ce bonheur. Amu- "
rat avoit donné trop de crédulité à mes paroles. En "
attendant la conquête de la Canée, il envoïa Ro- "
falinde & fes compagnes à Rhodes fous la garde "
d'un vieil Eunuque nommé Aly, & qui étoit le "
feul de fes Domeftiques pour lequel il n'eût rien de "
caché. Cette réfolution fut prife avec un fecret im- "
pénétrable, & je n'en eu pas le moindre foupçon. Le "
Baffa fit courir le bruit que les trois Captives avoient "
eu la tête tranchée, parce que vous n'étiez pas re- "
venu avec Dragut dans le terme qu'il vous avoit "
prefcrit, & il autorifa du prétexte de fon ferment "
un ordre fi fanguinaire. Pour foûtenir fa feinte il "
leur fit prendre des habits à la Grecque, & trem- "
per dans le fang humain par la main du même Aly, "
ceux qu'elles avoient apporté de Barbarie. Ces pré- "
cautions étoient néceffaires pour fe conferver Rofa- "
linde. Il fçavoit l'amitié qu'Amat Bey de Tunis "
avoit pour elle, & il ne pouvoit pas douter que s'il "
venoit à découvrir qu'elle fût en fon pouvoir, il "
n'employât jufques à la force pour la lui enlever. "

„ Il en voulut éteindre jufques à la mémoire , & s'af-
„ furer après la campagne les plaifirs que je lui avois
„ annoncés.

„ La fanté d'Amurat fe rétablit prefqu'aufli - tôt
„ après le départ d'Aly & des Efclaves; fa guérifon
„ le confirma plus puiffamment à me croire. Il me
„ demanda au Baffa de Bofnanie qui n'ofa me réfu-
„ fer; il me garda à fon fervice, ce fut dans ce mê-
„ me tems que vous vîntes vous préfenter à lui. Je
„ fus témoin de fa réponfe & de vôtre douleur; j'au-
„ rois voulu vous foulager, mais il m'étoit impoffible.
„ J'obfervai feulement que vous vous embarquiez fur
„ un des Navires de Rhodes & je vous vis partir.

„ Cependant le Siége de la Canée n'avançoit que
„ lentement. * Je perfuadai Amurat que pour parve-
„ nir à l'objet de fes défirs, il étoit néceffaire d'infpi-
„ rer à Rofalinde des difpofitions favorables , & je
„ lui propofai de m'envoïer à Rhodes. Il y confen-
„ tit. Aly avoit ordre de ne la laiffer parler à qui que
„ ce fût fans une lettre de la main de fon Maître, il
„ m'en donna une. Je fuis arrivée icy, où il m'a re-
„ commandé de l'attendre ; mais avant de me pré-
„ fenter à l'Eunuque j'ai voulu vous confoler, & con-
„ certer avec vous les moïens de rendre la liberté à des
„ perfonnes qui vous font fi cheres.

Léalde fut tranfporté de joïe au recit de Celiffe. Il
étoit hors de lui-même en apprenant que Rofalinde

vivoit

---

* *L'Original dit que le Siége étoit fur la fin , j'ay été obligé de changer cet endroit pour ménager mon tems.*

vivoit encore, qu'elle étoit à Rhodes, & qu'il pourroit la revoir inceſſamment. Celiffe lui parut un Dieu
tutelaire. Tout ſon ſang n'étoit pas ſuffiſant à ſa reconnoiſſance. " Je ne veux d'autre récompenſe, "
lui dit Celiffe, que celle de vous ſuivre, lorſque "
je vous aurai rendu Roſalinde. Conduiſez-moi ſous "
un Ciel heureux où la vérité ſe reſpire avec l'air, "
& où les horreurs de ma vie paſſée s'effacent par "
les eaux ſalutaires du Baptême. „ Léalde le promit
avec tranſport ; il jura de ne la jamais abandonner, & de pourvoir à tous ſes beſoins ; heureux
encore d'aſſurer ſon bonheur par une ſi grande con-
verſion.

Mais, ajoûta-t'il, pour parvenir à délivrer Roſa- "
linde, il eſt néceſſaire que j'apprenne de vous l'en- "
droit ou l'Eunuque s'eſt retiré. Il y a près du Port, "
répondit-elle, une petite Iſle, & peut-être l'avez- "
vous remarquée vous-même, puiſqu'il eſt impoſſi- "
ble de paſſer de Rhodes en Candie ſans la voir. "
Dans cette Iſle eſt une Tour antique, qu'à l'inſ- "
cription on reconnoît pour un ouvrage de la ma- "
gnificence des anciens Ducs de Bourgogne ; le tems "
en a détruit une partie, il n'y reſte qu'un petit appar- "
tement inacceſſible de toutes parts, ſi ce n'eſt du "
côté de la Mer. C'eſt là qu'Aly avec quatre autres "
Eunuques garde vôtre tréſor; Roſalinde y eſt extrê- "
mement reſſerrée, elle n'y eſt vûë de perſonne, & "
ne voit elle-même que le Ciel & les Flots. Cette "
Tour affreuſe reſſemble plûtôt à un Sépulchre qu'à "

„ une habitation , elle eſt impénétrable , & ce n’eſt
„ pas ſans raiſon que j’ay commencé par vous dire ,
„ que Roſalinde étoit dans le Tombeau , quoi qu’elle
„ vécût encore.

Léalde ſe reſſouvint alors , que ſortant du Port
pour aller en Candie , il avoit non-ſeulement vû la
Tour , mais que c’étoit de ce lieu même qu’il avoit
entendu ſon nom & celui de Roſalinde. Il ne douta
plus que ce qu’il avoit pris pour une illuſion ne fût la
vérité même.

Le parti auquel ils s’arrêterent , fut de mettre dans
leur ſecret non-ſeulement Guſman , mais encore Blumazar dont ils ne pouvoient avoir aucune défiance ;
ils convinrent tous enſemble de faire préparer la Flûte , & ils choiſirent pour l’exécution la troiſiéme heure de la nuit du ſur lendemain.

Le lieu de leur rétraite après l’enlevement des Captives les embarraſſoit davantage. L’avis de Léalde &
de Guſman étoit de lever l’Ancre auſſi-tôt , pour aller
à Meſſine , & faire voiles enſuite à Gennes ; mais pour
ſuivre cette route , il falloit neceſſairement paſſer à la
vûë de la Flotte Turque qui environnoit la Candie ,
& c’étoit s’expoſer à un péril trop manifeſte. Il n’étoit
pas moins dangereux de laiſſer la Candie à droite &
de côtoyer la Barbarie , de reſter à Rhodes , on ne
pouvoit eſpérer de s’y cacher. Enfin le ſentiment de
Blumazar prévalut. Ce fut de gagner la terre ferme
la plus voiſine , c’eſt-à-dire , la Lycie dans l’Aſie mi-
neure , que les Turcs appellent aujourd’huy la Nato-

lie. Il promit de les accompagner , & de les conduire chez un de ſes parens , ſon ami intime , qui habitoit une eſpece de ſolitude , dans laquelle inconnus à l'Univers , ils pourroient reſter juſques au moment favorable pour leur retour.

Il n'y avoit pas un moment à perdre pour l'exécution de tout ce projet. Celiffe dès le lendemain matin fut dans la petite Iſle , & ayant fait voir la lettre d'Amurat, elle entra dans la Tour. Elle n'y fut pas plûtôt ſeule avec Roſalinde qu'elle l'inſtruiſit de tout, & la remplit d'une joïe qu'il eſt impoſſible d'exprimer. Violente & Doriſbe furent admiſes dans la confidence , & elles attendirent le jour ſuivant avec une impatience qu'il eſt facile d'imaginer. Le vin étoit la paſſion dominante d'Aly, quoique cette liqueur ſoit défenduë par la Loy du Prophête. Celiffe lui dit qu'elle en avoit apporté du plus excellent de Candie, & elle en fit entrer une Barrique. *

On prépara le lendemain un ſouper délicat , Aly y fut convié. L'Eunuque & ſes camarades ſe livrerent comme on l'avoit attendu , & ils tomberent bientôt dans l'yvreſſe. Le vin avoit été préparé avec de l'Opium , ils s'endormirent , & d'un ſommeil ſi profond qu'ils n'euſſent pas été réveillés par les plus bruïans éclats du Tonnerre , ni par les plus violentes ſecouſſes de la terre ébranlée. Les priſonnieres qui n'avoient bû que peu d'un autre vin , ſaiſirent ce moment prétieux pour leur liberté , & n'emportant que

---

* *J'ay abregé cet endroit , & quelque choſe de ce qui ſuit.*

ce qui leur étoit abfolument néceffaire, elles defcendirent au Rivage ; la Flûte les attendoit, & à force de Rames elles perdirent bien-tôt Rhodes de vûë.

Quels furent les tranfports de Rofalinde & de Léalde en fe voïant de nouveau réünis, après de fi grands périls, & une fi longue féparation ? Violente les embraffoit l'un & l'autre les yeux baignés de larmes que la joïe lui faifoit répandre. La feule Dorifbe foûpiroit ; elle ne voïoit pas fon cher époux : mais Léalde & Gufman la raffuroient par l'éfperance de le réjoindre inceffamment, efpérance d'autant mieux fondée, qu'il n'avoit pas couru les mêmes dangers.

Le vent favorable, la force des Rameurs, & plus encore le plaifir d'être enfemble abrégerent le voïage. En moins de tems qu'ils ne s'y étoient attendus, & prefque fans s'en apercevoir ils découvrirent la Lycie. Ils aborderent aux fept Caps, & fe rendirent à la maifon de l'ami de Blumazar. Il s'appelloit Ruften, Mahometan comme lui, riche, vieux, & n'aïant aucuns enfans de fa femme Zélide avancée en âge. Blumazar lui fit connoître les perfonnes cheres dont-il lui confioit le dépôt, il les reçut avec une joïe qui marquoit fa fincérité, & la fidélité avec laquelle il leur garda fa parole, prouve bien que la vertu n'eft pas inconnuë aux Barbares.

Pour éviter d'être découverts la Flûte fut envoïée dans un petit Golfe éloigné de plufieurs milles. Ce Golfe la mettoit à couvert des tempêtes, il étoit peu fréquenté, & ne fervoit de retraite qu'à de fimples

Pêcheurs. Ils fournirent fuffifamment de vivres à leurs Matelots, leur faifant accroire qu'ils avoient à pénétrer plus avant dans les Terres, & que dans peu de jours ils viendroient les réjoindre. Blumazar étoit celui qui conduifoit ces arrangemens, & après avoir recommandé à Ruften un foin tout particulier de fes amis, & leur avoir promis de les revoir inceffamment, il retourna à Rhodes fur un autre Vaiffeau pour obferver les évenemens & les inquiétudes d'Aly. Lorfqu'il fut parti Léalde inftruifit Rozalinde de ce qui lui étoit arrivé dépuis leur féparation, & combien de pleurs il avoit verfé pour fa mort. Rofalinde attentive à ce récit, répandoit elle-même des larmes, & lui rendit compte de toutes les fureurs d'Amurat.

Violente de fon côté ne laiffa pas ignorer à Léalde avec quelle conftance admirable Rofalinde avoit réfifté aux careffes, aux priéres, & aux ménaces du Barbare; elle lui apprit la réfolution prodigieufe qu'elle avoit prife de détruire fa beauté, & l'intrépidité avec laquelle elle s'étoit fouftraite à la violence de l'Aga des Janiffaires, en le ménaçant de lui plonger un Poignard dans le cœur. *

Ainfi nos amans & leurs illuftres amis menoient en Lycie une vie tranquille. Le fouvenir de leurs malheurs paffez, rédoubloit leur fatisfaction préfente,

J'ay retranché fept pages qui finiffent le feptiéme Livre, elle ne contiennent qu'une defcription ennuyeufe de la vie que menoient Léalde & Rofalinde. Et quelques Chanfons dont une eft une Paraphrafe du Pfeaume 99. Servite Domino in lætitia.

ils se les racontoient chaque jour , & ne pouvoient se lasser de se redire les preuves que pendant leur séparation ils s'étoient donnez de leur fidélité mutuelle.

   * Rusten & Zélide enchantez des rares vertus de Léalde & de Rosalinde, leur proposerent de les adopter pour leurs enfans, & de les rendre heritiers d'une fortune immense ; mais Rosalinde & Léalde refuserent d'une maniere convenable, & qui ne put offenser leurs Hôtes, de si grands avantages. Ils leur expliquerent les raisons qui les rappelloient dans leur Patrie. Peu de jours après ils virent revenir Blumazar qu'ils n'attendoient pas si-tôt, & qui pour leur donner des nouvelles, s'étoit risqué sur un petit Batteau avec un seul Esclave, de la fidélité duquel il n'avoit aucun soupçon.

   † Il leur apprit que l'Eunuque Aly s'étant apperçû de leur fuite à son réveil, avoit presque renversé toutes les maisons de Rhodes pour découvrir leur retraite, & les coupables de l'enlévement ; mais que toutes ses perquisitions avoient été inutiles par la fidélité avec laquelle le secret avoit été gardé. Qu'Aly furieux du peu de succès de ses soins étoit allé en Candie porter à son Maître la fatale nouvelle ; Blumazar ajoûta que s'il y avoit quelque orage à craindre, il étoit prêt d'éclatter. Il les exhorta à redoubler d'at-

---

* *Icy commence le huitiéme Livre de l'Original.*

† *J'ay extrêmement abregé cet endroit, Blumazar apporte la nouvelle de la prise de la Candie, & je la differe pour les changemens que je feray dans la suite.*

tentions pour se tenir cachez dans un coin de la terre, où ils ne couroient risque d'être découverts que par une imprudence, & il reprit ensuite le chemin de Rhodes où sa présence étoit absolument nécessaire à leurs interêts. *

Cependant le farouche Amurat étoit guéri de la fiévre; mais il ne l'étoit pas des fureurs de l'amour. Il ne sentit pas plûtôt le retour de ses forces, qu'il brûla d'impatience de revoir Rosalinde; il ne put résister à son absence, & prenant le prétexte du service de l'Armée pour aller à Rhodes, il se disposoit à partir, lorsqu'il vit entrer dans sa Tente l'Eunuque désolé qui l'instruisit de l'évasion de ses Captives. A ce récit le Barbare entra dans une rage qu'on ne peut exprimer. En vain Aly voulut-il lui faire entendre qu'il ne devoit imputer ce malheur qu'à la confiance aveugle qu'il avoit donnée à l'artificieuse Celiffe : le malheureux en se justifiant redoubla les transports de son Maître insensé, & ne reçut pour toute réponse qu'un coup de Cimeterre qui lui fendit la tête. L'Aga dans une colére qui ne lui permettoit aucun usage de sa raison courut ensuite à la Flotte, & se jettant dans le premier Vaisseau que le hazard lui présenta, il obligea par ses ménaces les Mariniers effraïez de lever l'Ancre, & de tourner les voiles vers Rhodes. A peine y fut-il arrivé qu'il fit publier un Ban portant peine de mort contre tous ceux qui donneroient retraite

* *J'ay supprimé 5. pages entiéres à la suite du départ de Blumazar. Léalde désesperé d'être avec Rosalinde sans oser lui manquer de respect, part avec Gusman sous prétexte d'aller voir leur Vaisseau.*

aux Fugitives, & par lequel il promettoit de grandes recompenſes à quiconque les découvriroit. Celiffe qui l'avoit trompé étoit celle contre laquelle il paroiſſoit plus irrité, & il ſe flattoit que comme elle étoit connuë dans ces Quartiers, elle rendroit plus facile la perquiſition qu'il fit faire.

On vint lui dire en effet que quelques jours auparavant on l'avoit vû entrer dans la maiſon de Blumazar avec un Etranger. Il n'en fallut pas davantage pour ordonner ſur le champ que la maiſon fût environnée, & l'abſence de cet ami fidéle qui n'étoit pas encore de retour, augmenta les ſoupçons. Blumazar ſe cacha. Il fut cité, mais il ne comparut pas, on mit ſes domeſtiques en priſon. Un d'entr'eux (c'étoit l'Eſclave qui l'avoit conduit dans le dernier voïage) ignorant les conſequences de ce qu'il diſoit, avoüa naturellement que ſon Maître étoit revenu depuis peu de Lycie où il avoit été viſiter Ruſten ſon parent & ſon amy. Il n'avoit point vû Roſalinde, Léalde ni les autres Fugitifs, & il ne ſe doutoit même pas que Blumazar fût complice de leur fuite ; Mais Amurat ne négligeoit rien. Blumazar lui devint ſuſpect, ſans perdre un moment il s'embarqua, & paſſant le petit Golfe qui mene en Lycie, il prit la route de la maiſon de Ruſten.*

Cette maiſon étoit bâtie ſur une colline élevée, de maniere que des fenêtres on découvroit aiſément la pleine Mer.

Ruſten

* *Cet endroit eſt abregé pour le rendre plus vif.*

Ruſten apperçût d'aſſez loin le Vaiſſeau d'Amurat, il le vit plein de Soldats armés, & comme on ne venoit chez lui que par un ſentier qui n'avoit point d'autre iſſuë, & que le Vaiſſeau étoit prêt d'y aborder, il ne douta point du péril de ſes illuſtres Hôtes. Il courut les en avertir, on diſtinguoit déja le furieux Baſſa ſur la Proüe, & ils ſe crurent perdus ſans aucune reſſource.

Il n'y avoit dans la maiſon aucun endroit propre pour ſe dérober à ſes yeux, il n'étoit plus tems de ſonger à la fuite, c'eût été une témérité extravagante que de vouloir ſe défendre, le ſupplice & la violence étoient inévitables en ſe remettant en ſon pouvoir. Comment échapper à une extrêmité ſi preſſante?

Celiffe fut l'inſtrument dont le Ciel ſe ſervit pour leur délivrance. Elle eut recours aux ſecrets de ſon Art; non pas à ceux par leſquels elle faiſoit trembler l'Enfer & qu'elle déteſtoit elle-même, mais à ceux qu'elle avoit appris par une étude profonde de la nature, & dont l'uſage n'a rien de criminel. Ses divers voïages dans une infinité de Climats lui avoient dévoilé les proprietez des Plantes & des Mineraux, & par cette connoiſſance on l'avoit vû quelques fois exécuter des choſes qui tenoient du prodige, elle prit promptement ſon parti. *

De l'infuſion de quelques ſimples & d'une pierre d'une vertu admirable, elle compoſa ſur le champ une eau, dont en lavant tout le corps de Roſalinde,

---

* *J'ay retranché une demie page de répétitions.*

de Violente & de Dorilbe, elle les rendit aussi noires que si elles eussent été de véritables Ethiopiennes. Leurs lèvres s'enflerent & devinrent plus humides, tout changea en elles jusques à la Physionomie, au son de la voix, à la couleur des cheveux; en un mot elles ne pouvoient se reconnoître entre elles. Celiffe en fit autant pour Léalde, pour Gusman & pour elle-même , & produisit la même métamorphose ; ils changerent tous d'habits avec promptitude.*

A peine furent-ils en état de paroître sans crainte, que les Soldats d'Amurat arriverent, & que la maison de Rusten fut environnée de toutes parts. Le Bassa la trouva ouverte & y entra sans aucune résistance. Rusten descendit pour le recevoir & se prosterna à la maniere des Turcs sans marquer aucune inquiétude, il le conduisit dans l'Appartement, & lui demanda librement le sujet de sa venuë, en lui offrant tout ce qui dépendoit de lui.

Le premier soin d'Amurat fut de s'informer où étoit Blumazar. Rusten répondit qu'il n'y avoit que peu de jours qu'il l'étoit venu voir ; mais qu'il n'avoit séjourné que vingt-quatre heures, & qu'il s'en étoit retourné sans lui avoir donné depuis de ses nouvelles. En vain le farouche Aga le questionna-t'il très longtems sur la fuite des Esclaves, Rusten contrefit admirablement l'étonné, & parut n'en avoir pas même entendu parler. Amurat se fit amener tous ceux qui habitoient dans la maison, & en fit examiner les lieux

* *Dans l'Original Léalde n'est point métamorphosé , parce qu'il est parti , & qu'Amurat ne le voit pas.*

les plus secrets ; Rosalinde parut devant lui, mais ses yeux jaloux ne purent pénétrer au travers des secrets de Celiffe, il n'eut pas même le moindre soupçon, il interrogea seulement Rusten pour sçavoir d'où lui venoient ces Ethiopiens, le généreux Vieillard lui dit que des fameux Marchands d'Esclaves les lui avoient laissez en dépôt, & qu'ils étoient destinez pour les Serrails de Constantinople.

* Le Barbare trompé ne chercha pas davantage, il reprit le chemin de Rhodes & retourna ensuite en Candie. Le Siége duroit encore, & Amurat en rentrant dans le Camp y rapporta ses fureurs. Sa haine contre les Chrétiens prit de nouvelles forces du malheur de son amour, il voulut venger par leur sang la perte de ses espérances. Son désespoir lui faisoit mépriser les périls & la mort. Les attaques en devinrent plus vives, & les Assiégés ressentirent par leurs pertes les effets funestes de sa rage, qu'il communiquoit à ses Troupes.

La Canée étoit déja aux abois. Les Turcs avoient emporté tous les déhors, & il ne restoit aux Vénitiens que le corps de la Place. Cependant ils faisoient encore de frequentes sorties, & il sembloit que leur courage eût redoublé par l'extrêmité du danger auquel ils se trouvoient reduits. Enfin le Capitan résolut dans un Conseil de Guerre de faire donner un Assaut général. Amurat qui ne cherchoit qu'à périr, en demanda aussi-tôt le commandement ; le rang qu'il tenoit

* *Tout ce qui suit est de moy.*

dans l'Armée, & sur tout la confiance que l'on avoit dans sa valeur, le lui firent aisément obtenir ; on en fixa le jour au lendemain, & la nuit fut emploïée aux préparatifs nécessaires.

Au mouvement que les Venitiens apperçûrent dans le Camp des Turcs, ils comprirent aisément le projet de leurs Ennemis. Ils se préparerent de leur côté à une vigoureuse résistance. Leurs Rempars foudroïez étoient ouverts de toutes parts, & les brêches que l'Artillerie y avoit faites étoient trop considérables, pour espérer de les défendre. Ils se déterminerent à sortir en ordre de bataille dans le peu de terrein qui leur restoit ; & quoiqu'affoiblis par leurs pertes, & le défaut de vivres qui manquoient depuis plusieurs jours, ils prefererent une mort glorieuse, toute certaine qu'elle étoit, à la honte de se voir enlever derriere des murailles abbattuës.

A la pointe du jour Amurat sortit des Trenchées à la tête de ses Janissaires, les Venitiens de leur côté ouvrirent leurs Portes, & se rangerent sous leurs Bastions. Ce qui devoit être un Assaut, devint un combat général des deux Partis. Amurat méprisa d'abord des Ennemis ausquels il ne restoit qu'un désespoir téméraire ; il couroit de rang en rang animer ses Soldats, en leur rémontrant, que ce jour étoit le dernier de la Canée, en leur faisant voir qu'ils n'avoient à faire qu'à une poignée de mourans, & leur promettant un buttin assuré par le pillage de la Ville.

La mort sembloit voler entre les deux Armées ; les

Venitiens recevoient leurs ennemis avec un courage héroïque, les Habitans de la Ville s'étoient mêlez parmi eux, & le danger imminent de l'Esclavage leur faisoit faire des actions d'une valeur admirable, & qu'on auroit attendu avec peine des Troupes les mieux disciplinées. Les Turcs perdoient le plus par le nombre, souvent ils reculerent, & furent remenez jusques dans leurs Trenchées; mais que peut la valeur contre la multitude d'ennemis? Un Janissaire tué étoit remplacé sur le champ par quatre autres; le redoutable Amurat faisoit un carnage affreux des Chrétiens, tout ce qui s'opposoit à son passage tomboit sous les coups de son Cimeterre foudroïant. Il étoit midy, & les Assiégés ne pouvant plus résister, commençoient à chercher leur salut en se retirant dans la Ville, lorsqu'un Guerrier d'une taille majestueuse & suivi d'un seul Ecuïer vint se mettre à leur tête en les conjurant de s'arrêter encore du moins quelques instans. Il accompagna ses paroles par son exemple, & de quatre coups d'épée il abattit quatre Turcs à ses pieds. Ces premiers essais de son courage ranimerent les Chrétiens consternés, & quelques Officiers des plus braves s'étant rassemblez près de lui, ils firent ferme, & en arrêtant la fougue des ennemis, donnerent le tems aux Venitiens de se mettre à couvert de leurs Remparts.

Amurat s'en croïoit déja maître, il pressoit ses Soldats de suivre les Venitiens, & d'entrer avec eux dans la Canée. Quel fut son étonnement, lorsqu'il apperçut qu'un seul homme lui arrachoit des mains

une victoire qu'il croïoit si certaine ? Il s'avance &
le considére ; c'étoit le Comte Edmond.

Revenu à Gennes, il s'étoit souvenu du serment
qu'il avoit fait à son abjuration, d'emploïer son épée
à la défense de la Foy qu'il venoit de professer avec
tant de zéle. Il ne lui étoit plus permis d'esperer de
parvenir en Angleterre à des établissemens convenables à sa naissance, & brûlant du désir de signaler
les premiers momens de sa conversion par quelque
action mémorable, il s'étoit embarqué à l'insçu de
ses amis avec le seul Fidéle sur une simple Chaloupe,
& ils n'étoient arrivez que dans le moment où les
Chrêtiens éperdus rentroient dans la Canée qu'ils ne
pouvoient plus défendre. Si sa valeur n'avoit pas rétabli le combat, elle avoit du moins suspendu la
victoire des Turcs, & donné aux Venitiens le tems
de prendre haleine.

Amurat le reconnut. ,, Quoy ! traître s'écria-t'il, per-
,, suadé que c'étoit Edmond qui lui avoit enlevé Rosa-
,, linde, viens-tu défendre l'Esclave que tu m'as ra-
,, vie ? Elle est sans doute dans la Canée, ta mort
,, va m'en ouvrir le passage, & je satisferai à la fois
,, ma vangeance & mon amour.

Le valeureux Edmond ne put voir le Bassa sans
s'enflamer d'un dépit généreux. Il n'aimoit plus Rosalinde, mais il ne fut pas insensible au plaisir d'apprendre qu'elle vivoit encore, & de la défendre. ,, Je
,, ne t'ay point enlevé Rosalinde, répondit-il, je n'ay
,, pas été assez heureux, mais s'il faut la soustraire à

tes fureurs, tu n'as point d'ennemi plus rédoutable "
que moy. ,, A ces mots il s'avança l'épée haute contre le Barbare qui le reçut avec toute la rage dont il
étoit animé. Il se porterent plusieurs coups qu'ils pa-
rerent avec adresse, mais enfin Amurat indigné d'une
résistance qu'il n'avoit point encore éprouvé de sa vie,
se résolut à vaincre ou à périr, & voulant terminer le
combat par un seul effort, il leva à deux mains son
Cimeterre, & comptoit partager en deux son ennemi. Edmond évita la foudre qui alloit tomber sur sa
tête, & conservant dans le péril autant de sens froid
que son ennemi avoit de fureur, il ne fit que tendre la
pointe de son épée ; le Barbare qui s'étoit trop abandonné s'enferra lui-même, & se perça le cœur.

Ainsi périt le détestable Amurat vomissant avec son
sang toute sa rage : ainsi le Ciel punit les outrages
& les maux qu'il avoit faits à Rosalinde. Mais que
cette victoire coûta cher au vainqueur ! Edmond en
esquivant le dernier coup d'Amurat, avoit garanti sa
tête, mais il ne put empêcher que le Cimeterre rédoutable ne lui fît en tombant une large blessure au
côté. A peine eut-il joüi un moment de la chûte d'un
si grand ennemi, que par l'abondance du sang qu'il
perdoit, il tomba lui-même sans connoissance entre
les bras de Fidéle. Les deux partis témoins de ce combat, avoient suspendu leur furie pour en devenir les
spectateurs, il ne fut pas plûtôt terminé, que les Infidéles effrayés par la perte du plus brave de leurs Capitaines, se retirerent dans leurs Trenchées en jettant

des heurlemens affreux , tandis que les Chrétiens épui-
fés du fang qu'ils avoient répandu dans cette fatale
journée , ne fongerent qu'à rentrer dans la Ville , &
à fecourir leur généreux défenfeur. Le calme fucceda
tout à coup à la tempête , & le filence des Affié-
geans & des Affiégés ramena pour quelques heures
l'image de la paix.

Le Comte Albano Gouverneur de la Place vint lui
même à la rencontre d'Edmond , il le fit conduire
dans fon propre lit , & les plus habiles Chirurgiens
furent appellez pour vifiter fa bleffure ; leur fecours
étoit inutile , au premier afpect de la playe ils la déclarerent mortelle , & que le bleffé n'avoit que quelques heures à vivre. Tout pleura à cette funefte nouvelle la mort trop prématurée d'un Héros qui tout
inconnu qu'il étoit , avoit autant gagné les cœurs par
une beauté que les horreurs du trépas ne pouvoient
effacer , que par une valeur dont les efforts prodigieux avoient été fi utiles à la Chrêtienté. Albano ne
voulut point l'abandonner quoiqu'il fût fans efpérance , & en apprenant de Fidéle la condition de fon
Maître , il fentit augmenter fa douleur.

Cependant les Chirurgiens s'empreffoient au tour
du Comte pour lui procurer au moins quelques momens de connoiffance. Il ouvrit enfin fes yeux languiffans , & les tournant vers Fidéle , qu'il apperçut
fondant en larmes. ,, Ceffes de me pleurer , lui dit-il.
,, Je meurs , mais je meurs trop heureux , puifque mon
,, trépas eft utile à la caufe de la Réligion , & au

bonheur de Rosalinde. Rétournes en Italie , portes "
à Gennes les froides réliques de ton Maître, & que "
l'Eglise des Capucins me fourniffe un Tombeau. "
ce que tu as à moy fervira à cette dépenfe , le ref- "
te je te le donne, puiffe-t'il fervir à ton bonheur. Il "
n'en put dire davantage , & retombant en foibleffe il "
expira. " *

A peine eut-il rendu le dernier foûpir , que le
Comte Albano affembla pendant la nuit le Confeil
de Guerre , & propofa de profiter de la confterna-
tion dans laquelle la mort d'Amurat avoit jetté les
Turcs , pour en tirer une Capitulation honorable. La
néceffité n'a point de Loy , la Place manquoit de vivres & de défenfeurs. La réfolution de fe rendre fut
prife , & dès le lendemain , un Trompette fut envoyé
au Capitan Général. Les Turcs effrayés reçûrent la pro-
pofition comme un préfent des Venitiens, ils ne difpu-
terent aucunes des conditions , & crurent ne pouvoir
trop achetter une conquête qui leur avoit déja tant
coûté ; ils craignoient des ennemis dont le défefpoir
étoit fi rédoutable , & parmi eux fur-tout , le Vainqueur d'Amurat , dont ils ignoroient la mort , leur
avoit infpiré une fi grande terreur , qu'ils le regardoient comme un nouveau Rempart impoffible à fur-

* J'ay déja averti que dans l'Original Edmond fe fait Moine. Mon lecteur jugera fi je ne m'en défais pas plus noblement. Je crois devoir ajoûter que
dans l'Italien on ne voit point ce que devient Amurat après qu'il a cherché
inutilement Rofalinde en Lycie , d'où il réfulte qu'un des Principaux perfonnages difparoit fans raifon , & que le vice n'eft pas puni. Il me femble que
je rémedie heureufement à de fi grands défauts en me fervant de la mort
d'Amurat pour rendre celle d'Edmond plus glorieufe.

monter. Les Venitiens fortirent avec tous les honneurs de la Guerre, il leur fut permis d'emmener
l'Evêque, & les principaux Habitans qui voulurent
les fuivre; le furplus éxempt du pillage, conferva fes
Priviléges. Ainfi les Affiégés dûrent à la valeur d'Edmond, une gloire qui fut enviée de leurs Vainqueurs,
& les Habitans une liberté dont ils avoient perdu l'efpérance. Les Venitiens s'embarquerent à la vûë de leurs
Ennemis, Fidéle emporta fur leurs Vaiffeaux le corps
de fon Maître, & lui éleva dans Gennes un magnifique Mauzolée qui confervera éternellement fa mémoire.

* Mais il eft tems de rétourner à Léalde & à Rofalinde. Blumazar n'eut pas plûtôt appris le départ
d'Amurat, qu'inquiet du fort de fes amis il revint en
fecret chez lui, & raffembla ce qu'il avoit de plus
précieux. Il fortit déguifé de Rhodes & fe rendit à la
maifon de Ruften. Le généreux Vieillard lui apprit
que le Baffa étoit venu en perfonne, & comment
malgré toute fa rage il avoit été la dupe des fecrets de
Celiffe. Rofalinde parut dans le même moment; le
Rhodien la méconnut lui-même, & ne fut plus étonné de l'erreur d'Amurat.

† Ils fe ràffemblerent pour éxaminer le parti qu'ils

---

* *Je reprends icy mon Original.*

† *Tout cet endroit eft encore de moy. J'ay déja dit que dans l'Original Léalde ne pouvant fupporter d'être comme Tantale auprès de Rofalinde fans lui manquer de refpeit, s'éloigne avec Dragut, fous prétexte d'aller voir la Flûte. Dragut revient feul, & rapporte feulement une lettre de Léalde, par laquelle il marque à Rofalinde le fujet de fon départ. Elle s'en afflige & fe*

avoient à prendre , & ils ne sçavoient à quoy se ré-
soudre , lorsqu'ils virent arriver l'Esclave fidéle de
Blumazar qui cherchoit son Maître , & qui leur apprit la prise de la Canée dont la nouvelle s'étoit répanduë à Rhodes , & la mort d'Amurat par la main
d'un Guerrier inconnu. Il n'en fallut pas davantage
pour les déterminer à réprendre la route de l'Italie.
Il n'y avoit plus aucun danger de tomber en la puissance des Turcs dont la Flotte devoit faire voile pour
Constantinople dès le lendemain. Rosalinde , Léalde ,
Violente , Dorisbe & Dragut brûloient d'impatience
de quitter des climats où ils avoient éprouvé tant de
malheurs. Rusten , Zélide & Blumazar leur étoient
attachés par une amitié si tendre qu'ils jurerent de ne
les jamais abandonner ; à l'égard de Celiffe Léalde ne
pouvoit sans manquer à sa parole se dispenser de l'emmener avec lui dans des lieux où elle seroit en sûreté ,
& où elle pourroit professer les verités dont-elle étoit
déja si persuadée.

     * Tout fut préparé en peu de jours pour le départ.

*console. Léalde se rétire chez des Païsans , & passe une vie dont il s'ennuye
au bout de quelque tems. Il écrit une seconde fois à Rosalinde qui découvre le
lieu où il est , & le va chercher avec toute sa Compagnie. Elle est toûjours
déguisée en Ethiopienne , il ne la réconnoît pas , elle contrefait la Dévineresse
& se mocque de lui. Elle le ramene. Ils emploïent jusques au Printems à convertir Blumazar , Rusten & Zélide , tous leurs sermons sont rapportés sans
qu'il y manque un mot. Ainsi finit le huitiéme Livre. Donc en rétranchant
tout cela j'ay supprimé 55. pages. Je conviens qu'il y a du danger à laisser
Léalde & Rosalinde ensemble ; mais c'est une faute que l'Original fait par
tout , & j'aime mieux que mon Héros soit un homme chaste , que d'en faire
un sot.*

     * *Icy commence le neuviéme Livre de l'Original.*

Guſman fut chercher & ramena la Flûte, Blumazar, Ruſten & Zélide la chargérent de ce qu'ils avoient pû ramaſſer de leurs richeſſes, & le tems étant devenu favorable, les Ancres furent levées, & les Voiles abandonnées aux Vents. *

Juſques-là Roſalinde, Violente, Doriſbe, Léalde & Guſman avoient conſervé le déguiſement que leur avoit procuré l'Art de Celiffe, & ce ne fut que lorſqu'elle les vit hors de danger qu'elle ſongea à leur rendre leur couleur naturelle. Elle prépara des eaux d'un effet contraire à la premiére; mais elle ne purent operer ſi promptement, il fallut en rédoubler l'uſage pendant quelques jours, pendant leſquels les divers dégrés de leur changement furent la matiére d'une infinité de plaiſanteries qui adouciſſoient l'ennui du voïage.

Roſalinde reprenoit tous ſes appas, à meſure que les Lys de retour chaſſoient de ſon tein la noirceur de l'Ebêne. Sa beauté étoit comme une Etoile qu'une épaiſſe nuée a cachée pendant quelques inſtans, & qui n'en dévient que plus brillante, lorſqu'elle-perce enfin le voile fugitif dont-elle étoit envelopée. †

Jamais la Mer ne fut plus tranquille; les vents ne ſembloient ſouffler que pour rendre le voïage heureux. Ils virent les côtes d'Affrique ſur la gauche & laiſſerent ſur la droite la déplorable Candie. Ils n'aperçûrent pas un ſeul Vaiſſeau Barbare qui pût leur don-

* *Cet endroit eſt abregé.*

† *J'ay retranché une longue ſuite de Comparaiſons.*

ner la moindre inquiétude, la Flûte portoit pavillon Turc, & ce ne fut qu'à la vûë de la Sicile qu'ils arborerent celui de la Chrêtienté. *

Dorisbe étoit la seule qui fût encore livrée à la douleur; l'absence de son époux ne lui avoit pas permis de sentir le plaisir de la liberté; mais la vûë de Messine fit naître dans son cœur l'espérance d'y trouver quelques nouvelles, & commença d'y ramener l'allegresse. Cette espérance ne fut pas trompeuse, ils débarquerent, & s'étant rendus à la maison d'Ormando, la première personne qui s'offrit à leurs regards fut Léandre lui-même qui les attendoit, & qui cherchoit par toute sorte de soins à apprendre de leurs nouvelles.

Je passe sous silence les caresses que se firent tant de personnes illustres. La joïe d'Ormando étoit extrême, il ne me seroit pas possible d'exprimer les transports de Léandre & de Dorisbe. Blumazar, Rusten, Zélide & Celiffe eurent leur part de ces caresses; & à peine les premiers momens eurent-ils été donnez au plaisir de se trouver rassemblez, que Léalde impatient d'apprendre des nouvelles de son pere, pria Leandre de l'instruire des accidents imprevûs qui l'avoient empêché de se rendre à Messine, comme ils en étoient convenus. Tous les Assistans firent silence, & Léandre voïant qu'il étoit écouté, satisfit de la sorte la curiosité de son Ami.

* *J'ay retranché de cet endroit onze pages entiéres qui ne contiennent que quelques entretiens sur la guerre de Candie, & la Paraphrase du Pseaume 16e. chantée par Léalde.*

,, Je partis de Maïorque, dit-il, fur le Vaiſſeau Eſ-
,, pagnol ; le tems nous fut d'abord favorable, mais
,, le vent s'étant renforcé, nous fumes portez par la
,, tempête aux Iſles d'Hyeres, & pris par des Vaiſ-
,, ſeaux François. Tout l'équipage fut pillé, on nous
,, envoïa priſonniers à Marſeille. Je ne doutois pas
,, d'obtenir ma liberté, en faiſant connoître que j'é-
,, tois Gennois, ſimple paſſager, & non ſujet d'Eſ-
,, pagne ; mais quelque juſte que fût ma remontran-
,, ce, il fallut attendre des ordres de la Cour, & le
,, terme de nôtre rendez-vous étoit déja paſſé, lorſ-
,, qu'ils arriverent. Jugez de ma douleur, j'en aurois
,, été accablé, ſi je n'avois penſé que le déſeſpoir ne
,, feroit qu'augmenter mon infortune, & que mon
,, courage pouvoit encore vous être néceſſaire. Je
,, m'embarquai pour Gennes où j'arrivai aſſez promp-
,, tement.

,, Vous avez été à Gennes, s'écria l'impatient Léal-
,, de. Y avez-vous cherché Théodoſe ? L'avez-vous
,, vû ? Comment ſe porte-t'il ? Où eſt-il ? Que vous
,, a-t'il dit ? J'allois vous l'apprendre, reprit Léandre.
,, Je fus chez lui, même avant de voir ma famille, je
,, le vis. Réjoüiſſez-vous, mon cher Léalde, peu de
,, mois après vôtre départ d'Alicant, il avoit paſſé à
,, Gennes avec vos richeſſes & celles de Roſalinde ; ſa
,, ſanté s'étoit parfaitement rétablie, mais il étoit acca-
,, blé de douleur, parce qu'avant ſon départ la nou-
,, velle de vôtre naufrage ſur les côtes de Barbarie
,, s'étoit répanduë. Vôtre abſence après quelques mois

ne confirma que trop cette affreufe nouvelle, je le "
trouvai vêtu de deüil & dans l'excès de la plus vive "
douleur. "

L'arrivée d'Edoüard fon Neveu qu'il avoit fait ve-"
nir de Londres lui avoit apporté quelque confola-"
tion, il le deftinoit à être fon héritier. Edoüard eft "
en effet un Cavalier aimable, & il eût adouci la "
douleur de vôtre perte, fi cette perte n'étoit irrépa-"
rable. Théodofe habite avec lui dans le Palais pré-"
paré pour le pere de Rofalinde, il a fait de grandes "
acquifitions dans le Païs ; mais rien ne pouvoit vous "
effacer de fa mémoire, & chaque jour vous lui cou-"
tiez des pleurs. "

Il demeura interdit de joïe en apprenant que vous "
viviez encore, il vouloit partir fur le champ pour "
Maïorque ; mais je l'en diffuadai en l'afsûrant que "
pour l'exécution d'un grand deffein vous deviez "
être déjà à Meffine, & que vous en feriez reparti "
plûtôt que nous n'y ferions arrivez. Je fçavois en "
effet que rien ne pouvoit vous détourner de vous "
préfenter devant Amurat dans les deux mois qu'il "
avoit prefcrit à vôtre retour. Théodofe retomba "
prefque dans fa premiere douleur, en apprenant les "
nouveaux périls aufquels vous alliez vous expofer; "
mais enfin la certitude de vôtre vie en lui laiffant "
une efpérance qu'il avoit perduë depuis long-temps, "
fervit au moins à le calmer. Nous eûmes un long en-"
tretien fur les moïens de vous procurer la liberté; "
il m'apprit plufieurs particularitez dont nous pouvions "

„ inſtruire Amurat, & parce que le péril étoit dans
„ la demeure, je ne donnai qu'un jour à mon pere,
„ qui quoy que vieux joüit encore d'une ſanté par-
„ faite, & qui fut comblé de joye en me voïant li-
„ bre, & en apprenant que Violente ſa Sœur qu'il
„ avoit pleurée comme morte dépuis long-tems n'é-
„ toit point dans le Tombeau. Je m'embarquay dès
„ le lendemain pour Meſſine avec des lettres de ré-
„ commandation, & une groſſe ſomme d'argent pour
„ vos beſoins, j'y arrivay aſſez tôt pour la longueur
„ du trajet, mais trop tard, puiſque vous en étiez
„ déja parti.

„ Je m'en étois bien douté, & je n'héſitay pas à
„ vous ſuivre, j'en avois deux motifs bien preſſants,
„ l'amour & l'amitié; un ſeul des deux eût été ſuffi-
„ ſant pour m'engager à braver de plus grands périls.
„ Le Prince Loüis n'étoit parti que de la veille avec
„ les Galéres du Pape pour aller joindre l'Armée des
„ Venitiens, & chercher à combattre celle des Turcs,
„ entrepriſe qui comme vous le ſçavez n'a pas réüſſi.
„ Je pris une Chalouppe pour tâcher de trouver la
„ Flotte Chrêtienne, & de périr dans le combat, ou
„ de trouver dans la victoire la liberté de celles qui
„ nous ſont ſi cheres; la faveur des vents & l'ardeur
„ de mes Matelots me furent un ſecours bien inutile.
„ Un Navire Barbareſque détaché de l'Armée Otto
„ mane nous apperçut, nous n'étions pas en état de
„ réſiſter, il fallut ſe rendre, je fus fait Eſclave
„ pour la troiſiéme fois, & nous réjoignîmes le gros

de la Flotte des Turcs. En vain je demanday une "
infinité de fois au Capitaine qui m'avoit pris de me "
faire parler à Amurat, en l'afsûrant que j'avois à "
lui découvrir des chofes très-importantes pour le "
fervice du Grand Seigneur, le Barbare avide de fa "
proïe voulut cacher fa prife, parce qu'il craignoit "
de la perdre fi elle étoit connuë, & plus j'infiftay "
dans mes demandes, plus je me vis refferrer & aug- "
menter la rigueur de mes fers. "

Peu de tems après mon nouveau malheur, la "
Canée fe rendit comme vous l'avez appris. Cette "
conquête coûta bien du fang aux Turcs, & mon Ca- "
pitaine demeura bleffé dans la Ville. * Il me fit "
partir fur le champ fur fon Vaiffeau qu'il renvoya "
en Barbarie, & après quatre jours de navigation "
nous effuyâmes une tempête qui fépara toute nôtre "
Efcorte. Cette circonftance m'infpira un deffein har- "
di & généreux. J'avois remarqué que quelques-uns des "
Matelots étoient Chrêtiens, & je fçavois que ceux "
qui avoient été pris avec moy, étoient gens de ré- "
folution, & capables de tout tenter pour leur liber- "
té ; le Vaiffeau étoit fans fecours, & le Capitaine "
abfent. Je fis part de mon projet à celui dans "
lequel je reconnus le plus de courage, il réüffit, "
nous prîmes les armes, le Lieutenant fut tué, nous "
donnâmes la mort à ceux qui nous réfifterent, nous "
fîmes les autres prifonniers, & quoique nous ne fuf- "

** J'ay retranché en cet endroit quelques circonftances inutiles, & qui*
étoient même contraires aux changemens que j'ay faits.

„ sions que huit, nous demeurâmes les maîtres d'un
„ Vaisseau assez riche & bien armé. Nous tournâmes
„ la Proïe vers l'Italie, & je suis revenu icy attendre
„ de vos nouvelles. Graces au Ciel je vous retrouve,
„ allons mon cher Léalde, allons consoler vôtre Pere,
„ allons rendre par vôtre présence ce vénérable Vieil-
„ lard aussi heureux, que par vôtre absence il a été
„ infortuné. *

Ainsi finit Léandre. La joye de Léalde fut extrême. Ils éxaminerent ensemble le parti qu'ils avoient
à prendre, & celui auquel ils se fixérent, fut de reprendre sans perdre un moment la route de Gennes
pour y finir leurs malheurs dans le sein des plaisirs ;
mais il fallut différer ce projet de quelques jours qui
étoient nécessaires pour radouber la Flûte, la pourvoir de vivres, & sur - tout pour reposer Rosalinde
qui se trouvoit extrêmement fatiguée. Ormando fut
charmé de ce délay. Il n'est aucune sorte de bons
traittemens & d'honneur qu'il ne fît à des Hôtes pour
lesquels il avoit conçû tant d'estime, & plus ils pres-
soient leur départ, plus il cherchoit secrettement les
moyens de le différer pour les garder plus long-
tems. †

Ils virent avant leur départ la cérémonie auguste du

* *J'ay encore retranché dans cet endroit une page de circonstances inutiles
& contraires aux changemens que j'ay faits.*

† *J'ay abregé cet endroit, les Affriquains prennent à Messine l'habit de
Neophites. Je les feray convertir par la suite.*

Baptême de Machmet fils d'Amat Dey de Tunis. L'Archevêque Ferdinand Andrada le lava lui même des Eaux salutaires, & il fut tenu sur les Fonds par le Vice-Roy & la Vice-Reine avec la pompe digne d'une conversion si éclatante. Ce Prince étoit le même dont Léalde & Rosalinde avoient vû à Tunis le mariage avec la belle Eudore, & c'étoit dans les Fêtes qui avoient suivi ce mariage qu'ils s'étoient reconnus après avoir si long-tems pleuré mutuellement leur trépas. Leur surprise fut extrême lorsqu'ils le reconnurent. Ils eurent un grand désir d'apprendre comment le fils aîné d'un Roy, à la fleur de son âge, riche de grands trésors, adoré de son pere, révéré de ses Peuples, beau & aimable, avoit pû prendre une si grande résolution au milieu du cours d'une fortune si prospere. Ormando satisfit leur curiosité, il tenoit l'Histoire de Machmet lui-même, & il étoit en état plus que personne de les en instruire.

* Il leur dit que ce Prince dès ses plus jeunes années, avoit toûjours aimé les Esclaves Chrêtiens, & que le commerce qu'il avoit eu avec eux lui avoit inspiré le dessein d'embrasser leur Réligion, pour laquelle il s'étoit ressenti un respect infini, même sur les plus légéres connoissances.

Que s'étant trouvé un jour par simple curiosité à une Fête que quelques-uns d'entre eux avoient célé-

---

* *L'histoire de la Conversion du Prince Machmet tient cinq pages & demie dans l'Original, elle est si inutile, que j'ay crû devoir la réduire comme j'ay fait.*

brée, il s'étoit entretenu avec deux qui lui avoient paru avoir beaucoup d'esprit. Qu'il les avoit achetés, & leur avoit donné sa confiance, & qu'après les avoir éprouvés pendant quelques tems, il leur avoit découvert son dessein de passer dans les Païs Catholiques, & d'abjurer les extravagances de Mahomet. Les deux Esclaves étoient un Malthois & un Espagnol tous deux Prêtres; ils se jetterent aux pieds du Prince, & lui promirent de répandre jusques à la derniere goûte de leur sang pour l'exécution d'un dessein si généreux. Machmet persuadé de la sincérité de leur zéle, s'étoit fait instruire par eux, & il n'attendoit plus qu'un moment favorable à sa fuite, lorsque leurs fréquentes conférences donnerent quelques soupçons au Dey.

Quelques légers que fussent ces soupçons, le Dey résolut de faire un exemple rédoutable des deux téméraires Chrétiens; mais Machmet en ayant été averti se détermina à prévenir par son départ les fureurs de son Pere. Il s'embarqua sur un Vaisseau léger sous prétexte de prendre le plaisir de la Pêche, & descendit à la Goulette. Aïant ensuite envoyé une partie de ses gens à terre, sous prétexte de chercher quelques Provisions, il se rembarqua sur le champ avec les deux Prêtres, & quatre autres Chrétiens déguisés. Ils gagnerent la pleine Mer, & prenant les armes, ils donnerent la mort à tous ceux du surplus de l'Equipage qui avoient entrepris de leur résister. Devenus maîtres du Vaisseau, l'un des Chrétiens en prit le

Gouvernail, & en deux jours de temps, ils passerent en Sicile, où ils furent reçûs par le Vice-Roy.

Le récit d'Ormando fit un plaisir infini à toute l'assistance; * mais Léalde & Rosalinde y prirent plus de part que les autres, sur-tout Rosalinde, qui par les bons traittemens qu'elle avoit reçû à la Cour de Tunis, avoit connu plus particuliérement le Prince, & conservoit pour Osmide sa mere un tendre souvenir. Ils se rappelloient que le jour des Nôces de Machmet il n'avoit pas levé les yeux sur la beauté d'Eudore, & qu'il n'avoit pas exprimé le moindre désir. Ils en conclurent que s'il avoit consenti à son mariage, ce n'avoit apparemment été que par obéissance pour son pere, & qu'il falloit qu'il eût pris dès lors la généreuse résolution qu'il avoit depuis exécutée; mais en applaudissant aux vertus de Machmet, ils ne purent s'empêcher de donner quelques larmes au sort déplorable de son Epouse. Forcée de descendre d'un Trône où son Mari dédaignoit de monter, elle perdoit à la fois l'objet de son ambition & de son amour, plus malheureuse encore, puisque la vérité n'avoit point pénétré jusqu'à elle, & que de si grandes pertes étoient dénuées du secours d'une si grande consolation.

Ils passerent le reste du jour à s'entretenir sur cette avanture, elle leur donna lieu de parler, & d'ins-

---

* *Tout cet endroit est changé. Il tient six pages & demie dans l'Original, Ormando y communique à ses amis un Poëme entier qu'il a fait sur les regrets de la Princesse de Tunis, tout cela m'a paru bien inutile.*

truire Ormando de leurs difgraces paffées. La nuit vint, & le jour fuivant étant deftiné à leur départ, ils furent fe préparer par le fommeil à de nouvelles fatigues.

FIN DU SEPTIE'ME LIVRE.

LA ROSALINDE

IMITÉE

DE L'ITALIEN,

LIVRE HUITIÉME.

DÉs le lendemain matin Rosalinde, Léalde & leurs illustres Amis, après avoir exprimé autant qu'il leur fut possible à Ormando leur reconnoissance, s'embarquerent sur la Flûte qui avoit été pourvûë de Matelots expérimentez. Les voiles furent données aux Vents, & ils sortirent heureusement du détroit de Scylle & de Caribde. La Pouppe étoit tournée vers l'Italie, ils virent en passant l'Isle de Vulcain qui vomissoit contre le Ciel des Tourbillons de fumée & de feux, & qui pendant la nuit sert de Fare aux Voïageurs. Ils suivirent les côtes que la Calaure & la Basilique arrosent de leurs eaux fécondes, l'Isle de Caprée se découvrit à leurs yeux, ils admirerent en passant la beauté du Roïaume de Naples, & ils aborderent à Gayette pour y prendre des rafraîchissemens. * Les Vents qui dans cette Saison rendent extrêmement dangereuses les Plages des Etats du Souverain

---

* *Pendant le séjour à Gayette Leandre va voir le Tombeau du Connêtable de Bourbon dont l'Original chante poüille inutilement. Cette espece d'Episode n'étoit bonne qu'à supprimer.*

Pontife, les obligerent de séjourner pendant trois jours pour attendre qu'ils fussent devenus favorables; l'impatient Léalde brûloit du désir de se rembarquer, Gusman plus expérimenté dans l'art de la Navigation, conseilloit encore d'attendre; mais l'ardeur du jeune Amant l'emporta sur la sagesse de cet avis.

Ils sortirent du Golfe sur lequel la Ville est bâtie, & qui en forme le Port, & après avoir fait leur point avec quelque difficulté, ils se trouverent à la vûë des Côtes de la Campanie. Si leur Navigation ne fut pas troublée dans les deux premiers jours, elle fut au moins pénible; mais le troisiéme leur fit connoître combien l'expérience timide des Vieillards est préferable à la fougue téméraire de la Jeunesse. Le vent qui les portoit se trouva contrarié par des tourbillons & se renforça, la Mer irritée fit entendre ses affreux mugissemens, & éleva ses flots; l'air & l'eau semblerent se conjurer pour leur déclarer la guerre, & la terreur s'empara des esprits à la vûë d'un danger si prochain & si redoutable. La tempête rappella à Rosalinde le spectacle effraïant du premier Naufrage qui avoit été le commencement de ses malheurs. L'amoureux Léalde cherchoit à la rassûrer; mais il ressentoit les mêmes allarmes. Cependant le Navire ouvert en plusieurs endroits faisoit eau de toutes parts, l'art étoit inutile, il n'y avoit plus à espérer qu'un miracle de la Providence, qu'on imploroit par de ferventes priéres.

L'Aube du jour parut & leur fit voir que la Tem-

pête les avoit jettez à l'endroit où le Tybre orgueil-
leux porte à la Mer le tribut de ses eaux. La fameu-
se Coupole de S. Pierre de Rome se découvroit même au loing à travers les nuages épais dans lesquels
elle portoit sa tête superbe.

A la vûë de la Capitale ancienne du Monde entier, & aujourd'hui du Monde chrétien, les vœux
redoublerent & ils furent exaucez. Le Ciel vouloit
punir l'impatience de nos Amans, & ne vouloit pas
leur perte. Le Soleil se leva & les Ondes se calme-
rent à son aspect, les Vents cesserent de battre le
Vaisseau fracassé, ou s'ils soufflerent encore, ce ne
fut que pour le porter près de Civita-Vecchia sur une
Plage, d'où il fut aisé aux Passagers de prendre terre.
Leur délivrance tenoit du prodige, & leur premier
soin fut de rendre graces à la Puissance suprême qui
les avoit si visiblement protegés. *

Le Ciel qui les avoit conduits sembloit leur avoir
prescrit le parti qu'ils avoient à prendre. Le seul Gusman avec les Matelots demeura près de la Flûte pour y
faire faire les réparations nécessaires, tous les autres
Voïageurs résolurent d'aller à Rome pour y visiter
l'Eglise du Prince des Apôtres, & solliciter en même
tems les dispenses nécessaires à Léalde & à Rosalinde. †

---

* _Léalde & Rosalinde font un Vœu d'aller à pied en Pélérinage à Rome,
& aussi-tôt la tempête cesse. J'ay retranché cette espece de miracle qui ne sert
à rien qu'à les conduire à Rome où je les meneray bien sans cela._

† _Dans l'Original ils partent pour aller remplir le Vœu du Pélérinage.
Rosalinde se déchire les pieds, & elle est comparée à Venus qui s'est piquée
par une épine en marchant._

Ils partirent le lendemain , & le même jour la chaleur du midy les obligea de chercher une retraitte à l'ombre où ils puſſent prendre quelques heures de repos. Ils s'éloignerent du grand chemin & entrerent dans un Boſquet agréable. Ce lieu charmant étoit arroſé par un clair Ruiſſeau formé par les eaux du Tybre , un Baſſin de marbre bordé de gazons & de fleurs recevoit la chûte de l'onde argentée , & dans ce lieu ſolitaire répoſoit un jeune homme vêtu d'habits magnifiques , mais dans un déſordre & une négligence qui les ſurprit. Le coude appuïé ſur une pierre , il ſoûtenoit ſa tête ſur une de ſes mains , & ſes yeux remplis de larmes étoient tournez vers le Ciel. Sa douleur , ſa beauté & ſes graces émûrent de pitié ceux qui le virent , ils s'approcherent pour le conſoler , mais diſtrait dans ſes penſées , & abîmé dans ſa mélancolie à peine les apperçut-il lorſqu'ils furent près de lui. Léalde l'aborda le premier , & le pria avec politeſſe de lui dire qui il étoit , & de l'inſtruire de ſes malheurs. Il lui offrit tout ce qui dépendoit de lui & de toute l'aſſiſtance pour le ſoulager. Le jeune homme avec des ſoûpirs qui auroient pû fendre les marbres les plus durs , & adoucir la cruauté des Tigres les plus féroces , lui répondit ainſi.

„ Ne cherchez point, Seigneur, à troubler le re-
„ pos dont vous joüiſſez par la connoiſſance de mes
„ diſgraces. Laiſſez à mes larmes le ſoin de me con-
„ ſumer. Je ſuccomberay bien-tôt au poids qui m'ac
„ cable, je lis ſur vôtre phyſionomie la bonté de vô-

tre cœur, je vous en rendrois graces si j'étois moins "
infortuné. Vous me plaignez & vôtre pitié suffiroit "
pour me consoler, mais je suis inconsolable. Hélas ! "
il n'est point de remédes à mes maux ; contentez- "
vous de sçavoir que je suis Anglois, éxilé quoique "
sans crime de ma Patrie, Orphelin, sans biens, sans "
amis. Inconnu dans ces climats, joüet errant & va- "
gabond de la fortune perverse, sans espérance, aban- "
donné du Ciel & de la Terre, la Tempête m'a jetté "
sur ces bords. "

Ses pleurs & ses sanglots interrompirent la suite
de ce discours ; mais en apprenant qu'il étoit Anglois, Rosalinde & Léalde sentirent rédoubler leur
curiosité. Ils lui dirent que l'Angleterre leur avoit
donné le jour comme à lui, & lui rénouvellant leurs
offres, tâcherent de l'engager à soulager sa douleur en
leur en faisant connoître la cause. Le jeune Anglois
sembla respirer en voïant des Etrangers assez généreux pour vouloir prendre part aux maux dont il
étoit tourmenté, & se tournant vers Rosalinde
dont la beauté avoit attiré son admiration, quoi
qu'elle n'eût pris aucun soin de se parer dans le
cours d'un voïage. " Madame, lui dit-il, je ne "
vous ay rien caché de mes malheurs, & cependant "
vous me trouvez encore moins à plaindre que je "
ne le suis en effet. Un homme avec de la valeur "
& quelques talens, n'est jamais sans ressources ; "
mais que penserez-vous quand je vous avoüeray "
que je ne suis qu'une fille déguisée, & que ces "

„ habits vous ont caché mon fexe ? Oüi Madame,
„ vous voyez une fille, & j'ofe le dire, née d'un
„ fang affez noble & affez vertueux, pour n'en point
„ rougir. J'ay vû hier la Mer engloutir tous mes pa-
„ rens dans une affreufe tempête, moy feule vil re-
„ but des Flots, j'ay été jettée fur le Rivage, & je
„ porte envie à ceux dont je pleure le trépas. La
„ mort eft préférable à la rigueur du Sort qui me
„ pourfuit ; feule, fans guide, fans confeil, dans un
„ Païs étranger, mon honneur & ma vie font en-
„ vironnés de dangers. Un vieux Pêcheur m'a re-
„ tirée des Flots, & m'a fait réchauffer dans fa Ca-
„ bane, il m'a donné quelque nourriture, & en-
„ feigné le chemin qui conduit à Rome, mais les
„ forces m'ont bien-tôt manqué, & il ne me refte
„ préfentement d'autre reffource que celle de mes
„ pleurs.

Plus l'Angloife parloit, plus ceux qui l'écoutoient
fe fentirent attendris, chaque parole accroiffoit leur
défir d'apprendre le lieu de l'Angleterre qui lui avoit
donné la naiffance ; elle promit de les fatisfaire, mais
elle étoit dans un fi grand excès de foibleffe, qu'on
voulut abfolument qu'elle mangeât de ce qui avoit
été préparé pour la halte. Rofalinde qui prenoit à
fon fort un interêt qu'elle ne pouvoit démêler, lui
fit efpérer qu'elle ne l'abandonneroit pas, & qu'elle
chercheroit à réparer les caprices de la fortune.

La jeune fille la remercia avec une réconnoiffance
qui exprimoit la nobleffe de fes fentimens, elle effuïa

ſes larmes , & s'étant tous aſſis ſur l'herbe ils prirent enſemble un léger repas.

A peine fut-il fini qu'ils continuerent leur voyage, & rentrerent dans la grande route de Rome. La belle Angloiſe fut priée de s'acquiter de ſa parole : Je n'ay point, dit-elle, à vous entretenir de choſes "
agréables & telles qu'il les faudroit pour diminuer "
l'ennui du chemin, je vous obéïray cependant , puiſ- "
que vous l'ordonnez , je ne peux rien réfuſer à des "
bien-facteurs généreux , qui n'ont pas dédaigné de "
m'obliger même avant de me connoître. "

Je ſuis fille d'un Baron de Londres, François d'o- "
rigine , Catholique , & qui par une charge de Cham- "
bellan tenoit un rang conſiderable chez la Reine. "
Ma mere dont le ſouvenir me ſera toute ma vie "
auſſi cher que douloureux , me mit au monde avec "
un frere mon Jumeau. Mon pere ſe nommoit Arte- "
midore , & je m'appelle Emilie du nom d'une Tante "
qui mourut la veille du jour de ma naiſſance. "

Roſalinde à ces mots ne put cacher ſa ſurpriſe & regardant Emilie avec une extrême attention. Quoy ! s'écria-t'elle , vous êtes fille du Baron de "
Valterre ? Il eſt vray , répondit Emilie ; mais com- "
ment ſe peut-il faire que mon nom & celui de mon "
pere ſoient parvenus juſqu'à vous ? Vôtre pere, re- "
prit Roſalinde étoit frere d'Emilie vôtre Tante , j'ai "
reçû le jour d'Emilie, le vieux Artemidore fut nôtre "
commun ayeul, & nous ſommes Couſines germaines. "
Je n'en peux douter , pourſuivit-elle , je vous ay vû "

„ dans vôtre enfance, & je me rapelle tous vos traits;
„ la voix du sang avoit déja parlé dans mon cœur,
„ même avant de sçavoir qui vous êtes, il y a cinq
„ ans à peu près que le Baron se rétira dans ses Terres
„ avec toute sa famille, & dépuis je ne crois pas que
„ vous soïez revenuë à Londres. Mais il est une preu-
„ ve sûre de vôtre naissance dont j'ay gardé le souve-
„ nir, & si vous êtes ce que vous dites, vous avez
„ sur la poitrine la marque d'une étoile dont la vûë
„ achevera de me convaincre.

„Vous serez satisfaite, répliqua Emilie," & après en
avoir démandé avec politesse la permission à Léalde
& au reste de la compagnie, elle prit Rosalinde par
la main & la pria de la suivre à l'écart avec les autres
Dames. Elle découvrit un sein d'albâtre qui prouva
en même tems & son sexe, & tout ce qu'elle avoit
avancé de sa naissance.

A cette vûë Rosalinde l'embrassa avec tendresse,
Emilie se jetta à ses genoüils, & vouloit lui baiser la
main, mais Rosalinde la réleva & continua à lui faire mille caresses.

Tous les hommes accourûrent pour prendre part
à leur commune joye, & Léalde, qui par rapport à
Rosalinde prenoit un interêt plus vif à cette réconn-
noissance, promit à Emilie de la mener à Gennes,
& de non-seulement la proteger, mais encore de partager sa fortune avec elle. Emilie étonnée de trouver
sa Cousine dans des Païs si éloignés de l'Angleterre
brûloit d'impatience d'en apprendre la raison. Rosa-

linde l'afsûra qu'elle contenteroit fa curiofité. Mais auparavant elle voulut être inftruite du refte des avantures de la belle fille, & reprenant leur chemin Emilie continua de la forte.

Nous avions à peine atteint, mon frere & moy "
l'âge où la raifon commence à percer les nuages "
de l'enfance, lorfque le Baron nôtre pere prévoïant "
par les mouvemens qu'il voïoit à la Cour la tem- "
pête dont l'Angleterre alloit être agitée, prit le parti "
de fe retirer dans fes Terres, comme Rofalinde vous "
l'a déjà dit. Nôtre Aîné étoit mort au berceau, Ar- "
temidore n'avoit point eu d'autres enfans que nous "
de Flaville nôtre mere, & nous étions l'objet uni- "
que & cher de tous fes foins. Sa tendreffe augmen- "
ta à mefure que nous avancions en âge, nous répon- "
dions à fa fatisfaction à l'éducation qu'il nous don- "
noit, & comme nous étions Jumeaux, nôtre ref- "
femblance étoit fi parfaite, que fans la différence des "
habillemens, on n'eût pû nous diftinguer. "

A peine mon frere eut-il douze ans accomplis "
qu'Artemidore l'envoïa à Paris pour le former à la "
politeffe Françoife, & l'inftruire dans tous les exer- "
cices qui conviennent à un Gentilhomme qui veut "
paroître avec éclat dans le monde. Il partit, mon "
pere ne refta pas long-tems avec nous après fon dé- "
part, la Reine l'appella auprès de fa perfonne parce "
qu'il étoit François d'origine & Catholique. Elle "
avoit déjà éprouvé fa vertu & fa fidélité, elle vou- "
lut fe conduire par fes confeils, & lui donna le rang "

„ de Chambelland dans fa Cour. Artemidore comprit
„ aifément quel étoit le danger de ce que la Reine
„ éxigeoit de lui, le parti de cette Princeffe étoit déjà
„ chancellant, & il avoit à craindre d'être écrafé par
„ fa chûte; mais fa Reine commandoit, il n'héfita
„ pas d'obéïr.

„ Il donna à ma mere avant de nous quitter tou-
„ tes les inftructions qu'il crut néceffaires pour nôtre
„ conduite. La principale qui me concernoit fut de
„ m'éloigner avec foin du commerce trop familier des
„ jeunes gens & des amans, & fur-tout de me fouftraire
„ aux regards & aux pourfuites du Marquis de Bers.

„ Le nom de famille de ce Marquis eft Arfalon, il
„ poffedoit un petit Domaine contigu à nôtre Terre,
„ & par l'entremife de quelques amis communs il m'a-
„ voit fait demander en mariage. Mon pere avoit pré-
„ texté fon refus fur ma jeuneffe, qui ne lui permet-
„ toit pas de fonger encore à m'établir; mais en effet il
„ eût été bien éloigné de m'accorder à Arfalon par la
„ difproportion de nos âges (il avoit quarante ans) &
„ plus encore, parce qu'il étoit Anglican & plein de
„ vices abhorrez par les Hérétiques mêmes. Au refte il
„ n'y avoit rien à dire fur fa naiffance, il avoit même
„ du crédit, & ce crédit étoit appuïé fur la confidera-
„ tion d'un frere aîné qui tenoit un rang confiderable
„ dans le Parlement. Arfalon faifoit un ufage dérefta-
„ ble de l'autorité de fon frere, & peu favorifé des
„ biens de la fortune, il cherchoit à s'enrichir par
„ toutes fortes de mauvaifes voïes. Il s'étoit formé une

efpece

espece de troupe de scelerats comme lui, qui ne le "
quittoient jamais. Avec cette infame Brigade sous "
ombre d'inimitiez particulieres ou de la Guerre ci- "
vile, il dévalisoit les Passans, pilloit les maisons, fai- "
soit des prisonniers & imposoit des contributions sur "
le Païs. Ces crimes étoient soûtenus par quelque va- "
leur, & le mettoient en état de paroître avec éclat. "
Tels sont les malheureux effets de la discorde qui "
déchire nôtre Patrie; on honore dans les Grands en "
ces tems affreux du nom de vertus, des vices que "
l'on puniroit des derniers supplices dans des gens du "
commun du Peuple. "

Ma mere instruite du caractére de cet Amant, "
répondit à mon pere qu'elle consentiroit plûtôt à ma "
mort qu'à me livrer entre ses bras. Il la fit souvenir "
ensuite de l'étroite liaison d'amitié qu'il avoit avec "
Olderic Gentilhomme de Londres, Italien de naif- "
sance, Catholique & riche de biens & de vertus. Il "
lui dit que sous le nom de cet ami, sur lequel il "
comptoit avec raison, il avoit fait passer dans les "
Païs étrangers une partie de sa fortune, & qu'il lui "
avoit confié une grosse somme d'argent dont elle "
pourroit se servir, s'il venoit à mourir, soit pour ma "
dot, soit pour une ressource contre les persécutions "
qu'elle pourroit essuïer de la part du Parlement, ou "
enfin dans d'autres circonstances pressantes. Mon "
pere ajoûta qu'il avoit le dessein de me donner au "
fils de cet Ami lorsque je serois en âge. Il se nom- "
moit Edoüard, il n'avoit que six ans plus que moi, il "

„ étoit beau, vertueux & modeste, & mon pere
„ souhaita que ma mere tournât mon inclination à
„ ce mariage.

„ Elle parle de mon cousin, dit tout bas Léalde à
„ Rosalinde ; nous sçavons qu'il est présentement à
„ Gennes auprès de Théodose, mais différons de l'en
„ instruire.

„ Mon pere partit, continua Emilie, & nous res-
„ tâmes désolées de son absence. Il joignit la Reine
„ dans ce tems malheureux où la fortune commença
„ à se déclarer contre le Roy. Il étoit à Exster lors-
„ que sa Maîtresse accoucha de la Princesse Henriette-
„ Marie, il la suivit en Cornoüaille, s'embarqua avec
„ elle pour la Bretagne, & l'accompagna à Paris.
„ Mon frere y étoit & sa vûë adoucit un peu la dou-
„ leur d'Artemidore. Il trouva son fils tel qu'il le dé-
„ siroit, il avoit fait en peu de tems de grands pro-
„ grès, il montroit déjà une addresse & une valeur
„ surprenante dans le métier des Armes; mais ce qui
„ plut infiniment plus à mon pere, ses sentimens s'é-
„ toient formez, & il le reconnut prudent & magna-
„ nime.

„ Mon pere nous fit part par ses lettres de sa satis-
„ faction; mais nôtre Maison depuis son départ étoit
„ comme un Vaisseau sans Pilote. Ma mere la gou-
„ vernoit de son mieux par les conseils d'Olderic, qui
„ venoit souvent de Londres nous rendre des visites
„ dans lesquelles il étoit toûjours accompagné par son
„ fils Edoüard. Edoüard, je le confesse, étoit trop

charmant pour ne point paroître tel à mes yeux. Je "
ne crains point de vous confier ma foibleſſe, je l'ai- "
mai, & j'étois déja ſa conquête avant de ſçavoir "
diſtinguer l'amitié d'avec l'amour. Je fus aimée, & "
le retour que je trouvai dans mon Amant entretint "
& augmenta ma paſſion. Je lûs dabord mon bon- "
heur dans ſes yeux, ſes ſoins m'en apprirent enſuite "
davantage ; enfin il parla avec un reſpect & une mo- "
deſtie qu'il a toûjours depuis obſervés, & il fut "
écouté. "

Nous joüiſſions d'un bonheur ſans égal ; mais ce "
calme ne dura guéres, & c'eſt ici que commencent "
les malheurs qui traverſent ſi cruellement le cours "
de ma vie. "

Edoüard fut appellé à Gennes par un Oncle pour "
des affaires très preſſantes. Il fut obligé de partir avec "
promptitude, il emporta mon cœur & ne me laiſſa "
que la plus vive affliction. Jugez-en, ſi vous avez "
aimé. "

Ce fut le premier & le moindre des coups que "
m'a porté la fortune. Il n'y a que quelques mois que "
nous apprîmes qu'une fiévre violente avoit enlevé "
mon pere à Paris. Le Parlement inſtruiſoit avec ri- "
güeur le procès de ceux qui avoient accompagné la "
Reine, & nous étions à la veille de voir confiſquer "
tous nos biens. Arſalon apprit la mort d'Artemido- "
re & vint nous voir ſous prétexte de nous offrir ſes "
ſervices. Je ne parus devant lui qu'autant que l'éxi- "
geoit la bienſéance, & je ne ſçai comment abbatuë "

„ que j'étois par la douleur, je pus lui paroître aſſez
„ aimable pour rallumer des feux que les refus de mon
„ pere devoient avoir éteints. Quoiqu'il en ſoit, il ré-
„ ſolut de mettre tout en uſage pour m'avoir, & me
„ demandant de nouveau à ma mere, il lui promit
„ toute la protection de ſon frere pour aſſoupir les
„ pourſuites du Parlement, & éviter un Jugement qui
„ ne pourroit être que rigoureux. Ma mere ne reçut
„ qu'avec horreur une propoſition ſi contraire aux in-
„ tentions de mon pere, nous réſolûmes de mourir
„ plûtôt que de conſentir à ſes déſirs, nous cherchâ-
„ mes des excuſes pour ne le point irriter, plus nous
„ voulions différer, plus il devenoit preſſant, & aug-
„ mentoit ſes promeſſes; enfin à force de délais il re-
„ connut notre artifice, & ç'en fut aſſez pour le porter
„ aux menaces & à la fureur.

„ Ma mere en fut épouvantée, & pria le fidéle
„ Olderic de l'aider de ſes conſeils dans une ſituation
„ ſi inquiétante. Il vint nous voir avec ſon amitié or-
„ dinaire; mais ſon fils n'étoit plus avec lui. Nous
„ lui confiâmes nos allarmes, & après avoir examiné
„ avec prudence le crédit & l'inſolence d'Arſalon, la
„ rigueur du Parlement, & toutes les circonſtances,
„ il conclut que nous n'avions que deux partis à pren-
„ dre, ou de me donner, ou de fuïr. Nous n'héſitâ-
„ mes pas à ſuivre le dernier de ces deux partis.

„ Nous convînmes que pour en aſûrer l'exécution
„ il falloit feindre de conſentir au mariage, en con-
„ tinuant cependant à tâcher de l'éloigner, qu'en

gagnant du tems nous raſſemblerions tout ce que "
nous pourrions d'effets, & que nous les lui ferions "
paſſer à Londres, avec le ſecret le plus inviolable ; "
qu'il chargeroit ſur un Vaiſſeau tout ce qu'il auroit "
à nous, & nous envoïeroit prendre par une cha-"
louppe ſur une Plage voiſine que nous lui indiquâ-"
mes, & que nous paſſerions à Calais ; que de Calais "
nous irions à Paris, où nous pourrions joindre mon "
frere, & que nous y fixerions pour toûjours nôtre "
établiſſement. Olderic nous promit des lettres de "
recommandation de l'Ambaſſadeur de France, cet "
Ambaſſadeur avoit été intime ami de mon pere, "
& il étoit ſûr qu'il ſeroit charmé de ſervir ſa famille. "

Il retourna à Londres, & à peine fut-il parti que "
nous travaillâmes en diligence à l'exécution d'un "
conſeil ſi ſage. Téſippe ancien domeſtique de nôtre "
maiſon fut mis dans nôtre ſecret. Arſalon ſe regar-"
da comme le plus heureux des hommes quand ma "
mere feignit de ſe rendre à ſes déſirs. Il ne nous "
fut pas difficile d'obtenir quelques mois de délai, "
nous lui fîmes aiſément entendre qu'il étoit convena-"
ble de donner un tems aux larmes que nous verſions "
encore ſur la mort de mon pere, & que la bien-"
ſéance éxigeoit quelque intervalle entre la Pompe "
funébre du Tombeau & les fêtes d'un Mariage. "

Les choſes étoient en cet état lorſque nous vî-"
mes revenir de Paris mon frere Artemidore. Il avoit "
été contraint de ſe battre pour ſe venger d'une in-"
jure qu'il avoit reçûë d'un jeune étourdi, l'évene-"

„ ment du combat avoit répondu à la juſtice de ſa
„ cauſe, il avoit donné la mort à ſon ennemi ; mais
„ il avoit pris la fuite pour éviter les pourſuites d'une
„. famille puiſſante, & la rigueur des Tribunaux de
„ France ſur les duëls.

„ Cet accident fut d'autant plus malheureux pour
„ nous qu'il déconcerta totalement le projet de nous éta-
„ blir à Paris. Nous envoïames Téſippe à Londres pour
„ conſulter de nouveau Olderic, il nous rapporta qu'a-
„ près en avoir conferé avec l'Ambaſſadeur de France,
„ leur avis commun étoit que nous devions nous
„ retirer à Rome, & que l'Ambaſſadeur nous y pro-
„ cureroit des amis. Il ajoûta qu'il y avoit à Douvres
„ un Navire qui dans peu de jours devoit faire voiles
„ pour Livourne, qu'Olderic y avoit déja remis la
„ meilleure partie de nos effets, qu'il nous feroit ſça-
„ voir le jour précis du départ, & qu'il s'étoit déja pour-
„ vû d'une Chaloupe pour venir nous prendre ſur la
„ Plage ; que nous devions ſonger à raſſembler ce que
„ nous avions de plus prétieux à nôtre Campagne, à
„ tout préparer pour nôtre fuite, & ſur-tout conti-
„ nuer d'amuſer Arſalon juſques au dernier mo-
„ ment, pour mettre nôtre vie & nôtre honneur en
„ ſûreté.

„ C'étoit en effet le meilleur conſeil qu'on pût nous
„ donner dans une conjonĉture ſi périlleuſe, & je
„ n'aurois pas tant de larmes à répandre, ſi ce con-
„ ſeil eût été auſſi heureuſement exécuté qu'il étoit ſa-
„ gement conçû. Tout nous réüſſit dans le commen-

cement , nôtre secret fut d'abord inviolablement "
gardé, nous joüâmes si bien nôtre personnage qu'Ar- "
salon trompé par nos caresses n'eut pas le moindre "
ombrage, Tésippe seul étoit dans nôtre confidence, "
il alloit perpetuellement à Londres, & deux jours "
avant celui marqué pour nôtre départ il vint nous "
avertir que la Chaloupe nous attendoit à l'endroit "
convenu. "

Nous résolûmes de nous embarquer dès la nuit "
suivante avec les plus riches de nos meubles , nous "
en avions déja fait emporter sous main la plus gran- "
de partie ; mais quelques précautions que nous eus- "
sions prises , il nous fut impossible de cacher tout "
ce mouvement à nos Valets. Un d'entre eux qu'Ar- "
salon avoit absolument gagné par argent fut lui rendre "
compte de ses soupçons ; Arsalon ne pouvoit d'a- "
bord le croire , cependant il étoit trop amoureux "
pour ne pas s'éclaircir par lui même. Il vint sur la "
brune dans nôtre canton avec trente de ses Scelerats "
armés , il les embusqua sur le chemin qui condui- "
soit à la Mer, & pour nous observer plus sûrement "
il en envoïa quelques autres jusques au Rivage qui "
n'est éloigné que d'une lieüe de nôtre demeure , ils "
virent la Chaloupe & un de nos Chariots qui re- "
venoit à vuide. Arsalon arrêta ceux de nos gens "
qui conduisoient la voiture , & leur faisant mettre "
le Pistolet sur la gorge , les obligea de parler. il "
apprit combien les doutes de son Espion étoient "
fondés , & sur le champ il accourut au Château "

„ avec tous les fiens. Il les introduifit lui-même , il
„ s'empara de toutes les portes , & il ne parut dans le
„ Salon que lorfque tous les poftes furent occupés.

„ Nous y étions en attendant le retour de nôtre
„ Charriot , & que la nuit fût affez obfcure pour nous
„ mettre en marche. Nous frémîmes quand la porte
„ s'ouvrit , & que nous le vîmes s'avancer. Je crois
„ entendre encore fa voix terrible , il blafphêmoit
„ contre le Ciel , & vomiffoit contre nous un torrent
„ d'injures , la ruïne de nos biens , la mort , étoient les
„ moindres maux dont-il ménaçoit de punir nôtre
„ trahifon.

„ Artemidore , qui n'étoit point accoûtumé à fouf-
„ frir impunément des infultes , brûloit de colére , &
„ étoit prêt de l'attaquer , mais la raifon reprima fon
„ dépit , & lui fit referver fa vengeance pour la rendre
„ plus certaine. Qu'auroit-il pû faire en effet feul con-
„ tre une troupe de furieux les armes à la main ? Ma
„ mere s'avança , & par de douces paroles tâcha de
„ calmer les tranfports de l'impetueux Arfalon. Elle
„ l'affura que fes foupçons étoient fans fondement , &
„ lui dit , que tout ce qu'il voïoit , étoit les prépara-
„ tifs du départ de mon frere qu'elle renvoyoit en
„ France avec ce qui lui revenoit de la fucceffion de
„ fon pere , elle fe fervit heureufement de ce prétexte,
„ & fi elle ne réüffit pas à le tranquilifer totalement ,
„ elle adoucit au moins fa rage.

„ Arfalon répondit à ma mere , que fi fes craintes
„ étoient vaines , comme elle vouloit le perfuader , il

lui

lui étoit aifé d'achever de l'en convaincre, qu'il "
ne pouvoit ni ne vouloit plus être crédule après ce "
qu'il avoit vû de fes yeux, qu'il falloit que fur le "
champ elle me donnât à lui, & que ce n'étoit qu'à "
ce prix qu'il ajoûteroit foy à fes difcours. "

Nous reftâmes immobiles à cette affreufe pro- "
pofition. Je fondis en larmes, Artemidore ne fe "
contenoit qu'avec peine, ma mere alloit répliquer, "
& fon deffein étoit d'obtenir un délay, ne fût-il "
que d'un jour ; mais il ne nous en laiffa pas conce- "
voir l'efpérance, & fans vouloir nous entendre il "
ne nous donna qu'une heure pour le contenter de "
nôtre gré, ou lui voir enlever par la force ce qu'on "
lui refufoit, difoit-il, avec tant d'artifice & de per- "
fidie. Il ne borna pas même fes ménaces à ces hor- "
reurs, il jura qu'après m'avoir déshonorée, il me "
feroit donner la mort, ainfi qu'à ma mere & à "
mon frere, & que les ruïnes fumantes de nôtre "
maifon nous ferviroient de tombeau ; rien ne pou- "
voit, ajoûtoit-il, le faire changer de réfolution, "
nos priéres, nos pleurs tout étoit inutile, & ce- "
pendant nous étions environnés de fon infame "
efcorte qui nous tenoit toûjours en joüe. "

La maniére dont nous fortîmes d'une fituation fi "
cruelle eft digne, je l'ofe dire, de vôtre curiofité. "
Ma mere accepta l'heure de délay qui nous étoit "
offerte, & obtint difficilement la liberté de fe ré- "
tirer dans une chambre pendant ce tems avec mon "
frere & moy. Nous y prîmes enfemble une étran- "

„ ge réfolution. Auffi-tôt que l'heure fut expirée,
„ nous en fortîmes avec la gaïeté peinte fur le vifage,
„ ma mere me tenoit par la main , & la préfentant
„ à Arfalon , elle lui dit qu'elle m'uniffoit pour jamais
„ à lui. Le Ciel feul peut juger de ma contrainte.
„ Arfalon fut conduit dans l'appartement où il efpe-
„ roit de confommer fon crime par ma honte , &
„ on l'affura que dans quelques momens je viendrois
„ me livrer à fes tranfports. Il étoit trop heureux pour
„ être encore défiant, & d'ailleurs qu'avoit-il à crain-
„ dre de nôtre foibleffe , maître comme il étoit de
„ nos perfonnes & de nôtre Château ? La feule pré-
„ caution qu'il prit fut de défendre à fes gens de fe
„ retirer jufques à nouvel ordre , il demeura pendant
„ quelques momens dans la chambre avec une feule
„ lumiere , & plein des fureurs de fon amour. *

„ Je m'apperçois de vôtre impatience , il eft tems
„ de la fatisfaire, & de vous inftruire de la protec-
„ tion finguliére que nous accorda la Providence par le
„ courage inoüi de mon frere. Il étoit fi jeune que
„ la barbe n'avoit point encore bruni fon tein, & j'ay
„ déja eu l'honneur de vous dire qu'il me reffembloit
„ à s'y méprendre. Nous changeâmes promptement
„ d'habits , & dans cet équipage nous le fîmes entrer
„ au lieu de moy dans le lieu où m'attendoit le Bar-
„ bare époux. Arfalon fut trompé comme mon pere
„ & ma mere l'avoient été eux-mêmes une infinité de
„ fois , vous n'en feriez point furpris fi vous aviez

* *J'ay retranché quelque chofe de cet endroit.*

connu le déplorable Artemidore , vous devez plû- "
tôt être étonnés de la grandeur d'ame avec laquelle "
dans une si grande jeuneffe, il s'expofa à un péril si "
évident pour me conferver l'honneur. "

Ma mere fortit , Arfalon ferma la porte & cou- "
rut les bras ouverts vers mon frere. Mon frere feig- "
nit d'embraffer le perfide , mais fous ce prétexte , "
le faififfant avec force de la main gauche , il lui "
plongea de la droite un poignard dans le cœur. Ce "
coup admirable fut porté avec tant de promptitude "
& d'adreffe , qu'en un inftant le Scelerat tomba per- "
dant la vie par une playe profonde , fans proferer "
une parole. "

A peine fut-il expiré que fon généreux meurtrier "
revint à nous fans faire de bruit. Il nous trouva "
profternées pour demander à Dieu le fuccès d'une "
entreprife fi périlleufe. Il nous reftoit encore à nous "
échapper , & nous confultions fur les moyens , lorf- "
que nous apperçûmes que nos Gardes étoient enfe- "
velis dans un profond fommeil. Le filence de la mai- "
fon leur fit croire que leur chef étoit au comble de "
la félicité , tandis que le cruel nageoit dans les flots "
de fon fang. "

La nuit étoit déja avancée , nous fortîmes du "
Château par une porte fecrette qui n'étoit connuë "
que de nous , & nous n'emmenâmes pour tous Do- "
meftiques , que Tefippe & Elife vieille femme de "
chambre de ma mere d'une fidélité très éprouvée. "
Artemidore reprit des habits convenables à fon fe- "

„ xe ; mais pour mieux déguiser nôtre fuite , on ju-
„ gea à propos de me faire garder les siens & de me
„ donner le nom d'Emile jusqu'à ce que nous sus-
„ sions à Rome. Nous prîmes à pied le chemin de
„ la Mer , elle n'étoit pas éloignée , nous tournions
„ toûjours la tête vers nôtre maison que nous aban-
„ donnions pour jamais , & au moindre bruit , nous
„ croïons avoir à nôtre suite les Scelerats d'Arsalon.
„ Le Ciel ne permit pas qu'ils se réveillassent , nous
„ arrivâmes sans danger au Rivage , & faisant sur le
„ champ lever l'Ancre à la Chaloupe , nous par-
„ vînmes heureusement à Douvres où le Vaisseau
„ nous attendoit avec tous nos effets.

„ Nous nous embarquâmes. Il ne m'est pas possi-
„ ble de vous dire ce qui arriva dans nôtre Château ,
„ lorsque les gens d'Arsalon trouverent leur Chef mas-
„ sacré , & que le lit nuptial avoit été pour lui le
„ Tombeau. L'aurore ne faisoit que paroître lorsque
„ nôtre Navire mit à la voile , & en peu de jours
„ nous abordâmes à Livourne.

„ Nous y restâmes quelque tems pour nous répo-
„ ser de nos fatigues & de nos malheurs. Que ce sé-
„ jour nous fut funeste ! Le courage de ma mere
„ avoit épuisé toutes ses forces , elle fut attaquée d'u-
„ ne fiévre violente , tout l'Art d'un Medecin habile ,
„ tous les remédes , tous nos soins furent inutiles , elle
„ expira , & je ne sçais comment ma douleur m'a
„ permis de lui survivre. Elise & mon frere furent
„ ma consolation , j'essuïay mes larmes , mais mon

cœur défolé ne ceffera de la pleurer toute ma vie. "
Mon frere n'étoit pas moins affligé que moy, & "
comme Jumeaux nous nous aimions avec une ex- "
trême tendreffe , Elife par l'ordre de ma mere ne "
me quittoit pas d'un moment. "

Après avoir rendu à nôtre mere les derniers dé- "
voirs, nous fongeâmes à continuer nôtre Voïage "
vers Rome, & Tefippe s'affura d'une Felouque pour "
nous y conduire. "

En apprenant la fin de mes avantures, vous allez "
apprendre le comble de tous mes maux. La fortu- "
ne opiniâtre à me perfécuter ne m'a pas voulu laif- "
fer la moindre efpérance. Vous avez vû fans doute "
la furieufe tempête dont la Mer fut hier agittée , "
j'en fuis la déplorable victime , nôtre Felouque n'a "
pû réfifter à la violence des flots , elle s'eft brifée "
contre un écuëil, & en une minutte elle a été rédui- "
te en éclats. " *

Le jour ne paroiffoit point encore , les ténébres "
rédoubloient l'horreur de nôtre naufrage, & nous "
interdifoient tout efpoir de nous fauver. Je ne peux "
vous dire ce que je fuis devenuë. Je me fuis trouvée "
fur l'endroit du Rocher le plus élevé au-deffus de la "
furface des eaux, j'en gagnay la cime avec une pei- "
ne inexprimable. Il m'a paru que nôtre Vaiffeau "
étoit le feul objet du courroux des ondes, puifqu'à "
peine a-t'il été englouti qu'elles fe font appaifées , "
& le Ciel eft devenu ferain. Le Soleil s'eft montré "

* *J'ay abregé cet endroit.*

„ bien-tôt après, quel affreux ſpectacle a-t’il offert à
„ mes yeux ? J’ay vû les débris de nôtre Felouque
„ couvrir au loin toute la Mer, j’ay vû, & ce déplo-
„ rable objet fera couler éternellement mes larmes,
„ j’ay vû les flots engloutir le Cadavre de mon cher
„ frere Artemidore, Teſippe, Eliſe & généralement
„ tout l’Equipage ont péri, & je ne ſçais ſi je dois
„ plus pleurer leur mort que la conſervation de ma
„ vie.

    „ Tous mes effets, les lettres de l’Ambaſſadeur de
„ France, ont été la proïe de l’avare élement, il ne
„ me reſte rien pour prouver mon état, ou me pro-
„ curer un azile. Un vieux Pêcheur qui côtoyoit le
„ Rivage pour ramaſſer quelques piéces de bois m’a
„ reçûë dans ſa Barque, & miſe dans le chemin de
„ Rome en l’état ou vous m’avez trouvée. Jugez-en
„ vous-même par ce récit, & jugez en même tems du
„ prix du ſecours que je vous dois.” * Les larmes d’E-
milie interrompirent & finirent ſon diſcours.

    Elle en arracha à toute l’aſſiſtance, mais Roſalinde
fut plus attendrie qu’aucun autre. Elle conſola ſa Cou-
ſine, & l’exhorta à prendre courage. Léalde lui rénou-
vella ſes promeſſes, tous ſe joignirent pour la plaindre & lui offrir leurs ſervices.

    Emilie apprit avec une joye inexprimable que tou-
te cette illuſtre Trouppe alloit à Gennes, où étoit le
jeune Edoüard que la volonté de ſes Parens lui avoit
deſtiné pour époux. Il n’en fallut pas davantage pour

---

* *J’ay retranché de cet endroit.*

ranimer des feux que ſes malheurs n'avoient fait qu'affoiblir, & qui ne languiſſoient que parce qu'il leur manquoit le ſoutien de l'eſpérance. Mais quelle fut ſa douleur, lorſqu'elle vint à refléchir que la fortune l'avoit
dépoüillée de tous ſes biens ? Fugitive, Orpheline, réduite à la derniére miſere, comment aſpirer à un
parti tel qu'Edoüard ? Elle n'oſoit ſeulement y penſer,
encore moins en parler à Roſalinde.

Roſalinde de ſon côté inſtruiſit Emilie de toutes
ſes avantures, Emilie en fut effraïée, & commença
de croire que l'on pouvoit être auſſi malheureuſe quelle étoit. Des matiéres de converſation ſi intéreſſantes
adoucirent l'ennui & la fatigue du voïage. *

† Ils arriverent à Rome après une marche de deux
jours, leur reſpect & leur admiration furent extrêmes
à la vûë de cette ſuperbe Cité, autrefois la mere de
tant de Héros, & la terreur de l'Univers, aujour-
d'huy la Mere commune de tous les Fidéles, le Siége
de l'Egliſe, l'honneur de la Terre, & la porte des
Cieux.

Léandre y avoit long-tems demeuré, & il comptoit même de s'y établir avec Doriſbe, lorſqu'ils
furent faits l'un & l'autre eſclaves en Barbarie. Il
prit les devants pour préparer à ſes amis un logis où

---

* *J'ay abregé cet endroit de plus d'une page qui m'a paru ennuyeuſe*
& inutile.

† *J'ay commencé le 10ᵉ. Livre de l'Original. J'ay retranché une page de*
loüanges ampoullées & exceſſives de Rome.

ils fuſſent commodément, & leur fut d'une grande utilité.

Innocent X. étoit alors aſſis dans la Chaire de S. Pierre. Léalde par l'entremiſe de quelques amis de Léandre eut l'honneur de lui être préſenté. Le Pape déſira d'apprendre par lui-même ſes avantures dont il avoit déjà entendu quelques circonſtances aſſez confuſes. Léalde obéït, & ſon récit excita la curioſité du Souverain Pontife, qui ſouhaita de voir Roſalinde & tant de perſonnes extraordinaires. Elles furent appellées & ſe proſternérent à ſes pieds. Innocent X. donna à leurs vertus les loüianges qu'elles avoient méritées. Les diſpenſes furent expédiées ſur le champ par ſes ordres, & il voulut aſſiſter lui-même au Baptême de Blumazar, Ruſten, Zelide & Celiffe qui ſe fit le lendemain dans l'Egliſe de S. Pierre à ſes frais, & avec une magnificence qui n'a point d'égale. *

Cette ſainte cérémonie ne fut pas plûtôt achevée, que Guſman arriva & apporta la nouvelle que la Flûte étoit raccommodée & en état de partir. Il n'en fallut pas davantage pour reveiller l'impatience de nos illuſtres Voïageurs de ſe rendre à Gennes qu'ils regar-

---

* *J'ay extrêmement changé cet endroit. Les Pélérins arrivent à Rome, ils viſitent les Egliſes, & l'on croit bien que l'Auteur de l'Original n'a pas épargné les deſcriptions. Roſalinde trouve Edmond au Collége des Anglois, ils ſe parlent. Edmond qui va ſe faire Moine, la ſermone. J'ay retranché tout cela qui tient 10. pages entiéres. J'ay déja tué Edmond, le retranchement de ce qui le regarde étoit néceſſaire. J'avertis qu'à l'avenir je ne ſuivray plus mon Original, tout le reſte du Livre ſera de moy, à l'exception de quelques morceaux dont je me ſerviray, & je me contenteray pour mettre en état mon Lecteur de juger de mon Original d'en mettre à la fin un Sommaire qui contiendra tout ce que j'ay ſupprimé & changé.*

doient comme le terme de tous leurs travaux. Ils furent admis à l'Audiance de Sa Sainteté pour prendre congé d'elle, & aprés avoir reçû sa bénédiction, ils reprirent la route du Port. Les vents étoient propices, & la tranquillité des flots n'annonçant aucun nouveau danger, l'Ancre fut levée, & le Vaisseau perdit bien-tôt la Terre de vûë.

Ils laisserent sur la droite Porto-Hercole & Orbitelle ; mais le vent s'étant renforcé les porta malgré eux sur l'Isle de Corse & les éloigna de leur route ; il commençoit de s'appaiser, lorsque de loin ils apperçûrent deux Galiottes qu'ils reconnurent pour Barbaresques. Cette découverte les jetta dans la derniere consternation, & la crainte d'un nouvel esclavage se présenta à eux avec toutes ses horreurs. Ils songerent à sortir du danger par la feinte & arborent le Pavillon de Tunis. Les Galiottes trompées prirent une autre route, elles ne songeoient elles-mêmes qu'à se retirer, elles avoient appris par d'autres Corsaires que deux Vaisseaux de Gennes croisoient dans ces Mers pour proteger la Navigation.

Léalde respira lorsqu'il vit des ennemis si redoutables s'éloigner, & que l'orage étant totalement dissipé permit au Pilote de reconnoître par son art la Côte de S. Reme parfumée par l'odeur agréable des forêts d'Orangers, de Citronniers & de Cedrats dons elle est ornée.

A cet aspect délicieux qui leur annonçoit une entiere sûreté, tous les cœurs se livrerent à la joïe la plus parfaite ; la seule Emilie ressentoit quelques allarmes ; la presence de Rosalinde & la certitude de trouver en elle une seconde mere se joignoient à sa raison pour adoucir son inquiétude ; cependant elle ne pouvoit être tranquille lorsqu'elle pensoit qu'elle alloit revoir cet Edoüard qu'elle aimoit encore, & qui lui avoit été destiné pour Epoux : elle espéroit de le revoir fidéle ; mais quel désespoir, si la perte de tous ses biens la rendoit méprisable à ses yeux !

L'allegresse de Léalde & de Rosalinde n'étoit troublée par aucune amertume, ils s'entretenoient du plaisir que leur retour alloit causer à Théodose, après les avoir si long-tems pleurez l'un & l'autre, de la satisfaction avec laquelle ce bon Vieillard apprendroit leurs avantures, & des fêtes que leur union alloit faire naître de toutes parts.

Ils n'étoient occupez que de ces agréables idées, lorsqu'après avoir doublé un petit Cap qui leur cachoit la vûë de Loane, ils furent chassez tout à coup par les deux Vaisseaux de la Republique dont les deux Galiottes Turques avoient évité la rencontre. Le contentement de Léalde avoit banni de son esprit jusques à la moindre crainte du péril, & il n'avoit pas songé à faire reprendre le Pavillon chrétien que l'on avoit abaissé quelques momens auparavant pour arborer celui des Infidéles. La Flûte fut prise avec raison pour Barbaresque par les Gennois, & avant que la vérité leur fût connuë, un de leurs Vaisseaux étoit déjà venu à l'abordage, & avoit fait un décharge de toute sa mousqueterie, un seul coup porta & vint frapper au travers du corps le malheureux Léalde dans le tems que se montrant à découvert sur le Tillac, il demandoit à parler, & faisoit des signaux de paix. Le feu cessa & les Vaisseaux instruits de la méprise se retirerent pour poursuivre leur course.

Cependant l'Amant infortuné étoit tombé baigné dans un ruisseau de son sang, il ne donnoit aucun signe de vie. La désolée Rosalinde remplissoit les airs de ses cris, & ses larmes auroient inspiré la pitié aux ames les plus insensibles. Pâle de douleur, sans force, elle embrassa le corps sanglant de son Epoux, on fut obligé de l'en arracher pour ôter de devant ses yeux un objet trop funeste. Violente la consoloit, elle étoit elle-même inconsolable, & Gusman s'étant apperçû par le mouvement du cœur de son ami qu'il vivoit encore, fit prendre terre sans perdre de tems à Loane, & y fit porter le Blessé.

Un Citoïen de Gennes nommé Aurelien avoit dans ce lieu une Maison de campagne où il étoit alors. C'étoit un homme riche & vertueux, on lui demanda retraite, il se feroit fait un scrupule de refuser son secours à des malheureux; mais l'air de Noblesse de ces Etrangers le porta encore plus volontiers à leur rendre les devoirs de l'hospitalité; Léalde fut porté chez lui & mis dans une chambre trés commode, tandis que la Niéce d'Aurelien, jeune fille très aimable, fit les honneurs aux Dames & au reste de la Compagnie.

Les Medecins & les Chirurgiens furent appellez, ils examinerent avec soin la plaïe, & quoiqu'elle leur parût très dangereuse, ils ne jugerent pas cependant le Blessé sans espérance. Le premier appareil fut mis, Aurelien attendri par le spectacle touchant dont sa Maison étoit remplie, ne quitta point le lit de Léalde, & le servoit lui-même comme un Domestique.

Léandre courut sans différer à Gennes porter à Théodose la nouvelle du fatal accident qui venoit de leur arriver. Quelle nouvelle pour ce tendre pere ! Dans le moment que son fils revient entre ses bras après tant de périls, un coup affreux est prêt de le lui enlever ! Insensible à la joïe de son retour, il ne fut touché que de la douleur de le perdre : mais cette douleur quelque vive qu'elle fût n'abattit point son courage : il vint, ou plûtôt vola à Loane , & y mena avec lui tous les secours dont Léalde pouvoit avoir besoin. Il embrasse en arrivant son fils expirant, & Rosalinde qui déterminée à suivre son Epoux, n'attendoit que le moment de son trépas pour renoncer à la vie. Tout pleuroit. La Blessure s'étoit envenimée par l'ardeur de la fiévre qui étoit survenuë, & les Medecins étonnez du progrès d'un mal superieur à tous les remédes, gardoient dans l'inaction un silence aussi effraïant que la mort même.

La maison d'Aurelien étoit dévenuë le siége de l'affliction. Toute espérance étant interdite, on se disposoit déja à faire partir Rosalinde pour Gennes, déja on lui avoit proposé de remonter sur la Flûte , &

de s'arracher d'un spectacle affreux dont sa présence inutile ne faisoit que redoubler l'horreur, lors qu'embrassant une des Colonnes du lit dans lequel son Amant étoit sans connoissance: "Arrêtez, cruels amis, " s'écria-t'elle, arrêtez, vôtre pitié barbare met le com- " ble à tous mes maux. Léalde expire, enviez-vous " à Rosalinde de recevoir ses derniers soûpirs, & d'ex- " pirer elle-même après lui ? " Ensuite se tournant vers le mourant dont les yeux presque éteints étoient cependant encore fixés sur elle. " Et toy mon cher " Léalde, lui dit-elle, est-ce ainsi que tu m'abandon- " nes ? Est-ce ainsi que devoient finir nos malheurs ? " O Ciel ! Quel prix de nôtre constance ? Le port si " désiré de Gennes est l'écuëil de nôtre félicité. Ne " m'as-tu donc été rendu que pour te perdre ? N'ay- " je recouvré la liberté, que pour dévenir un exem- " ple plus déplorable des caprices de la fortune ? O mon " cher Léalde, ne fuïs pas au moins mes derniers em- " brassemens ; arrêtes un moment ton ame fugitive, " pour donner à la mienne le tems de la suivre." Ses sanglots l'empêcherent d'en dire davantage. Couchée sur le lit de son époux, elle lui donnoit mille baisers que n'autorisoient que trop son désespoir légitime, quel effet n'eurent-t'ils pas le droit de produire ? Les feux dont-ils étoient animés rappellerent à la vie le mourant Léalde, & dissiperent le froid mortel qui commençoit à s'en emparer ; il reprit la connoissance & le premier objet qui s'offrit à ses regards fut Rosalinde entre ses bras. Que de raisons pour désirer de

vivre ! „ Quoy ! lui dit-il, en lui baisant tendrement
„ la main, belle Rosalinde vous voulez mourir. Ouï,
„ répartit-elle, je mourray si tu meurs, & tu serois
„ ingrat si tu pouvois en douter. Non, vous ne péri-
„ rez ni l'un ni l'autre, s'écria Celiffe en entrant dans
„ la Chambre, d'où pendant quelques momens elle
„ étoit disparuë. Le Ciel, belle Rosalinde, m'a déja des-
„ tinée à vous rendre la liberté, il se sert encore au-
„ jourd'huy de moy pour vous rendre vôtre époux. Ad-
„ mirez les routes inconnuës de sa providence. Cette
„ science affreuse à laquelle j'ay renoncé, m'a découvert
„ des secrets naturels qui n'ont rien de condamnable, &
„ si je les ay acquis par des crimes que je déteste, ces
„ crimes vous sont utiles, puisqu'il m'est permis de
„ faire un usage innocent de ce qu'ils m'ont appris.
„ Aussi troublée que vous de vôtre infortune je me
„ suis écartée dépuis une heure dans les bois qui envi-
„ ronnent cette Maison ; j'ay cherché quoique sans
„ espérance le Dyctame cette plante prétieuse que je
„ croïois ne venir que dans le Levant, je l'ai trouvé
„ contre mon attente, ainsi l'a voulu le souverain
„ Maître qui vous protege si visiblement. Tenez, dit-
„ elle aux Médecins, vous n'avez pas un moment à
„ perdre, profitez de l'effort que la nature vient de
„ faire en ranimant Léalde, le jus de cette herbe ap-
„ pliqué sur la playe rappellera les forces du blessé,
„ & je réponds de ses jours.

Les Medecins obéïrent, tout leur art étoit épuisé.
A peine le suc salutaire eut-il touché la blessure,

que le malade éprouva un changement confiderable. La douleur ceſſa preſque tout à coup, la playe devint vermeille, ſes yeux reprirent du feu, & en moins de quatre heures il ſe trouva ſi bien, que les Medecins mêmes, tous prévenus qu'ils étoient, commencerent à eſpérer. Roſalinde qui ne le perdoit pas une minutte de vûë, admiroit les progrès merveilleux du reméde, & chaque inſtant ramenoit la paix dans ſon ame. Elle embraſſoit Celiffe à laquelle elle étoit ſi redevable, elle ne ſçavoit comment lui exprimer la grandeur de ſa réconnoiſſance, celle de Léalde ſe liſoit ſur ſon viſage, on lui défendoit de parler, enfin ſur le ſoir tout danger étant ceſſé, & ne lui reſtant plus que de la foibleſſe, on fit ſortir tout le monde de la Chambre pour lui laiſſer prendre dans le repos le ſeul reméde qui lui fût alors néceſſaire. Celiffe reſta près de lui pour le ſecourir en cas de quelque accident qu'on ne prévoïoit pas.

Que cette nuit fut différente du jour précedent! Le calme avoit ſuccedé à la tempête, le ſommeil s'empara de tous les yeux. Emilie n'en put reſſentir la douceur, ſenſible à la commune joïe, elle étoit pleine d'allarmes ſur le ſort de ſon amour, & ce qui la tourmentoit encore davantage, elle ſouffroit ſans oſer parler de ſes maux.

Le jour revint & confirma les eſpérances de la veille. Celiffe fut annoncer à Théodoſe & à Roſalinde que le répos de la nuit avoit produit dans Léalde plus qu'on n'en pouvoit attendre, que la plaïe commençoit à fe cicatrifer , & qu'en moins de deux jours il feroit en état de retourner à Gennes. Rien n'interdifoit déja plus au bleffé de recevoir les vifites de fes amis , & de joüir du plaifir de leur converfa-tion ; Rofalinde ne partit point du chevet de fon lit, fes regards contribuoient à la guerifon de fon amant, & faifoient douter s'il n'étoit pas autant redevable de la vie à l'amour , qu'aux foins de Celiffe.

Occupez de leur bonheur, ils eurent encore des yeux pour l'affliction d'Emilie. Cette jeune Fille s'étoit ren-duë aimable par mille rares qualités , & par les graces de fon efprit ; ils ne purent refufer de la pitié aux in-quiétudes dont-elle étoit tourmentée , la caufe leur en étoit connuë , & ils ne fe feroient pas cru parfai-tement heureux, fi leur félicité eût été troublée par fes larmes. Rofalinde en parla à Léalde en fecret , & le trouva dans les mêmes fentimens. Ils réfolurent d'agir de concert & avec vivacité pour la fatisfaction d'Emilie , mais ils convinrent de ne lui point faire part de leur deffein dans la crainte de lui laiffer con-cevoir trop légérement une efpérance qui redouble-roit fes maux fi elle n'étoit point remplie. Le fuccès dépendoit de la volonté de Théodofe & de la conf-tance d'Edoüard. Ils remirent à leur retour dans Gennes à s'en éclaircir , le terme étoit court , & en attendant par mille careffes ils tâchoient de calmer l'Amante agitée , & de lui faire au moins connoître la part qu'ils prenoient à fes malheurs.

Léalde quitta le lit après deux jours , & fe trouva

quoique foible en état de se rembarquer. Ils prirent
congé d'Aurelien avec toutes les marques de reconnoissance qu'éxigeoit le service, & l'affection avec laquelle il avoit été rendu. La Flûte partit avec un vent
favorable, la traverse étoit courte, & elle ne pouvoit être ennuïeuse entre des personnes si cheres, &
qui après une si longue séparation avoient tant de
matiéres intéressantes d'entretiens.

Théodose instruisit Rosalinde de la cruelle situation
dans laquelle il s'étoit trouvé à la funeste nouvelle de sa
mort & de celle de son fils. Il lui dit que se trouvant
seul désormais, il avoit appellé près de lui son Neveu
Edoüard pour être sa consolation & le soûtien de sa
vieillesse, il s'étendit sur les loüanges de ce jeune Cavalier, & ces loüanges étoient autant de traits qui perçoient le cœur d'Emilie qui les écoûtoit. Le plaisir
d'entendre justifier son choix lui rendit d'abord agréables ces nouvelles blessures ; mais elles devinrent bien
douloureuses lorsque Théodose continua.

A peine, ajoûta-t'il, Edoüard étoit-t'il arrivé, "
que l'espérance de la riche succession qui lui parois- "
soit asûrée, m'attira une infinité de propositions "
pour son établissement. Il me regardoit comme "
son pere, il m'assura qu'il suivroit mon choix avec "
obéïssance, Olderic de sa part s'en étoit rapporté "
entiérement à moy, je choisis celui des partis qui "
me parut le plus avantageux. "

Placidie jeune, belle, vertueuse & riche, fille "
d'Anselme, homme d'un rang distingué dans la Re- "

„ publique, eft celle à laquelle je me fuis fixé. Les
„ paroles furent données il y a quelques mois, &
„ l'exécution n'en a été différée que par la nouvelle
„ que je reçûs par Léandre que vous viviez encore,
„ & que j'aurois bien-tôt le plaifir de vous revoir. J'ay
„ cherché différens prétextes pour éloigner, ils ne
„ m'ont pas été difficiles. Edoüard dont j'aurois dû
„ craindre la vivacité, a foufcrit fans réplique à tout
„ ce que j'ay propofé, & m'a fait comprendre aifé-
„ ment que ce n'eft que par complaifance pour moy,
„ & pour ne me point déplaire qu'il confent à s'affu-
„ jettir au joug du mariage. J'ay été étonné, je vous
„ l'avoüe, de fes froideurs pour une beauté telle que
„ Placidie, & je ne le fuis pas moins de la complai-
„ fance avec laquelle Anfelme de fon côté s'eft prêté
„ à tous les délais que j'ay éxigé de lui, & que j'ay
„ peut-être porté jufques à l'indifcretion.

„ Enfin après vous avoir long-tems vainement at-
„ tendu, & ne doutant plus que vous n'euffiez fuc-
„ combé à de nouveaux dangers, défefperé, fans au-
„ cunes raifons pour rétarder le mariage, je l'ay pref-
„ fé moy-même, & le jour en a été pris pour la
„ quinzaine qui expire dans deux jours. Les chofes
„ étoient en cet état lorfque Léandre eft venu m'ap-
„ porter la nouvelle du dernier accident de mon fils.
„ Dans le tems que je me difpofois à vous aller join-
„ dre en diligence, Anfelme m'eft venu trouver pour
„ prendre part à ma douleur, & m'afsûrer que quel-
„ que fût le deftin de Léalde, il étoit dans la difpo-

fition de me tenir parole, & qu'il regardoit Edoüard "
avec les feuls biens qui lui devoient revenir de fon "
pere Olderic, comme un mary dont fa fille fe tien- "
droit honorée. J'ay été touché comme je le dois "
de cet acte de générofité, nous nous fommes ré- "
nouvellés nos promeffes, & j'auray à mon retour "
la fatisfaction d'afsûrer le bonheur de ma vieilleffe "
par deux mariages que j'ay fi ardemment défirés."

Quel coup de foudre que ce récit pour la malheureufe Emilie ! Elle en penfa mourir, & ce ne fut qu'a-
vec un effort prodigieux qu'elle parvint à cacher fa
trifteffe mortelle ; Léalde & Rofalinde voïoient évanoüir le projet qu'ils avoient formé pour fa félicité,
ils en furent attendris eux-mêmes, & n'ofoient tourner les yeux fur elle.

Cependant la Flûte entroit dans le Port de Gennes,
Edoüard étoit fur le Rivage, on débarqua, Emilie
vit fon Amant. Qui pourroit peindre l'état de fon
ame ? Interdite, pâle & tremblante, elle revoïoit
un Amant qu'elle aimoit encore malgré fon infidélité;
ce moment fatal alloit décider du bonheur de fa vie,
prête à pardonner une inconftance forcée, qu'alloit-
elle dévenir fi fes charmes ne ramenoient pas le coupable à fes pieds ? Mais quel fut le trouble d'Edoüard
à cette vûë ? Il n'en crut pas d'abord le rapport de
fes yeux, & il commençoit déja à fe reprocher un
fouvenir trop tendre, & qu'il croïoit injurieux à fes
derniers engagemens, lors qu'un regard d'Emilie
acheva de le confondre. Il la falüa d'un air décon-

certé qui marquoit son agitation, il n'osa l'aborder, & pendant le reste du chemin jusques à la maison de Théodose, inquiet & rêveur il ne profera pas une seule parole.

A peine y fut-il arrivé, que sous prétexte de donner quelques ordres, il se retira seul dans son appartement. " Qu'ay-je vû, s'écria-t'il ? Par quelle fata-
„ lité Emilie vient-elle rallumer dans mon ame des
„ feux que son absence, mes promesses & ma juste
„ obéïssance sembloient avoir éteints pour jamais ?
„ Aimable Placidie quel amour Edoüard a-t'il à vous
„ offrir ! Je ne serois point à vous, si j'étois à moy,
„ & je porteray entre vos bras un cœur plein d'une
„ image étrangere, que tous vos charmes ne pour-
„ ront éfacer ; c'est leur faire un affront trop sensi-
„ ble, vous meritez tous les vœux d'un époux. Mais
„ non, prenez vôtre victime, ma parole m'engage à
„ vous, & je n'y peux renoncer qu'à ma honte & à
„ la vôtre. Je vous cacheray avec soin le secret d'un
„ amour qui vous offense, & bien-tôt il sera ense-
„ veli avec moy dans le Tombeau. Et vous belle
„ Emilie pardonnez des engagemens que je n'ay pris
„ qu'après vous avoir perduë, & qui rendroient vô-
„ tre Amant même méprisable à vos yeux, s'il cher-
„ choit à s'y souftraire ; ou si sans pitié pour un mal-
„ heureux, vous éxigez une vengeance, contentez-
„ vous des maux que sçaura me faire la passion que
„ vous avez fait renaître, & que ma mort seule peut
„ détruire.

Telles furent les refléxions d'Edoüard plus amoureux que jamais, il réfolut de facrifier fon amour à
fon devoir, quelque cher que pût lui coûter ce fa-
crifice, d'en faire même un fecret à fon Oncle, d'é-
viter autant qu'il pourroit les regards d'Emilie, & de
mourir. La bienféance ne lui permettant pas de demeurer plus long-tems éloigné de Léalde, de Rofalinde, & du refte de la compagnie, il fut la rejoindre
pour aider à Théodofe à faire les honneurs de chez
lui; mais qu'il étoit changé en peu de momens! Sa
triftefle s'étoit répanduë fur toute fa perfonne, une
pâleur mortelle effaçoit l'éclat de fon tein, interdit,
inquiet, toutes fes actions annonçoient un défordre
qu'il n'étoit pas le maître de cacher.

La tendre Emilie s'en apperçut la premiere, & ne
pouvant foûtenir le fpectacle de la douleur de fon
Amant tout infidéle qu'il étoit, elle prit un prétexte
pour fe retirer dans fa chambre; en paffant devant
lui, elle ne fe refufa pas la confolation de lui reprocher fa perfidie, & s'approchant d'Edoüard de maniere à ne pouvoir être entenduë: " Ingrat, lui "
dit-elle, juges de ton crime par tes remords. " Il voulut lui donner la main pour la conduire, & peut-être
pour lui répondre; mais elle le refufa en lui difant tout
haut qu'il avoit trop d'embarras pour être fi poli.

Rofalinde aimoit trop Emilie pour l'abandonner à
fa douleur, & jugeant de fon trouble par fa retraite,
elle la fuivit & s'enferma avec elle. Elles garderent
le filence pendant quelques momens, Emilie le rom-

pit la premiere. " Hélas ! Belle Roſalinde , s'écria-t'elle ,
„ que vôtre bonté va me devenir funeſte ! Edoüard
„ n'eſt qu'un perfide, ma Rivale n'eſt que trop aima-
„ ble , il ne me reſte plus de reſſource que le trepas
„ pour finir les maux que j'endure. Pourquoi vôtre
„ pitié m'a-t'elle rendu la vie ? Infortunée que je ſuis,
„ je m'étois laiſſée flatter par l'eſpérance , & cette
„ eſpérance vaine met aujourd'hui le comble à tous
„ mes malheurs.

Roſalinde emploïa tous ſes ſoins à la conſoler ; mais
ſes diſcours & ſes careſſes étoient inutiles , ce ne fut
qu'en lui permettant encore d'eſpérer qu'elle obtint
qu'elle mettroit quelques bornes à ſon affliction. Elle
lui dit que le changement dont elle s'étoit apperçûë
dans Edoüard étoit une preuve infaillible qu'elle étoit
aimée, qu'elle ne devoit attribuer ſon ſilence qu'au
combat qui ſe paſſoit en lui entre le devoir & l'amour.
Qu'Edoüard pour avoir obéï à ſes parents après l'a-
voir crûë perduë pour jamais, ne méritoit pas le nom
de perfide, que Théodoſe ignoroit leurs amours , &
que peut-être lorſqu'il en ſeroit inſtruit, changeroit-il
de ſentiment. Roſalinde ajoûta qu'elle n'avoit pû encore l'en entretenir, mais qu'elle alloit lui en parler
dans le moment , & que ſi l'état déplorable où la fortune avoit reduit Emilie pouvoit être un obſtacle à
ſon bonheur, elle avoit un moïen aſſûré pour en reparer les injuſtices.

Emilie reprit quelque calme à ce diſcours , & Roſalinde profita de ce calme pour la quitter. Elle fut

fur le champ trouver Théodofe & appella Léalde pour joindre fes priéres aux fiennes. Théodofe étoit lui-même inquiet du trouble qu'il avoit remarqué dans Edoüard qu'il aimoit comme fon propre fils, il ne fut pas long-tems à en apprendre la caufe, il en fut attendri; il admira la générofité de Léalde & de Rofalinde lorfqu'ils lui offrirent de partager tous leurs biens avec Emilie pour la rendre digne de fon Neveu; mais que pouvoit faire le généreux Vieillard que de plaindre deux Amants dont il ne lui étoit pas permis de faire le bonheur? Sa parole & celle d'Edoüard étoient données, il auroit plûtôt renoncé à la vie que de manquer à la fienne, & il connoiffoit trop Edoüard pour douter qu'il ne fût dans les mêmes fentimens. Anfelme étoit un homme puiffant & vindicatif, il avoit défiré cette alliance, & la différence que le retour de Léalde avoit mis dans la fortune d'Edoüard ne l'avoit point fait changer; comment fe déterminer à lui faire un outrage après un procedé fi noble? Théodofe prit fes enfans à témoins de l'impuiffance où il étoit de fe rendre à leurs défirs, ils demeurerent fans replique, & plein lui-même d'une douleur qu'il refolut de cacher à Edoüard, il ne leur laiffa à porter à Emilie qu'une réponfe qui l'alloit rendre la plus malheureufe perfonne qui fut jamais.

Quelque foin que Léalde & Rofalinde priffent pour en adoucir l'horreur, elle produifit encore un effet funefte. Emilie perdit tout à coup l'ufage de tous fes fens; & fi à force de remédes elle reprit après un long-tems la connoiffance, ce ne fut qu'avec une fiévre dont la violence la mit en péril de fa vie dès les premiers momens. On eut foin de cacher l'extrêmité du danger à Edoüard, Théodofe fe fervit de toute fon autorité pour l'empêcher d'entrer dans la chambre de la malade fous prétexte de la bienféance ; rien ne peut exprimer la fituation cruelle de ce jeune Amant, on craignoit tout de fon défefpoir, il n'étoit plus reconnoiffable, & Léalde fut chargé de ne le point abandonner.

Cependant tout fe préparoit pour la folemnité des deux Mariages. Quelles circonftances pour des fêtes! Léalde & Rofalinde ne fentoient pas une joïe pure à la veille du moment, qui après tant de difgraces alloit couronner leur amour. Edoüard défefperé, mais réfolu d'obéïr au prix de fa vie regardoit l'inftant qui devoit l'arracher à Emilie comme celui de fon fupplice. Le mal d'Emilie étoit fi confiderablement augmenté que les Medecins n'avoient aucune efpérance. Théodofe lui-même, victime de fa parole, étoit pénétré de douleur, & oublioit prefque le bonheur de fon fils pour partager le malheur de fon Neveu. La trifteffe regnoit dans une maifon qui ne devoit être ouverte qu'aux plaifirs.

Enfin le jour que j'ofe appeller fatal commença de luire, l'heure prefcritte fe fit entendre, déjà tout étoit en mouvement pour aller aux pieds des Autels, lorfqu'un des Amis communs vint de la part d'Anfelme prier Théodofe de fufpendre ; il arriva lui-même un

moment

moment après , il étoit défefperé , & tirant Théodofe à l'écart , il lui parla dans ces termes.

Vous voyez en moy , Seigneur , le plus mal- "
heureux de tous les peres , & je viens vous annon- "
cer que je ne peux donner Placidie à Edoüard , "
parce que Placidie n'eft plus à moy. Ce matin mê- "
me fous prétexte d'aller dans une Eglife de Reli- "
gieufes implorer la Bénédiction du Ciel fur fon ma- "
riage , elle s'eft jettée dans leur Couvent , & a fur "
le champ pris l'Habit. Son Confefleur a conduit ce "
complot , & eft venu m'en inftruire. Je me fuis "
emporté , & dans ma colére j'ay couru au Monaf- "
tére redemander ma Fille avec toute l'autorité que "
la Nature & la Loy me donnent fur elle. Je con- "
viens que fi j'eufle perfifté on n'eut pû réfufer de "
me la rendre ; mais elle eft venuë elle-même me "
parler. Rappellez-vous , Seigneur , avec quelle faci- "
lité j'ay accepté tous les délais que vous m'avez "
propofés pour différer l'alliance que nous avions con- "
cluë , il n'eft plus tems de vous cacher que la ré- "
pugnance de Placidie à s'unir à Edoüard étoit la "
caufe de cette facilité à recevoir vos excufes dont "
dans toute autre circonftance j'aurois pû peut-être "
m'offenfer. J'attendois du tems & du mérite d'E- "
doüard un changement dans les fentimens de ma "
fille , & n'ay parlé en pere qui veut être obéï , que "
lorfque vous m'avez preffé vous-même. Elle m'a "
découvert ce matin la raifon fur laquelle étoit fon- "
dée l'averfion pour le mariage qu'elle m'avoit toû- "

„ jours marquée. Elle m'a prié de ne la pas croire
„ affez aveugle pour n'avoir point eu des yeux pour
„ les rares qualitez d'Edoüard ; elle m'a même avoüé
„ en rougiffant qu'elle l'auroit aimé , & qu'il étoit le
„ feul homme qui eût été capable de la détourner du
„ deffein qu'elle avoit eu dès l'enfance de fe confacrer
„ au fervice de Dieu , fi elle eût trouvé en lui le re-
„ tour qu'elle auroit pû attendre de fa vertu & de fa
„ beauté ; mais elle m'a dit qu'elle n'avoit éprouvé
„ de fa part qu'une politeffe froide , dans laquelle elle
„ n'avoit pû reconnoître aucuns défirs , que fans avoir
„ aucun fujet de fe plaindre de lui , elle avoit vû
„ avec dépit cet efpéce de mépris de fes charmes ,
„ qu'elle en avoit conclu qu'Edoüard prévenu de quel-
„ que autre paffion que vous ignoriez fans doute , n'ap-
„ portoit à fes pieds qu'un cœur obéïffant à vos vo-
„ lontez ; que d'abord elle n'avoit repris le projet
„ qu'elle avoit fait de rénoncer au monde que par
„ un fentiment d'amour propre , mais que fon dépit
„ qui dans les premiers momens n'avoit rien eu que
„ de déreglé , étoit par la fuite des froideurs d'E-
„ doüard dévenu l'ouvrage de fa raifon. Les délais
„ que vous avez affectés l'ont mife en fituation de
„ s'éprouver & de fe confirmer dans cette réfolution,
„ & elle m'a demandé pardon fi m'aïant caché juf-
„ ques-là fes fentimens, elle a pris un parti violent ,
„ dans le moment même que j'éxigeois d'elle une
„ obéïffance qui fatisfaifoit à la vérité aux engage-
„ mens que j'avois avec vous, mais qui l'auroit ren-

duë en même tems la plus malheureuse de toutes "
les femmes. Je vous avoüe , Seigneur , continua "
Anselme que j'ay été forcé de me rendre à ce dis- "
cours de ma fille. Je ne vous dissimule pas que "
plusieurs fois moy-même j'ay cru m'appercevoir de "
l'indifférence d'Edoüard , indifférence que dépuis "
deux jours il m'a paru porter jusques à la tristesse. "
Je viens vous rendre vôtre parole , & vous rede- "
mander la mienne. Nous n'avons à accuser l'un & "
l'autre que la fortune qui s'oppose à l'union que "
nous avons désirée. "

La politesse de Théodose ne lui permit pas de
laisser paroître la joïe que lui causa ce discours d'Anselme. Il l'embrassa , loüa la généreuse résolution de
sa fille , le plaignit & le consola. Ils se jurerent l'un
à l'autre de demeurer amis , puisqu'ils ne pouvoient
être alliés , & Anselme satisfait autant qu'il le pouvoit être , se rétira.

Il ne fut pas plûtôt sorti que Théodose courut
porter à Rosalinde & Léalde cette heureuse nouvelle.
Ils l'apprirent avec toute la satisfaction que l'on peut
imaginer , & demeurerent persuadés que le bonheur
d'Edoüard & d'Emilie étoit un Arrêt du Ciel qui
s'étoit plû à les y conduire par des voïes si extraordinaires , & si peu attenduës. Edoüard fut quelques
momens à douter de sa félicité , & lorsqu'il en fut
convaincu , il s'abandonna à des transports qu'on ne
peut dépeindre. Il réfusa avec générosité les offres
que Rosalinde faisoit de ses biens pour sa parente,

& déclara qu'avec la vertu & la beauté feule d'E-milie il feroit trop heureux de la poffeder.

Le confentement d'Olderic à ce mariage étoit né-ceffaire ; mais Olderic avoit laiffé à Théodofe toute autorité fur fon fils , & il ne pouvoit s'en fervir plus utilement que pour faire fa félicité. D'ailleurs Olderic lui-même avoit confenti à cette union dès l'enfance, & il n'étoit pas permis de douter de la fatisfaction qu'il en recevroit.

Il ne reftoit plus qu'à faire part à Emilie même du changement inopiné de fa fortune. Elle étoit dans un état fi périlleux qu'on craignit d'abord que la ré-volution qu'elle alloit effuïer ne produifit un effet fu-nefte. Quelques précautions qu'on eût prifes pour lui cacher le mouvement que la folemnité de ce jour fai-foit dans la maifon , elle s'en étoit apperçûë , elle avoit même entendu plus de bruit au moment ou l'on s'étoit difpofé à partir pour l'Eglife , & elle étoit tombée dans des foibleffes qui l'avoient fait croire morte pendant quelques inftans. Après quelques ré-fléxions on revint au parti de lui annoncer fans dé-guifement fon bonheur. Il n'y avoit plus rien à mé-nager , & comme aux grands maux il faut de grands remédes , on fe flatta que le paffage que fon ame alloit faire de l'extrêmité de la douleur à celle de la joïe , produiroit le même effet fur fa fanté.

Rofalinde entra dans fa chambre tenant Edoüard par la main , elle étoit fuivie de Léalde & de Théodofe. „ Vivez belle Emilie , lui dit-t'elle , vivez pour un

Amant fidéle. Les engagemens qui vous l'enle- "
voient font rompus , recevez-le de la main de Ro- "
falinde. " A ces mots Edoüard fe mit à genoüils auprès de fon lit , & faififfant une des mains de fa Maîtreffe mourante , il l'échauffa du feu de mille baifers,
& l'arrofa de fes larmes. Quel moment pour Emilie !
Elle ouvrit fes yeux languiffans , & le premier objet
qu'elle apperçut fut fon cher Edoüard. Elle étoit fi
faifie de ce qu'elle venoit d'entendre que fon ame
étonnée n'eut pas la force de réfifter au mouvement
prodigieux qui fe fit en elle ; elle retomba en foibleffe , l'amoureux Edoüard rempliffoit la chambre de
fes cris. " Eh quoy, difoit-il, belle Emilie, fuïez-vous "
mes embraffemens ? Vous fuis-je dévenu un objet "
odieux , & me voulez punir par vôtre mort , quand "
le Ciel favorable veut récompenfer ma fidélité ? "
Revenez belle Emilie , achevez par un regard de "
me rendre le plus heureux des mortels, ou de fatis- "
faire vôtre vengeance en voïant mon trépas. „ Ces
paroles plus que les remédes eurent le droit de rendre à la belle mourante toute fa connoiffance , elle
attacha fes yeux fur Rofalinde. " Seriez-vous, lui dit- "
elle , capable de me tromper pour allonger de quel- "
ques inftans une vie que je détefte ? Et toy volage "
Edoüard , ajoûta-t'elle fe tournant vers lui, comment "
croiray-je un perfide ? Non , reprit Théodofe , vous "
n'êtes point trompée, & fi Edoüard eft coupable c'eft "
un coupable répentant que je livre à vôtre courroux. "
Je vous le donne , difpofez de fon fort. "

Emilie rafsûrée demeura pendant quelques momens dans un profond filence. C'étoit avec une confufion étrange que la joïe rentroit dans fon cœur & combattoit la douleur qui s'en étoit emparée. A peine la joïe eut-elle remporté la victoire que le calme revint fur fon vifage, fes yeux s'animerent d'un nouveau feu, une modefte pudeur ramena l'incarnat fur fes joües, & s'il lui refta quelque langueur, elle ne fervit qu'à la rendre plus touchante & plus belle. „ D'où viens-je? s'écria-t'elle. Quel changement inoüi? „ Je paffe en un moment du défefpoir le plus affreux „ à la félicité la plus parfaite. Je vivrai, cher Edoüard, „ puifqu'il m'eft permis d'être à vous, vôtre amour „ feul pouvoit me rendre à la vie, jugez fi vous êtes „ aimé. „ Elle embraffa enfuite Rofalinde, Théodofe & Léalde qui fondoient en larmes, elle les afûra qu'elle ne reffentoit plus aucun mal, & en effet les Medecins qui furent appellez ne lui trouverent que l'émotion qu'une revolution fi fubite avoit dû nécef-fairement produire, & promirent que dès le lende-main elle feroit en état d'aller aux pieds des Autels. Léalde & Rofalinde confentirent pour eux-mêmes à ce délai, & quoi qu'un jour parût un fiécle à leur impatience, cependant ils ne voulurent pas féparer leur félicité de celle de deux amis & de deux parents fi chers.

Le refte du jour fut emploïé aux plaifirs que la fatisfaction générale faifoit naître; la nuit alloit tomber lorfqu'on vint avertir qu'Oderic arrivoit, & qu'il

entroit déjà dans la Maiſon. Théodoſe & Edoüard
coururent à ſa rencontre, & aprés s'être étroitement
embraſſez, après qu'Olderic eut fait à Roſalinde & à
Emilie, qu'il fut extrémement ſurpris de revoir, toutes ſortes de careſſes, il expoſa le ſujet de ſon voïage. Il dit qu'il avoit appris à Londres que Léalde
qu'on avoit crû mort, étoit eſclave chez les Infidéles,
& que ne doutant pas que Théodoſe n'eût obtenu ſa
liberté par une groſſe rançon, il étoit parti ſur le
champ pour venir prendre part à ſa joïe, & lui redemander un fils, dont il ne s'étoit privé lui-même, que par un ſacrifice que le retour de Léalde
rendoit préſentement inutile.

Emilie frémit à ce diſcours, elle jetta ſur Edoüard
un regard languiſſant, & leurs yeux s'étant rencon-
trez, elle le vit dans les mêmes allarmes. Olderic
s'en apperçut, & ne voulant les laiſſer ni l'un ni l'autre dans une incertitude dont il étoit lui-même attendri. " Raſſûrez-vous jeunes Amans, leur dit-il, vô- "
tre tendreſſe m'eſt connuë. Le ſacrifice que je fis "
de mon propre fils à la douleur de mon frere vous "
a déjà trop coûté à vous mêmes, & loin de venir "
troubler vos amours, je viens au contraire les cou- "
ronner. Mais avant de m'expliquer davantage ap- "
prenez-moi, belle Emilie, par quel évenement je "
vous trouve ſeule en ces Lieux. Mon deſſein étoit "
de paſſer à Rome avec Edoüard après l'avoir obte- "
nu de mon frere, & vous y devriez être ſuivant les ar- "
rangemens auſquels j'ai moi-même eu tant de part. "

Emilie malgré le difcours d'Olderic étoit encore fi agitée qu'elle fut quelques momens fans répondre; elle craignoit que l'état déplorable où la fortune l'avoit reduite ne fût à ce pere un prétexte trop légitime pour lui faire changer de fentiment. Rofalinde s'apperçut du trouble de fa coufine, & excufant fon filence fur la foibleffe qui ne lui permettoit pas de foûtenir un long entretien, elle fe chargea d'inftruire Olderic de toutes fes avantures. Elle le fit d'une maniere fi touchante qu'elle arracha des larmes à ce généreux Vieillard, & elle finit en lui renouvellant les offres qu'elle avoit déjà faites de donner à Emilie la moitié de tous fes biens pour la rendre digne d'Edoüard.

„ A Dieu ne plaife, Madame, reprit Olderic, que „ nous abufions mon fils & moi d'une générofité fi „ admirable. Je défavoüerois Edoüard s'il l'avoit ac- „ ceptée, Emilie avec fa feule vertu nous auroit fuffi. „ Mais le Ciel ne nous a pas voulu laiffer le mérite „ d'être auffi généreux que vous. Il eft tems, belle „ Emilie de vous apprendre que par la mort de vô- „ tre frere vous êtes devenuë un parti au deffus des „ efpérances d'Edoüard. Vous étiez à peine fortie „ d'Angleterre que la nouvelle de la mort d'Arfalon „ fut apportée à Londres; fon frere qui, comme vous „ le fçavez, eft puiffant dans le Parlement la publia d'a- „ bord comme un affaffinat, & fit faire les procedu- „ res les plus vives. L'ancienne amitié que j'ai toû- „ jours eüe pour vôtre famille m'engagea à prendre „ vôtre défenfe, & l'Ambaffadeur de France me foû-

tint

tint par son crédit. Je suis parvenu à prouver les "
fureurs d'Arsalon par l'aveu même de ses complices ; "
vôtre innocence & la pitié qu'ont inspiré vos mal- "
heurs ont triomphé de l'imposture & de la cabale de "
vos ennemis, vous êtes rentrée en possession de tous "
vos biens, & maîtresse doresnavant de vous-même, "
vous pouvez en disposer. "

Ay-je rien, Seigneur, repartit Emilie, que je ne "
vous doive, & qui ne soit à vous, & serois-je assès "
malheureuse pour que vous eussiez pû douter un mo- "
ment du cœur d'Emilie? La volonté de mon pere "
m'a donnée à Edoüard dès ma plus tendre enfan- "
ce, c'est avec transport que je me donne moi-mê- "
me à lui ; vous m'auriez reçûë l'un & l'autre avec "
ma misére, ma fortune ne peut acquitter aujour- "
d'hui ma réconnoissance, puisse l'amour y supléer. "

Olderic charmé de la vertu de sa belle-fille courut
l'embrasser, il la tint long-tems entre ses bras, & ne
la quitta que pour faire place à Edoüard, qui prosterné à ses génoux n'exprimoit ses sentimens que par
mille baisers qu'il imprimoit sur sa main, & par des
regards passionnez. Une scene si touchante redoubla l'allegresse, & le bruit de tant d'évenemens aussi
heureux que singuliers s'étant répandu dans Gennes,
toute la Ville accourut le lendemain pour assister au
triomphe intéressant de l'amour généreux & fidèle.
Les deux Mariages furent célébrez avec pompe &
magnificence. Je passe sous silence les fêtes dont ils
furent suivis : il sembloit que le bonheur des Amans

fût le bonheur de la Republique. Olderic se fixa à Gennes pour jamais. L'horreur que lui inspira le meurtre du malheureux Roy Charles I. dont on reçut peu de jours après la nouvelle, lui fit détester le séjour de l'Angleterre, d'où il retira tous ses biens & ceux de sa belle-fille. Léalde & Rosalinde par de riches dons asûrerent à Rusten, Blumazar, Zelide & Celiffe un sort qui ne leur permit pas de régreter les sacrifices que l'amitié leur avoit fait faire. Les Amans devenus époux ne cesserent point de s'aimer, même dans l'habitude des plaisirs, & le Ciel semble encore aujourd'hui bénir leur postérité en la personne de leurs Descendans qui tiennent à Gennes un rang très considerable. *

** Dans l'Italien, après qu'Edmond a bien sermoné Rosalinde au Collége des Anglois, ainsi que je l'ai dit dans la derniére notte, il s'enfuit & va se faire Moine au Monastere du Mont-Cassin. Blumazar, Rusten, Zélide & Celiffe sont baptisés à Rome, & Léalde obtient les Dispenses; mais le Pape ne voit point Rosalinde ni les autres. La présence du Pape au Baptême & sa curiosité de voir d'Illustres malheureux m'ont paru annoblir mon sujet. Le départ de Rome, la rencontre des deux Galiottes Turques, celle des deux Vaisseaux Gennois, & la blessure de Léalde, à quelques changemens près dans l'expression, tout cela est de mon Original. Léalde est prêt à mourir, on envoye chercher un Moine pour le confesser. Il lui avoüe que dans le tems qu'il étoit Esclave à Tripoly désesperant de revoir jamais Rosalinde, il a fait Vœu de se faire Réligieux, & qu'elle en a fait de même. Le Moine le cathéchise amplement, & lui persuade que l'état dans lequel il se trouve est une punition divine. Rosalinde a aussi sa part de la rémontrance & se rend. Léalde prend l'habit à Loane, & Rosalinde s'en va à Gennes dans le même dessein. Emilie y trouve Edoüard qui ne la réconnoît même pas. Il est promis à Placidie fille d'Anselme. Anselme a deux filles, Izabelle fort laide que son pere veut faire Religieuse & qui ne veut pas l'être, Placidie belle par merveille, mais qui veut prendre l'habit de Nonne. On ne sçait si Edoüard aime sa prétenduë, c'est un assez sot Monsieur. Rosalinde qui a promis à Emilie de la servir, ne le fait que si foiblement que ce n'est pas la peine, & n'est occupée que de son Couvent. Enfin au moment du mariage, Placidie se jette dans un Monastere,*

Edoüard reprend tout à coup de l'amour pour Emilie, & son mariage se conclut, parce que Rosalinde prête à rénoncer au monde donne à sa Cousine tous ses biens. Olderic arrive & rapporte qu'Emilie est rentrée dans les siens. Edoüard épouse Emilie qui est devenuë un grand parti, & le lendemain Rosalinde se fait Réligieuse. On chante des Cantiques, & on change son nom de Rosalinde en celui de Rosalbe, c'est-à-dire Rose-blanche.

J'avoüe que cette conclusion d'un Roman dans lequel tous les Héros finißent une vie amoureuse par se faire Moines, m'a paru ridicule & digne d'un Capucin. Les vœux de Léalde & de Rosalinde ne peuvent être que conditionnels, & par conséquent ne peuvent jamais les engager à se séparer. Je les marie, & puisqu'un Roman n'est qu'un Mensonge, je ments je crois plus agréablement. Anselme n'a pas besoin d'avoir deux filles pour que Placidie se faße Réligieuse, je lui en ay retranché une, & c'est la laide. Placidie trouve chez moy dans les froideurs d'Edoüard un prétexte légitime de se consacrer à Dieu, Edoüard ceße d'être un Amant haïßable, & s'il garde le silence avec Emilie, c'est ce qu'il peut faire de mieux, engagé comme il est par sa parole. Emilie en rentrant dans ses biens après la mort de son frère dévient un parti aßez riche pour Edoüard, & même fait une action de générosité en l'épousant.

Le Lecteur peut décider par ce Sommaire lequel réüßit le mieux de l'Original ou de la Copie quant au fonds de l'invention ; quant à l'expreßion il n'y a que ceux qui entendent l'Italien & qui prendront la peine de le lire qui pourront en juger.

FIN DU HUITIEME ET DERNIER LIVRE.